Ullstein Sachbuch

ÜBER DAS BUCH:

Dies ist kein gewöhnlicher Eheberater! Maurice Mességué erzählt anhand vieler Fallbeispiele aus seiner Praxis, wie er immer wieder mit ähnlichen Krankheiten konfrontiert wird: Migräne, Magersucht, Magengeschwüre, Frigidität und Impotenz. Er ist sich bewußt, daß die so beliebte Analyse der Beziehung und des Sexuallebens wohl die Mechanik, nicht aber die Gefühle in Gang setzen können.
Er rät zur Wiederentdeckung des Eros als Energiequelle, und dazu brauchen Sie keine Psychoanalyse oder Medikamente. Machen Sie sich Ihren Körper bewußt, versuchen Sie mit kleinen Zärtlichkeiten und durch das Gespräch Ihren Partner neu zu entdecken. Diese Momente im Leben vitalisieren und bauen auf.
Neben den einfachen Freuden vertraut Mességué natürlich der Heilkraft der Pflanzen. Gegen manche Lustlosigkeit ist ein Kraut gewachsen. Er beweist, daß Liebe auch aus dem Kochtopf kommt. Die köstlichen Rezepte für ›Liebestee‹ bis zur ›Liebessuppe‹ sind dem Text angehängt.

DER AUTOR:

Maurice Mességué, geboren 1921 in Calyrac-Saint-Cirq in der Gascogne, machte in Frankreich als Naturarzt Karriere. Er hat viele hunderttausend Menschen erfolgreich behandelt, darunter zahlreiche Persönlichkeiten aus der Welt der Politik und Kunst.

Weitere Veröffentlichungen:
Von Menschen und Pflanzen, 1974; *Die Natur hat immer recht*, 1975; *Das Gesetz der Natur*, 1980; *Das Mességué-Heilkräuter-Lexikon*, 1980; *Die Kräuterküche*, 1983; *Rettet unsere Heilpflanzen*, 1989.

Maurice Mességué

LERNEN WIR WIEDER ZU LIEBEN

Der berühmte Naturarzt
gibt neue Ratschläge und Rezepte
für ein harmonisches
Zusammenleben

Ullstein Sachbuch

Ullstein Sachbuch
Ullstein Buch Nr. 34663
im Verlag Ullstein GmbH,
Frankfurt/M – Berlin
Titel der französischen
Originalausgabe:
Réapprenons à aimer
Aus dem Französischen
übertragen von Julia Sebestyén

Ungekürzte Ausgabe

Umschlagentwurf:
Theodor Bayer-Eynck
Unter Verwendung einer
Abbildung von The Image Bank
(Foto: Nancy Brown)

Printed in Germany 1990
Druck und Verarbeitung:
Presse-Druck Augsburg
ISBN 3 548 34663 4

Juli 1990

CIP-Titelaufnahme
der Deutschen Bibliothek

Mességué, Maurice:
Lernen wir wieder zu lieben :
der berühmte Naturarzt gibt neue
Ratschläge und Rezepte für ein
harmonisches Zusammenleben /
Maurice Mességué. [Aus d. Franz.
übertr. von Julia Sebestyén]. –
Frankfurt/M ; Berlin : Ullstein, 1990
(Ullstein-Buch ; Nr. 34663 :
Ullstein-Sachbuch)
Einheitssacht. : Réapprenons à
aimer <dt.>
ISBN 3-548-34663-4
NE: GT

Vom selben Autor
in der Reihe
der Ullstein Bücher:

Von Menschen und Pflanzen (34077)
Die Natur hat immer recht (34019)
Die Kräuterküche (34279)
Rettet unsere Heilpflanzen (34571)
Das Gesetz der Natur (34615)

Meinem Freund Max G.,
dem großzügigsten und menschlichsten Menschen,
den ich je gekannt habe

Inhalt

Wachen wir auf

Der Frühling ist im Erblühen. Ich schlendere um meinen kleinen Teich in Bazillac und sehe die ersten Schwäne ziehen. Die jungen Enten schnattern. In den Zweigen des Kastanienbaumes ruft der Kuckuck wie im vergangenen Jahr. Ich kann nicht umhin, wie in meiner Kindheit den frischen Weißdorn zu pflücken und meine Nase in seine vor Süße strotzenden Blüten zu stecken. Der Weißdorn, der rosenfarbene und der weiße, der so gut ist für das Herz und gegen seine Ängste. Beinahe würde ich Löwenzahn pflücken und ihn in meinen Hosentaschen davontragen wie ein kleiner Junge. Jeder Frühling erfüllt mich mit Freude. Und dennoch zerbreche ich mir heute seltsamerweise den Kopf über die Männer und die Frauen. Sie sind unzufrieden mit der Art und Weise, wie sie lieben. Das ist die akute Modekrankheit. So ist also alles in der Natur in Ordnung, nur wir nicht.

Ich weiß das schon seit langer Zeit: der Mensch hat schwerwiegende Probleme mit sich selbst. Die Paare haben es verlernt, mit der Liebe richtig umzugehen. Für sie gibt es kaum einen Frühling. Als könnten ihre Lebenssäfte nicht ebenso kräftig pulsieren wie die der Bäume. Seit dreißig Jahren sammle ich

Notizen, Fälle und Geschichten. Ich habe oft über diesen riesigen Auftrag nachgedacht, der in einem Winkel meines Schreibtisches liegt. Aber die Zeit war noch nicht reif, um davon zu reden. Wie soll man den Männern und den Frauen sagen: Ihr glaubt, euch mit einer nicht heilbaren Krankheit herumschlagen zu müssen, doch eure Sexualität ist es, die nicht in Ordnung ist: Gnädige Frau, Sie sind unzufrieden mit Ihrem Mann; mein Herr, Sie haben keine Lust mehr, mit Ihrer Frau zu schlafen. Sie sind dabei, an den wirklichen Problemen vorbeizugehen. Vorbeizugehen am Glück. Das hört niemand gern. Die Leute gebrauchen jede List und jede Verschleierung. Sie lügen und sie belügen sich selbst.

Sie haben es vergessen, doch die tägliche Wollust existiert. Man darf weder sie selbst noch ihre Äußerungen verlieren. Unvergeßliche Wollust vollzieht sich durch die Liebe. Liebe ist wohl das beste aphrodisische Gewächs. Man muß lernen, sie jederzeit zu pflegen. Man muß sie nähren, über sie wachen und die für ihr Gedeihen notwendige Dosierung von Licht und Schatten kennen. Männer wie Frauen haben die Pflicht, diese Orchidee zu behüten, weil wir sonst Gefahr laufen, ein unterentwickelter Planet zu werden. Die Gewohnheit: Verschmutzung! Die Gefühlsleere: Vergiftung, Sauerstoffmangel. Wachen wir auf! Die Statistiken sind alarmierend. Der Inhalt meiner Akten auch. Der Begriff „Impotenz" verbreitet sich. Die Frauen beginnen ihn auszusprechen. Doch anstatt sich die richtigen Fragen zu stellen und dem Manne zu helfen, nicht nur Mann ihres Herzens, sondern auch ihres Bettes zu sein, murren sie oft, beklagen sich, werden ungeduldig und vergessen, daß sicherlich auch sie einen Teil der Schuld tragen. Denn in dieser Hinsicht sind wir miteinander verbunden, wie der Efeu mit dem Baum.

Ein Urologe in einem großen Spital in Lyon erzählte mir von seiner Bestürzung, als viele seiner Patienten, die ihn wegen irgendeines Leidens aufgesucht hatten, ihm schließlich ihre sexuellen Schwierigkeiten schilderten. Doch sie hatten dazu den

Vorwand einer Krankheit gebraucht. Vor allem die Männer, und da vor allem die Südländer. Ihre Ehre besteht in ihrer Männlichkeit.

Ein befreundeter Gynäkologe in Paris erzählte mir, daß die Frauen bereits offen aussprechen, wie enttäuscht sie von der Flüchtigkeit ihres Mannes bei der Liebe sind, und dem Problem mutlos gegenüberstehen, weil sie selbst oft schon seit ihrer Kindheit ihre eigenen Schwierigkeiten mit sich herumschleppen.

Werden wir wie die Amerikaner? Ein Volk von Geschäftsleuten, deren Frauen alleine in den Urlaub fahren? Werdet ihr wie diese amerikanischen Frauen, fasziniert von sexuellen Problemen, eingebildet und aggressiv? Verzeihen Sie, doch wenn ich meine ersten roten Rosen aufblühen sehe und meinen alten Apfelbaum, der in Blüten steht, muß ich das Unglück der heutigen Paare als Absurdität empfinden, als eine Beleidigung des Universums. Und ich muß sagen, daß all dies wohl genauso verrückt und dramatisch ist wie der Ölmangel.

Bei meinen Studien über die Liebe habe ich bemerkt, daß die Natur die sozialen Ungerechtigkeiten zu rächen scheint. Glauben Sie mir, die moderne Krankheit ist eine Erscheinung der Überzivilisation und sucht zuallererst die reichsten, die am höchsten gestellten und von der Gesellschaft am meisten verwöhnten Menschen heim. Es ist eine moderne Manie, ununterbrochen über alles und für alles Untersuchungen zu machen, und ich hatte Gelegenheit, eine sehr ernsthafte Abhandlung zu lesen über jene Berufe, in denen die Menschen am meisten unzufrieden sind. Ein komisches Thema, wenn man es recht bedenkt, das man vor zwanzig Jahren nicht hätte behandeln können, ohne einen Skandal zu entfesseln. Die Cineasten und die Schriftsteller scheinen an erster Stelle zu stehen. Dann folgen die Ärzte, die Anwälte, die Dichter und die Journalisten.

All diese Berufe, in denen die Gedanken der Menschen auch nach Arbeitsschluß noch beschäftigt sind, sind tödlich für die

Liebe. Aber glauben Sie nicht, daß die Frau eines Kunsttischlers oder eines Bauern darum unbedingt von den Göttern gesegnet ist. Was die Häufigkeit betrifft, ja. Die Leistungen? Vielleicht! Doch hier treffen wir auf ein anderes Problem: alle diese Handwerker wissen abends oft mit ihren Händen nicht so gut umzugehen wie tagsüber, und die Frauen beklagen sich ... Man spricht nicht mehr miteinander.

Die Frauen (ein Drittel der Französinnen bekennt, schlechte Ehemänner zu haben) weinen, täuschen Liebe vor, fragen sich, ob sie wohl normal sind und leiden an kleinen Krankheiten aller Art. All die vielen tausend Migränen zur Stunde der Liebe – ich entlarve sie. Sie sind heilbar, wenn man dem Ehemann einen Sud aus Bohnenkraut bereitet. (Ich werde das später noch erklären.) Und während man diesen Tee trinkt, der die Spannkraft erhöht, kann man sich vielleicht ein wenig unterhalten ...

Zu diesem Getränk verschreibe ich Gespräche. Und ich verbiete das Fernsehen. Eine andere der vielen Untersuchungen ergab neulich, daß die Franzosen am Samstagabend nicht mehr miteinander schlafen: nach Sendeschluß fallen sie vor Müdigkeit um.

Und sie versuchen es am Sonntagmorgen nachzuholen. Doch die Kinder wollen ihren Morgenkaffee ... Ich möchte schreien: Wachen Sie doch auf! Reden Sie miteinander! Nehmen Sie Rücksicht auf Ihre Gesundheit! Lieben Sie. Und werfen Sie die Beruhigungsmittel der Geängstigten weg, meiden sie harntreibende Schlankheitsmittel wie die Pest. Essen Sie nicht wahllos durcheinander. Gehen Sie Pflanzen pflücken, in den Ferien und am Sonntag, zum Teufel! Kaufen Sie Kräuter beim Kräuterhändler, in den Reformhäusern. Vergewissern Sie sich, ob sie nicht auf irgendwelche Art mit Industriedünger, synthetischen Hormonen und Insektenvertilgungsmitteln behandelt worden sind, hol der Teufel all diese Gifte. Das muß auf den Packungen stehen. Verwenden Sie nur solche, die nicht über drei Monate alt sind. Und nehmen Sie zur Kenntnis, daß Kräuter genauso ihre eigene Jahreszeit haben wie Obst und Gemüse.

Sie denken vielleicht, daß ich für die Bewältigung so ernster Krankheiten recht dürftige Heilmittel vorschlage. Lassen Sie sich eines Besseren belehren. Pflanzen können giftig sein, denken Sie nur an den Schierling des Sokrates. Pflanzen können aber auch Wunder wirken. Hier wie überall birgt die Natur ihre großen Widersprüche, ihre Macht über Leben und Tod in sich. Und dank meines Vaters kenne ich zufällig jene Pflanzen, die dem Leben dienen. Habe ich Ihnen in meinen früheren Büchern nichts beigebracht?

Es heißt, daß die Menschheit heute immer impotenter wird, und gerade das ist das Unglück. Es heißt, daß die Einrichtung der Ehe in einer Krise steckt, aber Ehekrisen hat es während der ganzen Menschheitsgeschichte gegeben. Sogar mitten im Zeitalter der „Höfischen Liebe" im 12. Jahrhundert: Wir suchen nach dem Paradies auf Erden, doch wir stehen mitten in der wissenschaftlichen Revolution. Seit 1969 hat die Gesamtheit der von den Computern gespeicherten Informationen die Kapazität unserer dreieinhalb Milliarden menschlicher Gehirne übertroffen. Das Glück, das Glück, es liegt auf der Wiese, lauf hin, geschwind, geschwind . . . Die Welt ist im Aufbruch und nähert sich vielleicht ihrem Untergang, oder aber wir stehen am Anfang einer anderen Zivilisation, einem neuen Beginn, einer neuen Steinzeit. Ich sage mir, daß man den Menschen ändern und ihm wieder etwas bäuerlichen Hausverstand und moralische Gesundheit geben müßte.

Immer werde ich mich an diese liebenswürdige zarte Frau erinnern, die von ihrer Mutter, einer handfesten Bäuerin aus dem Departement Gers, die seit dem Tod ihres Mannes den landwirtschaftlichen Betrieb selbst leitete, zu mir gebracht wurde.

„Sie ißt nichts mehr, sie schläft nicht mehr, sie will nicht mehr in die Kirche gehen, sie hat keinen Verlobten. Mit achtzehn Jahren ist das nicht normal. Sie bleibt auf dem Bauernhof, rührt keinen Finger und starrt ins Leere wie unser Dorftrottel."

Ich rede mit dem jungen Mädchen, das tatsächlich apathisch und abwesend wirkt.

„Mutter will, daß ich mich genau wie sie um unsere Felder kümmere, angeblich weil sie keinen Sohn hat. Ich aber will Friseuse werden in Toulouse", gesteht sie endlich.

„Wußten Sie das?" sage ich zur Mutter.

„Ja, . . . aber ich will es nicht wissen."

„Sie haben unrecht: Sie würden nichts dabei gewinnen. Sie ist eben kein mit dem Boden verwurzeltes Mädchen, aber sie kann sicherlich eine gute Friseuse werden."

„In der Stadt wird sie eine Hure werden."

„Wenn sie das wirklich will, kann sie es ebensogut auf dem Land."

Die künftige Friseuse aus der Stadt betrachtet mißtrauisch die Mutter vom Land:

„Ich will die Pille nehmen."

Die Mutter, diese ausgeglichene Bäuerin, ist vom modernen Leben überrollt worden. Sie glaubte, daß alle diese Probleme, die sie in den Zeitungen aus der Stadt gelesen hatte, in Zeitungen, die ihre Tochter kaufte, perverse Probleme waren. Doch sie war eine tatkräftige, unerschütterlich vernünftige Frau und reagierte schnell:

„Gut, dann soll sie also zu einem Friseur in die Lehre gehen und meinetwegen die Pille nehmen. Aber mir geben Sie bitte Kräuter, die mich beruhigen, damit ich das Heu ohne Zorn einbringen kann."

An einem Dienstag auf dem Markt, sechs Monate später, ruft mich meine biedere Bäuerin herbei:

„Jetzt fahre ich von Zeit zu Zeit nach Toulouse, um mir dort, wo meine Françoise arbeitet, die Haare legen zu lassen. Sie sieht jetzt gut aus. Und ich selbst habe, anstatt mich zu ärgern, einen Landarbeiter eingestellt, der sich auskennt . . ."

Glauben Sie mir, das ist eben das wahre Leben: Trotz aller Schwierigkeiten ist es notwendig, sich ihm zu stellen, die Konsequenzen daraus zu ziehen und dabei nicht allzusehr zu versuchen, es den eigenen Träumen nachzubilden. Meine Bäuerin ist mit ihren Enttäuschungen und mit den Tatsachen des modernen Lebens fertig geworden. Sie konnte ihrer Tochter zuliebe ihre Ansichten ändern, und diese Fähigkeit hat ihr auch die Kraft gegeben, wieder eine ausgefüllte, ausgeglichene Frau zu werden. Doch heute verwickeln sich die Menschen mit ihren vielfältigen Problemen allzusehr in den Widersprüchlichkeiten des Lebens und verlieren sich bei ihrer Suche nach dem Paradies.

Ist es möglich, daß ich im Frühling die Metamorphose der Menschen erwarte, so wie man die Geburt eines Schmetterlings betrachtet? Ist dies möglich, weil die Glyzinie an der Freitreppe aufgeblüht ist und weil ich heute morgen wie meine Mutter, die Bedienerin im Schloß war, selbst mein Bettzeug ins Fenster gelegt habe, „damit es Luft schnappe"! Ich fühle Frieden in mir, und wenn ich könnte, ginge ich am heutigen Morgen betend alle notwendigen Kräuter sammeln, um Minze, Salbei und Wacholder auszuteilen – genau so viele Prisen Glück, die man ziehenlassen muß, um die Seele einzubalsamieren? Doch was sage ich da? Der Frühling verdreht mir den Kopf.

Natürlich glaube ich nicht, daß Pflanzen allein schon genügen, um alle Probleme wie durch ein Wunder zu lösen. Ich denke, daß die Männer und die Frauen sich gegen das Schweigen wehren müssen, das sich zwischen ihnen ausgebreitet hat. Sie müssen über ihr Leben, über ihre Probleme und über ihre Kinder reden. Aber Vorsicht, ich bin auch kein Anhänger dieser wechselseitigen Analysen und psychologischen Aufschlüsselungen, die heute modern sind. Wenn ich Radiosendungen zu diesem Thema höre, sage ich mir, daß man da wirklich übertreibt. In die private Hölle jedes einzelnen hinunterzusteigen hat noch nie jemanden geheilt. Das kann nur dazu führen, daß man sich eines Problems bewußt wird, das bis dahin eingekapselt war. Glauben Sie, daß eine Hausfrau, die in der Küche beschäftigt ist, monatelang für zweihundert Franc pro Sitzung zu einem Psychoanalytiker gehen wird, um ihre komischen griechischen Komplexe loszuwerden? Oder aber man müßte die Behandlung gratis und gleich um die Ecke machen können, so wie eine Besorgung. Doch so weit sind wir noch nicht, und in einem Fall von „Mein Mann hat sexuelle Hemmungen, weil er jedesmal, wenn wir miteinander schlafen, an seine Mutter denkt" rate ich ganz einfach zu einer guten, nach Art meines Großvaters mit Kräutern zubereiteten Mahlzeit, die diesen armen, seiner Kindheit allzusehr verbundenen Mann von seinen Hemmungen befreien wird.

Im Grunde übertreiben wir doch wirklich bei all diesen noch nicht ganz ausgereiften Wissenschaften, die Anspruch auf Allgemeingültigkeit erheben und uns dabei noch ein bißchen mehr entmutigen. Ich bitte Sie, seien wir zurückhaltend bei der Erforschung dieser dunklen Welten, die in unserem Unterbewußtsein vergraben sind. Meiner Meinung nach haben wir mit dem, was wir heute, hier und jetzt verstehen, wirklich genug zu tun. Es gibt genügend Dinge, über die wir nachdenken können, und wir haben alle Hände voll damit zu tun, uns selbst besser zu machen und für die anderen dazusein. Ich finde es besser, wenn eine Frau sich ganz ruhig fragt: „Unsere Ehe löst sich langsam auf, wie kann ich daher unser Intimleben ändern? Habe ich ihm aufmerksam genug zugehört, habe ich ihn wirklich verstanden? Bin ich alt geworden und unattraktiv? Ernähre ich ihn gut? Wie kann ich das tägliche Einerlei und die Erstarrung brechen, mich selbst weniger aggressiv und dafür zufriedener fühlen?"

Aber auch hier ist Vorsicht geboten! Es handelt sich nicht darum, sich auf die manchmal recht oberflächlichen Ratschläge in den Zeitschriften zu stürzen. Es geht darum, aus sich selbst heraus, aus dem eigenen Herzen, die Liebe und die Vernunft aufsteigen zu lassen. Schön sieht er aus, der Mann, dieser Automensch, der nicht mehr zu Fuß geht, seiner Frau seit der Eheschließung nicht mehr die Tür aufhält, den Kopf in die Zeitung und das Herz ins Fernsehen vergräbt; wenn ihm, wie Meinungsumfragen ergaben, eine anständige Fresserei mit seinen Kumpeln lieber ist, als mit seiner Frau zu schlafen. Und doch sagen 70 Prozent der Franzosen, daß sie das vorziehen. Wo bleibt da das Fest? Das Fest der Sinne, das kein Alter hat?

Eines Tages kommt eine junge Frau in mein Büro. Sie kommt, sagt sie, weil sie unerträgliche Anfälle von Nesselfieber hat und mich um Rat fragen will. Sie ist genau dreißig Jahre alt, seit zehn Jahren verheiratet und hat ein neunjähriges Kind.

„Madame, seit wann haben Sie Ihre Beschwerden?"

„Oh, seit langem schon."

Sie denkt nach, ihre auffallend grünen Augen weichen meinem Blick aus, und schon weiß ich, daß sie tatsächlich seit langer Zeit über die Ursache ihres Juckreizes einen bestimmten Verdacht hegt. Zuerst zögert sie noch, dann gibt sie sich einen Ruck und vertraut sich mir an:

„Es ist komisch, aber der Juckreiz begann ziemlich genau an dem Tag, an dem mein Mann die Stellung gewechselt hat. Er ist Chemieingenieur und, sehen Sie, jetzt hat er eine Mitarbeiterin für seine Forschungen . . ."

„Das ist ein Aufstieg", sagte ich, „bravo."

„Sie wollen wohl sagen, es ist eine Katastrophe."

Jetzt wird sie lebhaft:

„Er redet nicht mehr mit mir, Monsieur. Er kommt nach Hause, stellt sich ohne ein Wort zu sagen unter die Dusche, dann schaltet er den Fernsehapparat ein und setzt sich mit einem Glas Whisky vor den Bildschirm."

„Und beim Abendessen?"

„Er hat mir gesagt, daß er nicht einsieht, warum er zu einer bestimmten Zeit etwas essen soll, wenn er keinen Hunger hat. Gegen zehn Uhr steht er ganz allein vor dem Eisschrank und stochert ein bißchen im Essen herum. Und er sagt immer noch kein Wort."

„Und Sie?"

„Ich esse mit meinem Sohn, bevor mein Mann nach Hause

kommt. Ich habe nicht die Kraft, mir das Fernsehprogramm anzusehen. Ich lege mich ins Bett und lese und lese. Er legt sich gegen zehn Uhr dreißig hin, löscht seine und meine Lampe und schweigt nach wie vor. Ich bekomme den Anfall genau zu dem Zeitpunkt, an dem mein Mann nach Hause kommt, zuerst ganz leicht, dann auf dem ganzen Körper, es ist unerträglich."

„Und wie ist es, wenn er das Licht gelöscht hat?"

„Er ist erbittert über meine Anfälle. Er schläft. Ich stehe auf, um zwei Schlaftabletten zu schlucken, und schließlich gelingt es mir, ebenfalls zu schlafen."

„Und wie lange geht das schon so?"

„Sieben Monate, Monsieur. Vorher haben wir zu dritt zu Abend gegessen. Er trank keinen Whisky, ich hatte keine Allergie. Wir schliefen mindestens einmal in der Woche miteinander. Sicher betrügt er mich mit seiner Mitarbeiterin."

Ich gestehe, daß ich besser gerüstet bin, Anfälle von Nesselfieber zu heilen als Ehebruchprobleme, doch die Sache interessierte mich. Wenn das die Wahrheit war, wie würden sich diese beiden aus der Affäre ziehen? Vor allem mußte ich sie beruhigen. Ich sage:

„Ich werde Ihnen einen Kräutertee verschreiben, der nicht nur Ihren Juckreiz beruhigen, sondern Sie auch entspannen wird. Und hören Sie mit diesen giftigen Beruhigungsmitteln auf ... Wenn Ihr Mann seinen Whisky trinkt, werden Sie an Ihrem Tee nippen. Sie werden fernsehen und sich anziehen wie zu einem ruhigen Abendessen bei Freunden. Um zehn Uhr werden Sie stehend vor dem Eisschrank essen und genauso herumstochern wie er. Richten Sie sich einen Vorrat an leckeren Kleinigkeiten. Bereiten Sie kalte Häppchen vor, kleine mit Käse belegte und mit Bohnenkraut bestreute Brotscheiben. Lassen Sie ein wenig Ihre Phantasie spielen. Legen Sie sich zur selben Zeit nieder wie er. Schlafen Sie ... oder seien Sie eine Hexe."

Sie errötet:

„Meine Mutter hat mir beigebracht, in jeder Situation Haltung zu bewahren."

„Mit dreißig ist es an der Zeit, die Mutter zu vergessen und an die Mitarbeiterinnen der Ehemänner zu denken."

„Unser Sohn wird enttäuscht sein, wenn er alleine essen muß."

„Er wird noch viel enttäuschter sein, wenn seine Eltern einander bekämpfen."

„Und wenn das nichts nützt?"

„Dann werden Sie es noch einmal versuchen und geschickter sein."

„Aber wenn er mich nicht begehrt? So redet niemand! Hier muß man eben etwas anderes erfinden."

„Veranlassen Sie ihn, diesen Aufguß aus Bohnenkraut, Salbei und Minze zu trinken, den ich Ihnen hier verschreibe. Und bereiten Sie ihm diese Speisen, die ich Ihnen angeben werde."

Die Dame ging weg, wie ich es wollte: voller Hoffnung. Mit dem Vorsatz, zu kämpfen, sich zu verteidigen. Wiederzuerobern. Die Gespräche wiederaufzunehmen. Ihr Anblick, die schwingenden Hüften, die bebenden Nasenflügel, dieser ruhige Gang, der die durch und durch weibliche Frau verrät, sagten mir, daß sie die besten Aussichten hatte. Daher war ich auch keineswegs überrascht, sie nach drei Monaten wiederzusehen. Sie hielt einen siegreichen Einzug in mein Büro. Sie hatte auf ihren kastanienbraunen Haarknoten verzichtet. Und, bei Gott, das rote, modisch geschnittene Haar brachte ihre grünen Augen verführerisch zur Geltung.

„Allergie?" sagte ich lachend.

„Zweites Baby, wollen Sie wohl sagen. Ich wollte Ihnen danken."

Obwohl ein Fall wie dieser geradezu Balsam für meine Seele ist, will ich natürlich nicht behaupten, daß der glückliche Ausgang dieser Geschichte meinen Kräuteraufgüssen zuzuschreiben ist. Doch auch die Kräuter hatten dabei ihre Verdienste. Ich will wetten, daß sie gewissermaßen das „Vehikel" zum Erfolg waren. Diese Frau hat ihr Selbstvertrauen wiedergefunden. Einfache Handgriffe geben mutlosen Frauen Sicherheit, entspannen sie und bewirken, daß sie nicht mehr streitsüchtig sind wie Harpyien. Und ich will auch wetten, daß mein Bohnenkraut in den Speisen des Mannes ebenfalls das Seine dazu getan hat. Ob er nun tatsächlich eine Geliebte hatte oder nicht, jedenfalls hat dieser Mann weiterhin eine Frau gehabt und es weiterhin auf sich genommen, die Verantwortung für eine Familie zu tragen. Ich bin kein Psychoanalytiker. Wenn ich mit menschlichen Sorgen konfrontiert werde, dann reagiere ich als Mensch, und ich behaupte weder, daß ich das Unterbewußtsein der Menschen erschließen, noch daß ich ihre Seele allein mit Kräutern heilen kann, aber ich sage, ja ich schreie: „Manchmal suchen wir dort, wo einfacher bäuerlicher Hausverstand und ein wenig menschliche Wärme helfen könnten, nach wirklich schwierigen und dramatischen Lösungen."

Männer und Frauen müssen einander lieben. Wie soll man den Streß des modernen Lebens ertragen, wie sich dem Alltag stellen, wenn man sich nicht regelmäßig in einem beinahe unmenschlichen Glück wiegen kann, hinüberschaukeln kann in ein Land, in dem die Zeit stillsteht und nichts an den Alltag erinnert? Dieses Land, in dem man seine Lebensfreude wieder auffrischt, ist natürlich das Land der Liebe. Welcher Mann, welche Frau könnte darauf verzichten?

Doch gerade zu einem Zeitpunkt, da wir am meisten auf das wirkliche Glück angewiesen wären, redet unsere moderne Welt vorwiegend über Erotik, über Sex-Shops und Schwedenfilme und entfernt uns von den Ufern der Liebe. Ach, was hat man mir nicht alles erzählt über die Orgien, die Verrücktheiten, über die leidenschaftlichen und perversen Versuche der Leute, der Ehepaare, ihre Sinne wieder zu beleben, wie sie glauben. Wenn sie diese Orgien hinter sich haben, werden sie manchmal zynisch, ekeln sich vor sich selbst und sind wie Rauschgiftsüchtige von der Idee besessen, beim nächstenmal mehr erleben zu müssen, Besseres, Außergewöhnlicheres.

Das erinnert mich an die junge Journalistin einer großen Zeitung, die gekommen war, um ein Interview mit mir zu machen, und die am Ende ihres Interviews in Tränen ausbrach. Mitten bei der Arbeit bricht sie plötzlich zusammen. Nun bin ich es, der sie interviewt:

„Was ist denn los?"

„Ich liebe meinen Verlobten, aber es geht mir wahnsinnig auf die Nerven, mit ihm zu schlafen. Ich gebe ihm nach. Immer denke ich, daß es diesmal besser sein wird. Aber jedesmal bin ich wie ein Stück Holz und hasse ihn."

Drama der Frigidität? Nein, die junge Person ist anscheinend begabt auf diesem Gebiet, aber alles hängt davon ab, wie die Sache abläuft. Sie ist seit ihrer Jugend an Gruppensex gewöhnt. Man fährt mit Freunden aufs Land. Bei der Abreise ist man noch neben dem eigenen Freund. Am Reiseziel sind dann alle beisammen, man wechselt den Partner. Nur keine Vorurteile, das ist das Gesetz der Lust. Man liebt nicht, sondern, verzeihen Sie mir den harten Ausdruck, man vögelt gut. Und da begegnet sie plötzlich der verwandten Seele. Und sie haßt ihre Vergangenheit. Und sie bestraft sich selbst, indem sie sich verbietet, bei diesem jungen Mann, den sie liebt, Lust zu empfinden. Sie hat ihrer Seele Fesseln angelegt: „Mein Körper hat mit meinem Herzen nichts zu tun", und sich dadurch eine echte innere Krankheit geschaffen. Körper und Herz wollen nichts voneinander wissen. Sie hassen einander. Sie wird ihrem Körper seine alten Reflexe abgewöhnen und ihre Einheit wiederfinden müssen. Eine schöne Bescherung. Da sitzt es jetzt für eine Weile in der Tinte, dieses schöne, moderne und intelligente Mädchen. Ob ich ihr Pflanzen verschrieben habe? Ja. Beruhigende Pflanzen können nur helfen, sich zu entspannen und zur Besinnung zu kommen. Glauben Sie mir, sich auf „grüne Diät" zu setzen, hat einen tiefen, praktischen und philosophischen Sinn.

Seltsam, ich dachte, ich hätte in meinem Buch „Von Menschen und Pflanzen" genug über Impotenz und Frigidität erzählt. Doch heute weiß ich, daß ich das Kernproblem in Wirklichkeit gar nicht berührt habe, weil ich Angst davor hatte, die anderen zu schockieren, wenn ich sagte: die Menschheit ist dabei, krank, „impotent" zu werden. Sie ist dabei, ihre Liebesfähigkeit zu verlieren. Und man muß hier genauso Alarm schlagen wie bei der Umweltverschmutzung. Ich versichere Ihnen, daß der Kampf für die Erhaltung der Liebe auf unserem Planeten genauso sicher eine ökologische Tat ist wie die Wiederaufforstung nach den Waldbränden in der Provence. Nun wissen wir aber, daß ein großes gemeinsames Werk nur vollbracht werden kann, wenn man zuerst vor der eigenen Tür kehrt. Wir müssen unser Leben neu überdenken. Wir müssen darin all die guten Pflanzen der Liebe freisetzen, sie „stutzen" wie ein guter Gärtner seine kleinen Bäume und sie vom Unkraut und von der Verschmutzung des modernen Lebens befreien.

Ich verspreche, Ihnen mit echten Pflanzen zu helfen, sobald Sie Ihre innerliche Gartenarbeit erledigt haben. Am Ende dieses Buches bringe ich eine Liste aphrodisischer Pflanzen und Suppen. Hängen Sie die Liste in Ihrer Küche auf. Ich möchte, daß Sie niemals aufs Land fahren, ohne ein kleines Kräuterbuch, einen Korb und meine Ratschläge für das richtige Pflücken mitzunehmen. Es genügt, wenn man ein halbes Dutzend Pflanzen unterscheiden lernt. Die anderen kennen Sie sowieso schon auswendig. Den Hahnenfuß aus Ihrer Kindheit, die Brennesseln, die auf der Wiese hinter dem Haus Ihrer Großmutter auf Ihren nackten Waden gebrannt haben. Den Rosmarin, der in bestimmten Gegenden einfach Palmwedel genannt wird, weil man ihn bei der Segenserteilung am Palmsonntag statt der Buchsbaumzweige verwendet. Kurz, Sie kennen mehr Pflanzen, als Sie glauben.

Ich möchte auch sagen, daß Sie wie ein geschickter, vernünftiger Gärtner vorgehen müssen, wenn Sie sich mit dem Problem der Liebe und der Lust in Ihrer Ehe beschäftigen. Die sogenannte „gute Hand für Blumen" ist nichts anderes als Liebe und gesunder Menschenverstand. Und warum soll, was für Pflanzen gültig ist, nicht auch für Menschen gelten?

Diese Anregungen sind nicht nur für alte Ehepaare bestimmt, sondern natürlich auch für junge Leute, die ihr Liebesleben gerade erst beginnen. Sie sind in Gefahr. Ich meine nicht die Gefahr der Unsittlichkeit: dieser Begriff von Sittlichkeit und Unsittlichkeit ist von unseren heidnischen Gebräuchen schon lange überholt worden. Jedenfalls ist es nicht meine Aufgabe, ihnen zu sagen: das ist gut, das ist schlecht. Doch es ist unsere Aufgabe, sie aufzufordern, über ihre Spiele nachzudenken, und es ist die Aufgabe der Eltern, ihnen zu helfen.

Ich habe vorhin die Verwirrung erwähnt, in der sich diese junge Journalistin befand, weil sie ihr Liebesleben schlecht angefangen hatte. Sie ist nicht die einzige. Ich kann bestätigen, daß es im Departement Gers vor zwanzig Jahren keine Orgien gegeben hat. Jetzt gibt es sie. Auch vor fünfundzwanzig oder dreißig Jahren waren die Mädchen auf dem Land frühreif. Es geht also nicht darum, der Jungfräulichkeit nachzuweinen, gleichgültig ob sie nun ein Jahr früher oder ein Jahr später verloren wurde, obwohl ich heute glaube behaupten zu können, daß in der Umgebung kein hübsches Mädchen über achtzehn noch Jungfrau ist, und das ist dennoch ein bißchen traurig.

Ein Schulinspektor hat mir sogar gestanden, daß im benachbarten Gymnasium siebenundzwanzig Schülerinnen schwanger sind. Der arme Mann war völlig verwirrt. Werden sie abtreiben? Der Großteil nicht. Man wird die Sache „arrangieren", und das ergibt Ehen, die in einigen Jahren böse aussehen werden. Als ich diesem Inspektor, einem Familienvater, erzählte, daß viele Mütter ihre fünfzehnjährigen Töchter zu mir brachten, um mich wegen „Frauenkrankheiten" um Rat zu fragen, und daß, wenn ich sagte: „Wenn sie älter wäre, würde ich ihr Spülungen mit Thymian verordnen", sieben von zehn Müttern antworteten: „Aber, Herr Mességué, sie kann Spülungen machen: sie ist nicht mehr Jungfrau", wurde dieser arme Mann immer verzagter, und mir scheint, ich hätte ihn nicht weggehen lassen sollen, ohne ihm Lindenblüten zu geben!

„Sind die Mütter Komplizinnen?" fragte er.

Nein, um es rundheraus zu sagen, sie sind keine Komplizinnen. Sie haben sich abgefunden. Und sie verheimlichen dem Vater das Ereignis, um keine Szene heraufzubeschwören, bei der sie selbst nicht gut wegkämen, denn Sie können sich vorstellen, wie das Gespräch am Abend aussieht: „Sie ist so, wie ihre Mutter sie erzogen hat. Wenn es an mir gewesen wäre ..." „Na, hör einmal, sie ist deine Tochter." „Konntest du dir zu deiner Zeit so etwas vorstellen!" „Nein, mein Vater hätte mich umgebracht." „Das Gymnasium ist daran schuld. Man schindet sich zu Tode, um seine Kinder in die Schule zu schicken, und anstatt daß man eine Gelehrte aus ihr macht, macht man sie zum Flittchen!"

Die Auseinandersetzung wird immer lauter, und das Ganze endet mit einem absurden: „Sie ist genau wie ihre Mutter", was die Eheleute verbittert und für lange Zeit entfremdet. Da entschließen sich Mutter und Tochter, lieber zu schweigen, und werden unbewußt um des lieben Friedens willen zu Komplizinnen. Ich kenne Mütter, die ihren Töchtern ganz heimlich die Pille geben, denn sie stehen mit beiden Füßen auf dem Boden und sagen sich, daß es bei diesem Stand der Dinge besser ist, die Risiken dieser frühen Reife, die allgemein zu sein scheint, auf ein Minimum zu beschränken. Doch ihr Moralgefühl ist angeknackst. Sie fürchten um das Glück ihrer Tochter. Wie weit wird sie gehen? Was wird das in ihrem Herzen, in ihrer Seele anrichten? Diese Mütter haben recht: sexuelle Frühreife und Partnertausch sind bei einem noch leichtsinnigen jungen Mädchen der echten Suche nach Liebe abträglich.

Nicht Moralpredigten sind es, die man ihnen halten soll. Nicht bestrafen soll man sie, nicht ihnen drohen, nicht die Augen zum Himmel verdrehen. Man soll ihnen erklären, daß sie einen falschen Weg eingeschlagen haben. In der Provinz werden sie schwanger, diese jungen Mädchen mit den kindlichen Herzen, mit ihren Miniröcken und ihren langen Haaren. In Paris aber nehmen sie alle die Pille. Die Pille für alles und gegen alles, und viele Mütter kommen mich um Rat fragen: „Sie wird dick. Das macht sie unfreundlich und gereizt. Könnte das an der Pille liegen? Was kann man tun?" Doch ich beruhige sie und schicke sie zu einem Frauenarzt. Die Pille ist zu einem Bestandteil des Lebens geworden, genauso wie die knapp sitzenden Jeans und die T-Shirts ohne was drunter.

Ich sage nicht: wie schrecklich. Ich finde sie rührend. Sie haben noch so einen kindlichen Ausdruck, solche Babygesichter. Sie sind die Lolitas von heute. Sie glauben sich frei, fortschrittlich, revolutionär. Doch wenn ich sie mir ansehe, sage ich mir: Der Großteil ist dabei, sich ein völlig gestörtes Liebesleben zu bereiten. Gestört, weil durch allzu große Leichtfertigkeit verdorben und entwertet. Ein Liebesleben, in dem es keine persönliche Größe und keine Großzügigkeit gibt. Sie spielen mit ihrer Ausstrahlung in einem Alter, in dem der Partner für sie noch kaum eine Bedeutung haben kann, und zerbrechen sich den Kopf, ob sie wohl sexuell so befriedigt sind, wie es sich gehört. Denn von diesen Kindern wird Ihnen jedes beliebige erzählen können, ob es klitoral oder vaginal veranlagt ist oder frigid. Sie stopfen sich mit den zweifelhaften Weisheiten aus den Zeitschriften voll und kommen wegen jeder Kleinigkeit fragen, ob sie wohl normal sind und auch keinen zu kurzen Orgasmus haben.

Solange sie noch ihre Jugendfrische haben, geht dieses ganze Gefasel niemandem auf die Nerven: wirklich, sie haben wenigstens eine freie Ausdrucksweise und eine spitze, aggressive Art, sich zu benehmen, die einen interessiert, unterhält und verblüfft. Doch sie geben die Suche nach den Wundern der großen Liebe, die durch Mark und Bein geht, schneller auf als andere. Sie haben genug von ihrem jungen Partner, der noch mitten in den Problemen der Pubertät steckt. Da lassen sie ihn fallen und nehmen einen anderen. Naiverweise denken sie, daß der Junge von nebenan sie besser verstehen und verführen wird. Sie machen neue Liebesexperimente mit dem Nachbarn. Diese Experimente gehen nicht immer besser aus. Die Liste wird länger. Der Ekel beginnt.

Ich weiß auch, wie es weitergeht. Glauben Sie nicht, daß sie in sich gehen, sich für einige Zeit zurückziehen, um nachzudenken, um Bilanz zu ziehen und um einen neuen Anfang zu setzen. Sie gehen Ski fahren.

Es scheint lächerlich, hier diese Beispiele zu bringen. Mehr als ein kesses junges Mädchen wird schallend lachen, wenn es zufällig dieses Kapitel liest. Es wird ein bitteres Lachen sein. Am Freitagabend organisiert man in den Städten, in denen es möglich ist, ich meine Grenoble genauso wie Toulouse oder Marseille, Ausflüge in den Schnee. Die Eltern denken, daß das gesund ist. Die jungen Leute fahren mit einer ganzen Gruppe. Da sind die Eltern weniger mißtrauisch als bei einem jungen Liebespaar, das alleine wegfahren will. Da mieten sich also acht oder zehn Personen ein einziges Zimmer oder ein kleines Haus. Es gibt drei Betten. Man teilt sich die Plätze. Man liegt Seite an Seite. Man macht Witze. Es wird untereinander getauscht. Man macht Versuche. Wie durch Osmose greift die Lust des Nachbarn auf einen selbst über. Man ist verwirrt und aufgeregt. Es ist wie eine Droge. Jeden Freitag fährt man mit dem einen jungen Mann weg. Jeden Sonntag hat sich irgend etwas aufgelöst, sich wieder gebildet oder ist neu entstanden, irgend etwas, das nicht Liebe ist, nicht einmal Lust, sondern die Jagd nach Sensationen, nach sich selbst. Man verliert die Identität.

Warum ich über diese rührenden und armseligen „Ausflüge in den Schnee" so gut Bescheid weiß? Weil ich Hunderten, wirklich Hunderten von vertraulichen Geständnissen zugehört habe. Nicht daß die jungen Mädchen und die jungen Männer mich von sich aus aufsuchten! Oft sind es die Eltern, die sie zu mir bringen oder schicken. Sobald sie verstanden haben, daß ich ihre körperlichen Probleme – sie haben Akne, sie haben zugenommen, sie haben kleine Krankheiten, ich würde fast sagen Babykrankheiten, deretwegen die Mama mich offensichtlich aufsucht – mit gesundem Menschenverstand und freundschaftlich zu lösen versuche, kommen sie oft wie Erwachsene allein wieder und fangen an zu reden . . .

Die Burschen sprechen wie alte, übersättigte Männer: sie glauben nicht mehr an die Mädchen. Wie sollten sie da nicht homosexuell werden? Sie glauben nicht mehr an sie, weil die Mädchen zu Konsumgütern geworden sind. Bei den Mädchen ist es dasselbe. Sie sagen: „Sie sind im Bett so schnell, als ginge es an einen Hundertmeterlauf, und sie sind auch noch stolz darauf. Sie bedeuten uns nichts. Wir, wir erwarten noch den ‚Superman', der in den Comics-Heften vorkommt ... und während wir auf ihn warten, gehen wir doch ab und zu mit jemandem ins Bett." Ja, die Burschen, die Mädchen, sie gehen miteinander ins Bett: so wie man sich die Zähne putzt.

Ich weiß, was ich da erzähle, paßt plötzlich nicht mehr zum Frühling. Man würde ihn gern nach der Art eines Boticelli darstellen. Man würde ihn gerne nach der Art eines Vivaldi singen hören. Man würde gerne herumschweifen und dabei an die Balladen von Charles d'Orléans denken. Doch die jungen Sprößlinge der Menschheit sind dabei, in die falsche Richtung zu wachsen und „die" Krankheit zu bekommen. Wir müssen sie pflegen, ihnen helfen. Jedesmal wenn ich ein bestimmtes Bild in meinem Gedächtnis heraufbeschwöre, wird es mir schwer ums Herz. Das Bild eines siebzehnjährigen Burschen am Rande des Nervenzusammenbruchs, der zu mir gekommen war, weil er mich mit seinen Eltern befreundet wußte.

Es ist ein herbstlicher Vormittag. Ich plaudere mit ihm über alles mögliche und warte, daß er auf den eigentlichen Grund seines Besuches zu sprechen kommt. Es ist ein auffallend schöner Junge. Er ist blond, seine Augen sind wie Samt, und er ist sorgfältig gekleidet. Für meinen Geschmack hat er ein bißchen zu viel von einem Lord Byron an sich; ich selbst neige eher dazu, den Typ vorzuziehen, der „zu meiner Zeit" modern war: den geraden, offenen und ehrlichen jungen Mann, der gepflegt ist, doch ohne weibliche Raffinesse. Vor mir jedoch steht ein Porträt aus dem neunzehnten Jahrhundert und trägt den verwirrten Ausdruck des zwanzigsten. Ich schaue und warte.

„Es ist ihre Schuld", beginnt er und läßt seine Finger knacken. Knacks, knacks in den Morgen hinein.

Etwas nervös, dieser Junge ...

„Sie war es, die mit mir schlafen wollte; mich hat dieses Mädchen nicht sehr gereizt. Doch sie hat mich vor den anderen herausgefordert. Sie hat blöde Witze gemacht. Schau, schau, ich hab' gedacht, du bist eine Kanone ... Sie nannte mich Fritz the Crack, diese Idiotin. Eine Zeitlang hab' ich's ausgehalten, und dann habe ich mich dazu hergegeben, mit ihr zu schlafen, ohne mit dem Herzen richtig dabei zu sein."

Schweigen.

„Das ist alles nicht so schlimm", sage ich. „Du hast geglaubt, etwas, das du für deine Selbstachtung hältst, mit allen Mitteln retten zu müssen, du hast es getan, punktum und fertig."

„Wenn das alles wäre, säße ich nicht hier. Sie hat mir einen unglaublichen Ekel vor allen Frauen eingejagt. Ich kann mit keiner mehr schlafen."

„Du übertreibst", sage ich. „Das ist ganz normal. Hab ein wenig Geduld. Willst du Kräuter haben, um deinen inneren Frieden wiederzufinden? Und später dann andere, um gut in Form zu sein?"

Er bricht in Tränen aus wie ein Kind.

„Ich brauche keine Kräuter. Oder wenn schon, dann höchstens Schierling. Ich will mich umbringen."

Ich lasse mich nicht beeindrucken. Wenn er diesen ganzen langen Weg aufs Land auf sich genommen hat, um mich zu sehen, dann doch nur, weil er sich von mir einen Lebensrat erwartet. Aber warum zum Teufel will er sich umbringen?

Er wischt sich die Tränen mit dem Ärmel weg wie ein Kind.

„Ich bin Päderast, das ist die Wahrheit. Und mein Vater wird mich umbringen."

Ich kenne den Vater. Er ist praktizierender Katholik und sehr jähzornig. Was kann ich für diesen Bengel tun? Schon denke ich an einen befreundeten Psychiater. Ich sage mir, daß der Zwischenfall mit dem jungen Mädchen das Problem nur zufällig aufgedeckt hat. Er ist jung. Es müßte möglich sein, seine Nöte zu beheben, ohne allzuweit in seine Vergangenheit vorzustoßen. Ich setze eine wohlwollende Miene auf und sage ihm meine Gedanken.

„Ich glaube nicht an die Psychiater. Das klappt nur selten", versichert er mir, als hätte er schon lange darüber nachgedacht.

„Nun", sage ich heiter, „wenn es nicht klappt, dann wirst du eben Päderast sein, das ist alles. Ich sehe keinen Grund, sich heutzutage deswegen umzubringen!"

„Würden Sie dasselbe sagen, wenn es um einen Ihrer Söhne ginge?"

„Genau dasselbe." (Wenn man schon keine Möglichkeit hat zu handeln, sollte man zumindest einen guten Eindruck erwecken!)

„Ja, aber sie ist schwanger; sie will, daß ich sie heirate."

Nun wirkt das Ganze plötzlich wie ein schlechter Photoroman. Ach, mein Vater, das wird man nicht mit Rosmarin heilen können.

Ich habe die Adresse des Psychiaters aufgeschrieben. Ich habe dem Jungen gesagt:

„Deine Nerven sind krank. Du mußt dich schonen. Sag, daß du krank bist. Erklär es deiner Verlobten ... du mußt Zeit gewinnen. Komm dich wieder bei mir aussprechen, wenn du willst."

Ich habe erfahren, daß er schließlich geheiratet hat, „nach einer schweren nervösen Depression", wie mir seine Mutter erzählte. Ich wage nicht, mir das Leben dieses jungen Paares vorzustellen. Sie, völlig verständnislos, gibt sich ganz ihrer Eitelkeit, ihrem Egoismus hin und bringt auch noch ein Kind mit in dieses Drama hinein. Er ist völlig verschreckt und versucht, mehr schlecht als recht zu leben.

Ich könnte auch die Geschichte der kleinen Lucette erzählen. In gewissem Sinn ist dieser Fall erfrischender:

„Ich bin schwanger, Monsieur Mességué, und unheimlich glücklich."
„Wirst du heiraten?"
Sie zuckt die Schultern.
„Mit siebzehn? Nie. Ich will doch nicht mein ganzes Leben mit diesem Typ verbringen, er kann mich nicht einmal befriedigen. Nein, ich wollte ein Kind, jetzt hab' ich eins, das ist alles."
„Aber wie wirst du es großziehen?"
„Zuerst Mütterheim, dann Arbeit. Ich habe meine staatliche Stenografie- und Schreibmaschinprüfung."
„Ach so. Viel Glück, Lucette."
So sieht heute die Konversation unter Nachbarn über einer Weißdornhecke aus.

Was denken die Eltern? Sie sind von der Zeit überrollt. Sie tun, als wüßten sie von nichts. Sie lassen alles über sich ergehen. Sie überleben. Sie spüren sehr wohl, daß es nicht nur ihr eigenes Kind betrifft, sondern alle Kinder auf dieser Welt. Eine große Flut treibt eine ganze Generation zu neuen Ufern. Doch es sind nicht die Gestade von Kythera, der Venusinsel, sondern eine Art Unglück. Dieses Unglück ist nichts anderes als die rastlose Jagd nach sexueller Abwechslung. Das große Epos vom Ende der Liebe? Auch sie, die Eltern, sind von der Katastrophe betroffen. Und alle seufzen wir, anstatt uns zu retten.

Und doch muß ich auch wieder an die Hoffnung denken und gestehen, daß meine Erfahrungen, so wie die der Ärzte, die Dinge nicht ganz im richtigen Licht zeigen, weil die glücklichen Leute mich ja nicht aufsuchen: Die folgende Geschichte könnte in der Tat als Beweis dafür gelten.

Eines Tages kommt eine junge Frau zu mir und verlangt harntreibende Kräuter für ihre schwer herzkranke Mutter. Ich habe schon oft gesagt, daß ich mit einem einzigen Blick erfassen kann, ob eine Frau in jeder Hinsicht glücklich ist. Diese hier war es sichtlich. Sie setzte sich ruhig hin, sah mich offen an und redete in klaren Sätzen. Reiner Teint, schöne volle Lippen, kaum geschminkt, flacher Bauch, wahrscheinlich keine Zellulitis, in Gedanken gab ich ihr lauter Gutpunkte. Als sie die Krankheitsgeschichte ihrer Mutter beendet hatte, beeilte ich mich, sie mit einem Prädikat auszuzeichnen, das für heutige Verhältnisse geradezu selten und fürstlich zugleich ist: Sie war „ausgeglichen".

Ihren Worten konnte ich entnehmen, daß sie verheiratet war, Kinder hatte und in einem großen Reisebüro als Hosteß arbeitete. Ich fragte mich, ob sie ihrem Mann wohl untreu war. Wir sprachen über dies und das und redeten ein wenig länger miteinander, als es für mich notwendig gewesen wäre, um ihr Kirschenstengel zu verschreiben, und schließlich gab sie mir die Antwort: Sie hatte ihren Mann noch nie betrogen, obwohl es ihr nicht an Gelegenheiten fehlte. War es meine Menschenkenntnis, war es ihr ehrlicher Tonfall, jedenfalls war ich sicher, daß sie nicht log, und diese Tatsache überraschte mich bei solch einer hübschen, modernen Frau, die alle Freiheiten hat.

„Ich habe die Wahl getroffen", erklärte sie. „Manchmal komme ich in Versuchung, bin erregt und muß mich gegen meinen Körper verteidigen, doch ich habe mich schnell wieder in Gewalt. Mir ist es lieber, mich ein bißchen zu kasteien und meiner Liebe treu zu bleiben, als mich kopfüber in ein Vergnügen zu stürzen, das die kostbaren Fasern meines zukünftigen Glücks möglicherweise zerstören könnte."

„Die Anstrengung, die man macht, um dem treu zu bleiben, was man liebt, ist auch nicht mehr wert als die Untreue", sagte ich. „Kennen Sie diesen Ausspruch von La Rochefoucauld?"

Doch La Rochefoucauld kann sie nicht im geringsten aus der Fassung bringen.

„Ich muß mich niemals anstrengen. Es macht mich glücklich, zu wissen, daß ich jederzeit die Freiheit habe zu wählen und daß ich mich aus tiefster Überzeugung ganz spontan nicht für das flüchtige Vergnügen entscheide, sondern für die große Liebe. Es gibt für eine Frau noch ein anderes Vergnügen, nämlich sich begehrt zu wissen, und darauf verzichte ich natürlich nicht. Das kann man seinem Mann ruhig erzählen, das ist nicht pervers. Das ist eine Liebeserklärung, die genauso wirkt wie Ihr Bohnenkraut."

„Ist das nicht etwas beunruhigend für den Ehemann?"

„Ein Ehemann soll die Sinnlichkeit seiner Frau nicht einschränken wollen. Er hat ihr zu vertrauen. Davon profitiert er letztlich selbst. Das Leben bewahrt einen davor, zu sterben. Jedenfalls bewahrt es einen davor, starr zu werden."

„Wie lange sind Sie schon verheiratet?"

„Seit fünfzehn Jahren, und ich habe fünf Kinder."

Ich kann Ihnen versichern, ich hielt diese Frau für einen außergewöhnlichen Fall. Ich hätte gern gewußt, woher sie diese ruhige und zugleich auch sinnliche Lebensanschauung hatte.

Wir sprachen ein wenig über ihre Kindheit. Sie war auf dem Land aufgewachsen, und ihr Leben war harmonisch und vom Rhythmus der Jahreszeiten geprägt. Auch sie ging Pflanzen pflücken. Sie half beim Heueinbringen, und sie wußte, daß man Bienenstiche mit Wegerich einreiben muß, um sofortige Linderung zu verschaffen. Menschen, die das Glück hatten, vor fünfunddreißig Jahren in einem Dorf geboren zu werden, wo die alten Leute die Tradition noch hochhielten, wo die Eltern ihrerseits fähig waren, den Kindern ohne Psychiater einen gesunden Instinkt für Gut und Böse mitzugeben, scheinen besser erfassen zu können, was das Wesen des Glücks ausmacht. Das moderne Leben bietet ihnen, diesen Privilegierten, nur Vorteile: größere innere Freiheit, Weltaufgeschlossenheit und ein intensives Lebensgefühl.

Diese Geschichte erinnert mich wieder an den Frühling. Gott sei Dank, jedes Jahr kommt er wieder, und damit will er uns wohl zu verstehen geben, daß es immer einen neuen Anfang gibt. Sagen Sie mir nicht, daß die Tauben, die gurrend auf meinem Dach sitzen, nicht ebensoviel Hoffnung verkünden. Nein, ich habe jetzt dreißig Jahre lang meine Nächsten an der Liebe leiden sehen, und ich werde kein weiteres Jahr vergehen lassen, ohne zu reden. Was ich für wichtig halte, mag dumm sein, vielleicht auch naiv, doch ich schreibe es auf, und ich möchte einige Lösungen anbieten. Von meinem Vater hatte ich gelernt, daß man jegliche Zurückhaltung aufgeben und den Mut haben muß, offen zu reden, wenn man glaubt, den anderen damit helfen zu können. Ich rede also. Ich schreie. Ich sage heute, an diesem Morgen, an dem die wärmenden Sonnenstrahlen auf die Kirschen fallen, jetzt gleich: Lernen wir wieder zu lieben.

Geteilte Freude ist doppelte Freude

Wenn die Männer und die Frauen mich aufsuchen, um mir ihr Herz auszuschütten, so fangen sie – ob es nun einfache Leute sind oder Minister oder Ministersgattinnen – zu einem bestimmten Zeitpunkt alle an, sich zu beklagen. Die einen jammern über zuwenig Geld, die anderen über zuwenig Zeit, die Männer beklagen sich, um eine Entschuldigung zu haben, schlechte Liebhaber zu sein, die Frauen, um eine Ausrede für ihre Frigidität zu finden. Sie glauben alle, daß es an ihren Sorgen liegt.

Es stimmt, daß Sorgen nicht gerade günstig sind. Wenn ein Mann arbeitslos ist oder aber mitten in einem Wahlkampf steht, so ist er kaum geneigt, in der Liebe Heldentaten zu vollbringen. Doch ich glaube, daß man die Bedeutung dieser Dinge auch nicht überbetonen muß. Ich denke an die berühmten Harems, in die man mich manchmal gerufen hat. Ich bin nach Kuweit, nach Saudiarabien oder in irgendein anderes orientalisches Land geholt worden, weil entweder der Emir impotent war oder weil er seine Frauen für frigid hielt.

Ich kam in ein Schloß wie aus Tausendundeiner Nacht. Selbst die Zeit schien verwandelt: sie floß langsam und luxuriös dahin und war voll Irrealität. Wie die Ausstattung war? Ich will nicht wiederholen, was ich schon in meinen anderen Büchern beschrieben habe ... Sie können es sich vorstellen: unermeßlich reich. Alles ist hier erschaffen worden, nicht nur um schön zu sein, sondern auch noch um die Sinne anzuregen. Düfte, Speisen, Geräusche, Farben, Schmuck, alles soll die Sinne reizen. Man könnte meinen, daß diese gesalbten, parfümierten, lasziven, müßigen Frauen bereit sind, von früh bis spät zu lieben. Doch ich kann Ihnen sagen: das Ganze ist nichts als ein trauriger, altmodischer Sex-Shop. Die Frauen sind oft sehr hübsch. Ja es sind auch viele Europäerinnen darunter: Schweizerinnen, Holländerinnen, Belgierinnen, Französinnen.

Manchmal hören wir etwas über Mädchenhandel. Wir hören nie etwas über Entführungen in Harems. Ich denke da an eine junge Frau, an eine gewisse Brigitte, die Gegenstand langer Zeitungsartikel war. Eines Tages war sie verschwunden. Man hat etliche Hypothesen über ihr Verschwinden aufgestellt. Ich habe mich immer gefragt, ob es nicht sinnvoll gewesen wäre, sie in irgendeinem reichen Harem zu suchen. Manchmal sind über zweihundert Europäerinnen in einem Harem. Je reicher der Herrscher, desto mehr verlangt er nach den jungen Schönheiten aus dem Abendland. Natürlich kann er den schönen Stenotypistinnen nicht selbst den Hof machen gehen. Dafür hat er „Vertreter", denen er riesige Summen zahlt. Schöne junge Männer in Geldschwierigkeiten sind immer bereit, diese Rolle zu übernehmen. Jemand von der Botschaft setzt sich zum richtigen Zeitpunkt mit ihnen in Verbindung, und eine Zeitlang werden sie zu luxuriösen „Zuhältern" für junge Mädchen aus gutem Haus.

Das prunkvolle Leben ihres wundervollen Verlobten blendet die jungen Damen. Da spielt er seinen Trumpf aus: seine Verbindungen. Er hat welche. Er hat sogar welche in den Botschaften. Da gehen die jungen Damen am ehesten hin, um ein Gläschen zu trinken. Im Whisky sind leichte Drogen. Sie werden in ein Flugzeug gesetzt. Im Märchenschloß wachen sie wieder auf. Die Mission ist erfüllt. Der Vermittler, der junge Mann, hat kein allzu schlechtes Gewissen. Er sagt sich, daß man sie wie eine Prinzessin behandeln wird. Ich werde Ihnen nicht erzählen, woher ich das alles weiß. Ich weiß es einfach, und ich schreibe es nieder. Und ich behaupte natürlich nicht, daß so etwas jeden Tag vorkommt.

Behandelt wie eine Prinzessin! Man muß sie sehen, diese Prinzessinnen! Sie sind ganz depressiv, lehnen schlaff in den Sofas und sind über und über mit Schmuck behängt, sogar auf den Zehen tragen sie Ringe. Man hat alles unternommen, um ihre Sinne aufzupeitschen. Im Harem riecht es nach Minze, Muskat und Sandelholz, doch die Frauen sind frigid, lesbisch und lebensüberdrüssig. Sie langweilen sich. Dann kommt der Tag, an dem sie mit ihrem Herrn schlafen sollen: Sie spielen Theater, um ihre Nachbarinnen, die Stenotypistin, den Mannequin oder die Verkäuferin, die gerade angekommen ist und Favoritin zu werden hofft, zu ärgern. Wozu, für wen das alles? Fürs Prinzip. Ihre Müßigkeit macht sie boshaft. Der Luxus ekelt sie an und löscht sie aus.

Es hat mich erschüttert, die Apathie dieser Frauen zu sehen. Ja, um es rundheraus zu sagen, sie waren wirklich krank, und ich konnte verstehen, daß man mich rief, um sie zu heilen. Sie davon zu heilen, daß sie über die teuersten Parfüms der Welt, über den märchenhaftesten Schmuck verfügen konnten? Ich erinnere mich, gerade als ich dort war, brachten die Frauenzeitschriften eine Reklame über „die teuerste Creme der Welt". Der Emir hatte von dieser Creme für seine zweihundert Frauen tausend Tiegel kommen lassen. Sie können alle europäischen Zeitschriften lesen. Man bringt sie ihnen noch druckfrisch, in wenigen Flugstunden. Doch Lesen macht ihnen keine Freude mehr. Sie blättern in Micky-Mouse-Heften und in anderen Comic-Strips. Abends nehmen sie Beruhigungsmittel. Würden Sie das glauben? Ihr Leben lang denken sie sich kleine Krankheiten aus und schlucken Medikamente beim geringsten Anlaß: das beschäftigt sie.

Ich weiß nicht, warum ich mich an einem so schönen Tag an dieses entmutigende Schauspiel erinnere. Vielleicht damit Sie über dieses sattsam bekannte Sprichwort nachdenken: „Geld allein macht nicht glücklich“? Ich möchte von Haubenenten und von frischen Kirschen erzählen, und jetzt bin ich mit Ihnen im Dschungel der verpfuschten Leben. Eine der jungen Europäerinnen, eine Belgierin, sagte mir dort eines Tages: „Ich habe ausgerechnet, daß mich der Emir durchschnittlich viermal im Jahr rufen läßt. Es dauert genau eine halbe Minute, und dann habe ich das Recht auf eine Perlenkette.“ Schrecklich!

Ich habe mit ihnen gesprochen. Ich war beklommen, voller Mitgefühl. Diese armen Talmiprinzessinnen entdeckten gerade, daß sich Glück nicht kaufen läßt. Daß Lieben nie etwas rein Körperliches ist, sondern etwas Seelisches. Ich glaube, ich konnte nichts anderes mehr für sie tun, als ihnen zur Beruhigung eine Kur aus Orangenblüten und Salat verschreiben (das wird unseren Gemüsehändlern gefallen! Haremslieferanten für frischen Salat!), während sie mit ihren Perlenketten auf das hohe Alter warten, in dem sie ihren Mann um die Freiheit bitten können. Wenn sie sich bis dahin einen kleinen Rest ihres Innenlebens bewahrt haben, was keineswegs sicher ist.

Und die Prinzen, sind sie glücklicher als ihre Frauen? Welcher Franzose würde sich am Samstagabend nicht in bester Form fühlen, wenn man ihm einen Harem voll schöner Frauen anböte? Doch das ist nur eine Illusion. Die Herren Prinzen haben genug Sorgen, wenn sie in ihre Paläste kommen. Und nicht wegen ihrer Erdölquellen! Sie sind es ihrem Ruf schuldig, täglich zu lieben. Und das ekelt sie an! Sie nehmen Pfefferminze – ohne Erfolg. In Afrika gibt es keine Rhinozerosse mehr, weil die Emire nach Rhinozeroshörnern verlangen. Das Horn wird gerieben und verkauft, und dieses angebliche Aphrodisiakum ist mehr wert als jeder Diamant. Welcher Afrikaner könnte dem widerstehen?

Wenn man im Orient etwas Kostbares zeigen will, dann öffnen die Emire ihre Truhen aus seltenen Hölzern und fordern

Sie auf, die große Pulvermenge zu bewundern, die sie angehäuft haben, und sie fragen mich: „Kann ich das weiternehmen? Kann man das zu Ihrer Behandlung dazunehmen?“ Ich gestehe, daß weder mein Vater noch mein Großvater mir etwas über die aphrodisischen Eigenschaften von geriebenem Rhinozeroshorn beigebracht haben. Ich erinnere mich, daß ich einmal empfohlen habe, eine Prise Salbei und Minze hinzuzufügen. Der Emir hat tausend Kilo davon bestellt! „Überfluß an Gütern schadet nicht“? Doch. Man kann mir nicht einreden, daß das keine extremen Fälle sind. Doch gerade deshalb machen sie uns vielleicht besser verständlich, daß Freude nicht von Zeit oder von Geld abhängt. Freude, das ist die leise Melodie des Windes. Das Glück ist auf der Wiese. Lauf hin geschwind, geschwind.

Die Ernährung in diesen Harems war entsprechend. Durch und durch aphrodisisch. Kaviar. Löffelweise Kaviar . . . Doch geht die Natur nicht letztlich absurde Wege, um gerecht zu sein? Die Männer hier brechen vor lauter Impotenz zusammen. Vor den Toren des Palastes aber essen die Araber, die Männer aus dem Volk, die auf sexuellem Gebiet zu den Begabtesten zählen, ohne es zu wissen, eine Kost, die für die Liebe gut ist: Datteln, Pfefferminztee, Olivenöl, Zitronen. Und am Abend lassen sich die Männer in manchen Volksstämmen von ihren Frauen mit eingeweichten Pflanzen, die an unsere Brennesseln erinnern, die Wirbelsäule einreiben und trinken in kleinen Schlucken Sternanistee, den es auch dort gibt. Und sie brauchen keinen Mességué, um ihr Begehren wieder in Ordnung zu bringen, wenn es etwas verbraucht ist. Sie sind ein bißchen wie unsere Bauern in Fleurance. Das ist das wahre Leben.

Also wäre es falsch, auf bessere Umstände, auf besondere Augenblicke zu warten, um zu lieben. Das Paradies ist heute schon da. Man muß es sich nur schaffen. Lassen wir die täglichen Sorgen beiseite. Ein Paar muß wenigstens auf die Liebe zählen können, um dem Leben standzuhalten. Lieben, zum Teufel, heißt nicht Glück ausgeben, sondern Glück sammeln. Ich spreche nicht von der sexuellen Liebe, über die man so gerne redet, sondern von dieser Atmosphäre der Liebe, der Zärtlichkeit, in der die Gemeinschaft so stark ist, daß die Luft zittert. Fällt es dem Mann wirklich so schwer, sich vom Börsenbericht oder vom Fernseher loszureißen, um seine Frau anzusehen? Ja, sie anzusehen. Da, sie betritt gerade das Speisezimmer und trägt das Abendessen herein. Sie hat heute das geblumte Kleid an, das Ihnen so gut gefällt. Sie neigt sich ein wenig, um Sie zu bedienen. Ihr Ausschnitt öffnet sich halb. Vor einigen Jahren hätte Ihre Phantasie dabei in zärtlichen Erinnerungen geschwelgt. Doch heute sind Sie blind, taub, stumm und nehmen sich wortlos noch einmal von den Linsen.

Doch vielleicht trägt die Frau ihre alte Schürze? Vielleicht ist sie schon erschöpft von ihren Kindern und von der Hausarbeit, oder von ihren Cocktails und von ihren Besuchen . . . Vielleicht weiß sie zur Stunde des Abendessens im Familienkreis nicht mehr, daß sie eine Figur hat, einen Gang, ein Parfüm, Bewegungen, Augen, ein Herz?

So fliegen heute abend die Zärtlichkeit, die Aufmerksamkeit, die ganz leise zur Begierde führen könnten, davon wie meine Tauben.

Haben wir denn alles vergessen? Wir lehnen uns nicht mehr gegen die Stille auf. Wir haben ihr schweigend einen Platz eingeräumt. Morgens begrüßen wir uns nicht einmal mehr. „Hast du mein Hemd bereitgelegt?“ „Hast du deine Mappe nicht vergessen?“ Wir schauen nicht mehr gemeinsam nach dem Wetter, wenn wir die Fensterläden öffnen. „Gehst du zum Zahnarzt?“ „Vergiß nicht: heute abend essen wir bei den Soundso.“ Oh, wir sind rational, logisch, gründlich. Doch wir sind nicht mehr schwärmerisch . . .

Wir sehen einander nicht mehr an. Wie lange ist es schon her, daß wir keinen Blick mehr ausgetauscht haben, einen wirklichen Blick! Voll Verwunderung und Zärtlichkeit, voll Gefühl, voll Gemeinsamkeit und Erregung? Ich tauche meine Augen in deine: „Erinnerst du dich?“ „Ich erinnere mich . . .“ Herrlicher, stummer Dialog. Doch wir haben keine Zeit, nicht wahr, an dieses Gefasel zu denken. Am Ende tauscht man in der Metro mehr Blicke aus, allerdings nur, wenn man nicht auch hier in seine Zeitung vertieft ist.

Unsere Hände berühren sich nur noch, wenn wir das Salz reichen. Ein seit fünfzehn Jahren verheirateter Mann käme sich sogar etwas dumm vor, wenn es ihm bei der Jause plötzlich einfiele, die Hand seiner Frau zu nehmen und sie nur kurz in der seinen zu halten, ohne Grund, nur so, aus Zärtlichkeit. Und doch ... welche Frau ließe sich beim Ankleiden oder im Badezimmer nicht gerne von ihrem Mann „überraschen", wenn er ihre Brüste, ihre Hüften streicheln oder küssen käme? Und welcher Mann würde die zarte Hand ablehnen, die beim Rasieren seine Schultern oder seinen Rücken streichelt? Diese täglichen Gesten sind es, die zusammen mit den Worten, den Blicken und dem Lächeln die Liebe und das Begehren erhalten.

Ist es nötig, über diese Techniken zu lesen, die in den amerikanischen Kliniken angewandt werden, wo man den Paaren anscheinend wieder beibringt, was sie einmal vor langer Zeit gekonnt haben: verliebt sein? Erinnern Sie sich – auch Sie haben verrückte Dinge gemacht, als Sie noch verlobt waren, bevor Sie wirklich daran gewöhnt waren, miteinander zu schlafen. Sind Sie noch nie barfuß im Gras oder, besser, im Tau gelaufen? Sind Sie nie umschlungen um sechs Uhr morgens den Strand entlanggegangen? Muß ich Sie daran erinnern, daß Sie manchmal aus lauter Vergnügen gemeinsam in den Regen hinausgelaufen sind? Daß Sie sich nachher mit heißem Kaffee vollgetankt haben? Und daß Sie sogar ein kleines Gläschen Likör miteinander getrunken haben? Wir werden doch nicht mit der Zeit zu erinnerungslosen Tieren. Wir werden uns doch nicht vom Leben in eine Falle locken lassen.

Ich kenne das andere Lied, das meine „Kranken“ singen. Manchmal beklagen sich Frauen wie Männer über ihre Häßlichkeit. Sie glauben, man muß nur schön sein, und sofort stellt sich die Lust und damit das Lebensglück ein. Frauen neigen eher zu dieser Ansicht, geben wir es ruhig zu, doch manchmal ist es auch bei den Männern besonders schlimm. Oft machen sie sich in diesem Punkt etwas vor, es dient ihnen als gute Ausrede, um ein unglückliches Leben zu führen, auf eine völlig perverse und ungesunde Art das Mitleid der anderen zu erregen und um auf ihrer Einsamkeit zu beharren, weil sie sich dagegen wehren, sich selbst und ihre Einbildungen aufzugeben und den anderen entgegenzukommen. Die kosmetische Chirurgie kann diesen unglücklichen Männern und Frauen helfen. Doch nicht so sehr, wie man vielleicht glaubt. Nur bei wirklich argen Schönheitsfehlern. Bei seelischen Schönheitsfehlern wird die kosmetische Chirurgie das echte Problem nur etwas verlagern.

Auf jeden Fall herrscht punkto Häßlichkeit ein riesiges Mißverständnis zwischen Männern und Frauen. Häßliche Frauen wollen nicht glauben, daß ein Mann bei der Wahl zwischen einer Miß Welt und einer häßlichen, doch sinnlichen Frau nicht zögern würde, denn er weiß instinktiv, daß die Miß Welt nicht sinnlich ist. Je hinreißender sie ist, desto weniger sinnlich ist sie. Sie ist zu sehr an Anbetung gewöhnt. Sie ist gewissermaßen eine Vorzugsschülerin in Sachen Schönheit. Genau wie die Vorzugsschülerin in Latein hat auch sie die Verbindung zur Natur und zum echten Leben verloren. Sie hat nicht mehr die gewisse Anziehungskraft, die von einer Person ausgeht und Sinnlichkeit heißt. Die Männer halten allzu schöne Frauen für künstliche Frauen, vor denen man sich ein wenig hüten muß. Seine eigenen Komplexe: „Sie ist so schön, daß ich nicht einsehe, warum ausgerechnet ich ihr gefallen sollte“, nehmen ihm den Mut, sich ihr zu nähern, mit ihr zu reden und sich so von ihren wirklichen Fähigkeiten zu überzeugen. Oder aber er macht einen anderen Unsinn und bildet sich ein, daß sie ein Ungeheuer an Sinnlichkeit sein muß, daß er sie daher nicht wird befriedigen können, und verrät damit seine eigenen tiefen Probleme. Das letzte Argument, das sich hinzufügt, um endgültig aus schönen Frauen einsame Frauen zu machen, ist: „Sie hat es nicht nötig, auf irgend jemanden in ihrem Leben zu warten . . . sie hat sicher schon einen Mann und einige Liebhaber."

Ich bin bereit, zu bestätigen, daß das sehr schöne Mädchen nicht nur frigid ist, sondern sogar einsam. Wenn Sie um sich blicken, werden Sie mit Erstaunen feststellen, daß in den Nachtlokalen die wirklich schönen Mädchen meist nicht zum Tanzen aufgefordert werden; daß die Burschen in einer Gruppe junger Leute im Sommer so tun, als würden sie das schönste Mädchen nicht sehen. So bleibt die Schöne im Hintergrund, ist schnell eingeschnappt, vergrämt, aber rührend anzusehen. Ich brauche nicht den Selbstmord einer Marilyn Monroe oder einer Martine Carol zu erwähnen, um diese Tatsache zu untermauern. Und um die Schönen zu beurteilen, muß ich den Männern nur eine einzige Frage stellen: Würden Sie die bezaubernde Jacqueline Bisset heiraten? Die Antwort wäre ein Konzert von Wenn und Aber, mit dem man sie regelrecht auseinandernehmen will, bevor man mit ihr ins Bett geht. Ich weiß nicht: vielleicht kommt diese Angst vor der vollkommenen Schönheit noch aus den alten Zeiten, als die Frauen etwas Heiliges waren, etwas Unberührbares, Göttliches, und schreckliche Feuerstrafen verhängen konnten. Dem armen Mann blieb damals nichts anderes übrig, als zu beten oder zu fliehen.

Darum, hoch die Frauen! Hoch nicht nur diejenigen, die „wie alle anderen" sind und von denen die eine schöne Augen hat, die andere einen schönen Busen, die dritte schmale Knöcheln wie eine Gazelle und die alle „das gewisse Etwas" besitzen, um die Liebe an sich zu ziehen und, wenn sie es wollen, auch behalten. Nein, hoch auch die häßlichen oder angeblich häßlichen Frauen! Wir sind ja Idioten mit unseren Schönheitsprinzipien, die an Tausende Beispiele fixiert sind.

Ich erinnere mich an ganz außergewöhnlich erotische Szenen

in den Büchern von Henry Miller. Eine ungefähr dreißigjährige Frau gibt einem Jüngling Klavierunterricht. Die sehr stark behaarten Arme seiner Lehrerin faszinieren den jungen Mann. Diese Frau war weit davon entfernt, den Vorstellungen, die man sich im Kino von einer verführerischen Lehrerin macht, zu entsprechen. Ich weiß nicht, ob Sie bemerkt haben, welchen Erfolg diese „Monster" in allen Filmen von Fellini hatten. Diese Frauen wogen hundert Kilo vor lauter Liebe und Sex. Haben Sie sie vergessen, die „Unbekannte aus dem Nordexpreß" von Hitchcock? War sie eine Brigitte Bardot? Nein, sie war farblos, sie trug eine Brille, und doch konnte keine andere Frau sinnlicher und aufregender sein. Die Frauen haben alle Möglichkeiten, sogar jene Frauen, die nach den heutigen verrückten Maßstäben von der Natur angeblich stiefmütterlich behandelt worden sind. Mögen sie sich also innerlich von ihren falschen Vorstellungen befreien; befreien von der Vorstellung, daß die Schönheiten unwiderstehlich sind!

Kurz, werfen Sie mir nicht vor, daß es an der Ungerechtigkeit der Natur liegt, wenn Sie auf das Glück verzichten müssen. Und wenn Sie es doch tun, dann gebe ich Ihnen meinerseits eine Pflanzenmischung, die Ihnen aus diesen finsteren Gedanken heraushelfen wird.

Diese Eigenschaft, die Dinge optimistisch zu betrachten, habe ich mir erst im Laufe der Zeit erworben. Manche werden sie sogar für übertrieben halten. Solange man jung ist, wagt man dem, was man für augenscheinlich hält, nicht zu widersprechen. Man ist zu sehr damit beschäftigt, so zu werden „wie alle anderen". Ich habe eine schreckliche Erinnerung, eine spitze Nadel, die mir geblieben ist . . .

Es ist das Gesicht von Elisabeth auf dem kleinen Ball in meinem Dorf. Sie war siebzehn, und in diesem Alter konnte sie ihre lange Nase, ihren blassen Teint und ihr stumpfes Haar noch nicht mit der Anmut der Sinnlichkeit überdecken. Sie kam auf den Ball, ihre Häßlichkeit umhüllte sie wie ein Kleid; sie setzte sich auf einen der Stühle, die an der Wand aufgestellt waren, und – wurde zum Mauerblümchen. Wurden sie für sie gespielt, die Gassenhauer auf diesem Fest? Die hübschen Mädchen tanzten. Die hübschen Mädchen durften herumflattern, sich amüsieren, necken, bezaubern. An diesem Abend trugen dargebotene Lippen und wohlgefüllte Ausschnitte den Sieg über die Schönheit des Herzens und des Geistes davon.

Elisabeth war, ich wußte das besser als alle anderen, ein gescheites und hilfsbereites Mädchen. Sie hat mir regelmäßig meine Hausaufgaben in Mathematik gemacht! Glauben Sie, ich hätte sie zum Tanzen aufgefordert? Nur ein einziges Mal? Nein. Auch ich war siebzehn Jahre alt und wollte nicht, daß die anderen sich sagten: „Da schau, konnte der Mességué keine besseren Eroberungen machen?“ Also beachtete ich ihre Not nicht und umflatterte die Hübschen. Auf jedem neuen Ball gelobte ich mir, sie aufzufordern, doch es war stärker als ich, ich konnte es nicht. Ich wußte, daß sie sich dachte: „Er wird doch wohl ein einziges Mal kommen!“

Welch eine Tragödie ist doch der Anblick eines verzweifelt einsamen jungen Mädchens, das mit aller Kraft versucht, lustig zu erscheinen! Doch das geschah zu einer Zeit, als man auf den kleinen Bällen in meiner Gegend zur Eröffnung die Marseillaise spielte, bei der die Tänzer stillstehen mußten ... Heute haben die Elisabeths jedenfalls kein stumpfes Haar mehr, denn sie haben gelernt, es zu pflegen. Sie sagen sich, daß sie sich eines Tages die Nase operieren lassen werden. Sie bedecken ihren Teint mit einem geschickten Make-up. Sie tragen Miniröcke oder Jeans, und sie nehmen an Tänzen teil, bei denen es keine Paare mehr gibt, sondern nur noch Gruppen. Sie geben vor, den alten Tango nicht zu mögen, und schon sind sie gerettet.

Ich hätte Elisabeth auffordern sollen. Heute würde ich sie auffordern. Doch heute denken sich die Elisabeths beim Klang der Musicbox andere traurige Blicke aus, sie sagen, daß sie die Lust oder die Liebe niemals gekannt haben und – ich verschreibe Rosmarin, der ihren Teint beleben wird, Orangenblätter, die sie entspannen werden, und Salbei, der für die Liebe aufgeschlossen macht.

Die „Häßlichen" von heute haben alle Trümpfe in der Hand. Wunderbare Trümpfe, die ihnen das Leben im zwanzigsten Jahrhundert bietet: Pflegemittel, Chirurgie, Make-up, eine ganze Lebensweise, in der Witz, Schick und geistige Werte mehr gelten als klassische Gesichtszüge. Trümpfe, die sie nicht kannten: gewisse zauberische Kräfte, die so alt sind wie die Menschheit selbst und die sich zum eigenen Nutzen verwenden lassen. Fügen wir noch einen weiteren, für unsere Zeit sehr typischen Trumpf hinzu, der übrigens auch den „schönen" Unglücklichen zugute kommt: die Möglichkeit, in sich selber vorzudringen, um sich von Grund auf zu akzeptieren, indem man einen guten Psychiater oder Psychotherapeuten aufsucht, diese heidnischen Pfarrer, denen man heute sein Herz wissenschaftlich ausschütten kann, da die echten Pfarrer nicht mehr als Medizinmänner gelten!

Und die häßlichen Männer sollten überhaupt ganz still sein. In der Literatur, in der Geschichte und im Alltag reißt man sich seit Jahrhunderten um sie. Der unheimliche Hinkende der Marquise des Anges hat in den zahlreichen Folgen einer riesigen Fernsehserie geradezu umwerfenden Erfolg gehabt. Mehr Erfolg als Louise de la Vallière im Liebesleben von Ludwig XIV.! Ein Mann kann dick und häßlich sein und dennoch hübsche Mädchen finden, die ihn sichtlich lieben. Der Mann der schönen Sophia Loren etwa hat wohl auch eine ähnliche Ausstrahlung. Männer können komische Augen haben, seltsame Ohren und erstaunliche Münder. Sie wissen sehr gut, daß Serge Gainsbourg ein Star ist, daß Jacques Brel nicht recht hat, wenn er singt: „Ich wäre gerne schön und blöd", und daß Jean-Paul Sartre der Schwarm der Studentinnen ist. Nicht einer würde seinen Stil ändern, um ein Errol Flynn zu werden. Ich will kein einziges Wort mehr über den Erfolg der häßlichen Männer verlieren: das hieße ihrer Eitelkeit schmeicheln und ihre finsteren Absichten fördern. Im Grunde also scheint es so zu sein, als wollte der Mann beim Anblick der Frau gerne träumen ... Als wollte die Frau, beim Anblick des Mannes, ihn erträumen ... Die Verbindung oder das Ergebnis dieser Träume müßte so märchenhaft sein, daß man nicht mehr davon träumt, sich das Paradies zu erschwindeln. Und da ich gerade dabei bin, die klassischen Ausreden der Männer und der Frauen aufzuzählen, die sie sich ausgedacht haben, um sich selbst am Glücklichsein zu hindern, will ich auch vom Alter reden.

Wie viele Frauen habe ich schon gehört, die traurig sagten: „Ich, in meinem Alter ...?" Das ist falsch. Es gibt kein Alter für die Liebe. Ich kenne fünfundsechzigjährige Frauen, die sehr wollüstig sind. Die Geschichte ist voll von Anekdoten über schöne Frauen, die weit über dem berühmten Pensionistenalter waren und dennoch Liebhaber hatten. Ich sage nicht, daß alle siebzigjährigen Witwen sich plötzlich einen guten fünfunddreißig- oder vierzigjährigen Liebhaber suchen müssen. Ich sage, daß eine Frau, die ihr ganzes Leben lang Liebesdingen zugetan war und darin große Befriedigung gefunden hat, keinen Grund hat, im Alter plötzlich ein klösterliches Leben zu führen. Nein, mit sechzig ist man wirklich nicht gezwungen, seinen Abschied von der Liebe zu nehmen.

Die Bibel schildert sehr einfach und sehr anschaulich, wie Gott, um das Geschlecht zu erhalten, nicht zögerte, einen sechsundachtzigjährigen Mann, Abraham, ein Kind zeugen zu lassen: seine junge Dienerin Agar schenkte ihm einen Sohn, Ismael. Daraufhin wurde Abrahams Frau, Sarah, eifersüchtig. Dreizehn Jahre später, als Sarah neunundachtzig Jahre alt war, sagte sie sich lachend: „Jetzt, wo ich alt bin, sollte ich da noch Begierden haben?" Ein Jahr darauf gebar sie Abraham einen weiteren Sohn, Isaac. Ersetzen Sie die Bibel durch die Gegenwart, das biblische Alter durch das Pensionsalter, und Sie sollen sehen, meine Damen, daß Sie noch „Begierden" haben, selbst wenn Sie keine Kinder mehr bekommen.

Dabei wimmelt es, Gott sei Dank, in der Vergangenheit wie

auch in der Gegenwart von „unwürdigen Greisinnen“, die fest entschlossen sind, sich vom Leben nicht unterkriegen zu lassen. Über dieses Thema kenne ich übrigens keinen köstlicheren und menschlicheren Film als „Harold und Maud“. Die Damen im gewissen Alter kennen nicht einmal die Hälfte ihrer Möglichkeiten! Maud ist eine alte, nach unseren Begriffen etwas verrückte Dame, die sich jedoch vom eintönigen Gemurmel des Lebens nie hat einschläfern lassen. Sie ist quecksilbrig und sehr reich, nüchtern, aber fröhlich. Die Welt unserer festgefahrenen Gewohnheiten konnte sie niemals einfangen. Sie ist weit über sechzig, und der Film schildert, wie ein trauriger Jüngling durch sie die Vielfalt alles Menschlichen, das menschliche Leben und menschliche Wärme kennenlernt. Wenn man ein gewisses Alter erreicht hat, können die Liebe und das Leben voller Vielfalt, voller Zauber, voller Spannung und Vergeistigung sein. Wozu also nörgelnde alte Ehepaare, die einander manchmal hassen, sich schlecht und recht durchs Leben schlagen und dabei auf die eigene Existenz vergessen?

Die Liebe in all ihren Ausdrucksformen kann in jedem Alter schön sein. Angefangen von Ninon de Lenclos bis zu Philemon und Baucis. Meiner Meinung nach kann man das Alter nicht zum Vorwand nehmen, um irgend etwas zur Sünde zu erklären. Hier spricht nicht ein Wüstling, sondern ein Mann, der, um sein Gewissen zu erforschen, sich jeden Abend auf die kleine Metallschwelle kniet, die den Teppich seines Zimmers von den Fliesen des Badezimmers trennt. Ich glaube an Gott, und ich glaube, daß Er uns gerade deswegen das Leben gegeben hat, damit es Liebe sei. Liebe in ihren schönsten Erscheinungsformen. Er, der jedem ein Geschlecht gegeben hat, hat nicht gesagt, daß man sich ab einem bestimmten Alter zu kasteien hat. Er hat auch nicht gesagt, daß man sich darüber Sorgen machen soll. Ich glaube, ich habe verstanden, daß Er nur wollte, daß wir leben und in jedem Lebensabschnitt nach dem Wert des Lebens suchen. Dieser führt, ich würde sagen beinahe fatalerweise, zum Wert der Seele.

Die älteren Männer werden mir sagen: Zugegeben, die körperliche Liebe kann es vielleicht für die Frauen in jedem Alter geben, aber für den Mann? Glauben Sie, daß die Natur ihn so munter bleiben läßt, wie er gern möchte? Ich kenne Männer, die darauf noch besser antworten könnten als ich. Sie konnten auf sich selbst, auf ihren Körper, ihre Seele und auf ihr Leben aufpassen und taten es regelmäßig und auf eine ganz natürliche Art. Angefangen bei den munteren Greisen Frankreichs, die mit neunzig Jahren gestehen, daß ihre Manneskraft mit achtzig nachzulassen begonnen hat (Interview mit einem Hundertjährigen) und die in zweiter Ehe mit einer jungen Siebzigjährigen verheiratet sind ... bis hin zu Kanzler Adenauer, einem Anhänger der Pflanzen, und, ich möchte wetten, bis hin zu Mao, der, wenn er dazu fähig ist, einen Fluß hinunterzuschwimmen, um seinen Geburtstag zu feiern, es wohl auch versteht, seine Frau glücklich zu machen. Ich weiß, daß die Chinesen, die sehr viel von ihrem Lebenskraut, dem Ginseng, verbrauchen, einen guten Ruf auf diesem Gebiet haben – falls ihre Ideologie nicht ihre Energien in ganz andere Bahnen gelenkt hat. Die französischen Bauern wissen sich auch gut zu helfen, glauben Sie mir. Falls der Fortschritt sie nicht vor dem Fernsehapparat einschläfert. Und falls ihre Frauen bereit sind, auf sie einzugehen und nicht sagen: „In deinem Alter ...?"

Ich kenne einige Ausnahmefälle unter den Ehepaaren, die sich im Laufe ihres Lebens bemüht haben, diese Fähigkeit nicht zu verlieren. Sie können gemeinsam den Sonnenaufgang am Strand betrachten und schweigend dem Licht zusehen, das sich über dem Meer ausbreitet. Man kann ihnen auch an einer Straßenecke begegnen: sie gehen Arm in Arm, im selben Takt. Sie sehen einander verblüffend ähnlich, ihre Kinder sind schon erwachsen und denken, daß die Eltern kein Liebesleben mehr führen. Doch diese spinnen ihr Lebensgedicht bedächtig weiter. Sie lehnen die Begierde nicht ab, die plötzlich aus ihrer Zärtlichkeit, ihrer Gewohnheit, ihrem guten Willen und ihren vielen Erinnerungen entsteht. Sie wissen seit langer Zeit, daß man alle Freuden miteinander teilen muß. Sie reden miteinander. Sie nehmen sich die Zeit, einander zu sehen. Sie wandern auf einer langsamen Hochzeitsreise bis ans Ende der Welt.

Was mich betrifft, so hoffe ich, mich lange in Form zu halten. Ich bin kein Übermensch, doch es geht ganz gut. Als ich auf die Vierzig zuging, begann ich, der ich vorsichtig bin und die Dinge im voraus bedenke, jeden Frühling meine Kur zu machen. Ich trinke einen Monat lang jeden Abend Tee aus Bohnenkraut und Salbei. Selbst wenn ich eines Tages als sehr alter Herr in einem Altersheim leben sollte, hoffe ich der Satyr unter meinen Altersgenossen zu sein.

Die Jugend! Sie glauben, daß Sie der Jugend nachweinen müssen. Sie vergessen, daß Sie ihre Jugend gehabt haben, daß Sie sie nicht so ausgenützt haben, wie Sie es gern getan hätten, daß diese Jugend nicht so ideal war und vor allem nicht, was die Liebe betrifft. Wie schrieb Paul Nizan einmal: „Ich werde niemandem erlauben, zu sagen, daß man mit zwanzig die schönste Zeit seines Lebens verbringt."

Die Menschen haben die Eigenschaft, ihr Problem immer mit sich herumzuschleppen. Sie stehen zwischen Vergangenheit und Zukunft und reiben sich an allem auf. Sie denken nicht nach und sehen die Vergangenheit durch den Nebel dessen, was sie für einen Sturm oder für Leere halten. Ich habe das auch gekannt. Oder, besser gesagt, ich habe gegen diesen Drang angekämpft. In der Gegenwart leben! Man sollte meinen, daß für eine derartige Selbstverständlichkeit weder eine besondere Erziehung noch ein Zaubertrank notwendig wären. Und doch: „carpe diem", „nütze die Zeit", war das die ganze Philosophie? Nein, wir sind nicht so begabt für die Gegenwart. Doch reden wir von der Vergangenheit, darin sind wir gut. Unsere Kindheit, unsere Jugend, unsere Liebschaften und so weiter, wir waren – glücklich.

Vergeuden Sie die Zeit nicht damit, Ihrer Jugend nachzuweinen. Sobald man die Jugend von heute und ihr Verhältnis zur Liebe näher betrachtet, und zwar nicht als Soziologe – denn diese Arbeit überlasse ich gerne den anderen –, sondern als guter Bauer wie ich, tut es einem weh.

Die Jungen sind heute freier, als wir es jemals waren. Und manche gutwilligen Lehrer erzählen ihnen auf eigene Gefahr über sexuelle Aufklärung und verteilen über dieses Thema Flugschriften in der Art von „Lernen wir Sex". Gleichzeitig dient das aber auch irgendwelchen politischen Zielen, und diese Voraussetzungen sind falsch. Heiße Zeiten sind nicht unbedingt das Beste für die Liebe ... Jetzt werden in den Schulen offiziell Seminare abgehalten, so ähnlich wie „Naturgeschichte", über – alle Säugetiere. Falsche Voraussetzungen auch da. Auch eine kühle Atmosphäre ist nicht unbedingt das beste für die Liebe.

Die Jungen also, denen es freistand, im gegebenen Augenblick ihre Erfahrungen zu sammeln, und die tausendmal besser unterrichtet sind, als ihre Eltern es waren, bieten in Liebesdingen einen traurigen Anblick. Sie sind verwirrt. Gequält. Unglücklich. An die Liebe glauben sie nicht, und dennoch suchen sie überall intensiv danach. Sie pfeifen auf die altmodische „Blaue Blume" und gehen Haschisch rauchen. Sie machen Reisen. In den Orient, nach Amsterdam oder in einen Abgrund. Die Kinder von heute sind die neuen Gaukler unseres Jahrhunderts, und wenn die Vorstellung einmal zu Ende ist, haben sie ihren Glauben verloren und schleppen ihre dürftige Liebe und ihr traumentleertes Herz mit sich herum.

Es verlangt Mut, heute jung zu sein. Sie müssen gegen die Strömung schwimmen, sich gegen uns verteidigen, gegen uns, die wir, ohne es zu wissen, Krokodile sind. Sie müssen den Sümpfen ausweichen; alles, das kleinste Elementstückchen, das geringste Wort, ist eine Bedrohung, und sie müssen dagegen ankämpfen. Das ist schlimmer als eine Katastrophe, bei der man wenigstens zu handeln gezwungen ist. Wir leben neben ihnen her, jawohl. Der berühmte Streß des modernen Lebens betrifft uns genausosehr wie sie, doch unsere Erfahrungen haben uns stärker gemacht. Wir, wir haben den Zug des Lebens im Bahnhof bestiegen, bevor wir in das verlorene Land gekommen sind. Wir hatten zumindest ein kleines Taschengeld für die Reise vorgesehen, und wir haben den Wechsel der Landschaft bewußt betrachtet. Sie aber, sie springen fast nackt auf den fahrenden Zug. Kurz, wir haben keinen Grund, sie um ihre Jugend zu beneiden, doch wir haben Grund, uns unsere eigene Jugend dort zu bewahren, wo sie am wenigsten bedroht werden kann: in uns selbst. Ohne zu vergessen, die Fehler darin auszubessern, jetzt, wo wir endlich beginnen, uns zu verstehen!

Ich kann dieses Kapitel nicht abschließen, ohne einige beängstigende Geschichten über die Jugend zu erzählen, die man so ahnungslos beneidet, wenn man über vierzig ist.

Lebensüberdruß hat es immer gegeben, doch in dieser Form: wie entsetzlich! Vor nicht allzulanger Zeit ist in einer Stadt im Norden Frankreichs ein Junge gestorben. Er war achtzehn. ... Ich atme irgend etwas ein, um das Leben zu vergessen, das ich mies finde, und um mir Erlebnisse zu verschaffen, die ich sonst nicht hätte. Ich werde ohnmächtig. Ich ersticke. Ich sterbe. Denken wir nach. Seine Kumpel haben geredet. Er hatte keinen Erfolg bei den Mädchen. Er war sexuell wirklich nicht begabt. Seine Mutter hat ihn zu sehr behütet ... Das ist, in kurzen Sätzen, die ganze Tragödie, und ich werde mich davor hüten, ein Urteil zu fällen, und noch viel weniger werde ich sie psychoanalytisch aufschlüsseln, vorausgesetzt, daß ich das überhaupt könnte. Der Junge, der mir diese Geschichte erzählte und kommentierte, war bestürzt, begann über die heutige Liebe zu reden, und ich habe ihm mit ebenfalls wachsender Bestürzung zugehört.

„Die Mädchen ... wie soll man denn Zuneigung zu ihnen finden, mit ihnen glücklich sein: sexuelles Vergnügen ist alles, was sie wollen. Wir geben unser Bestes. Man sollte meinen, daß sie sich für nichts anderes interessieren oder manchmal uns zuliebe ein bißchen so tun als ob, doch letztlich nur, um früher oder später dieselbe entnervende Frage stellen zu können: „Gehen wir ins Bett?“ Sie warten anscheinend nur darauf, mit uns anzubandeln. Was wollen sie sich denn damit beweisen? Was wollen sie uns beweisen? Daß sie begehrenswert sind? Daß wir sie lieben? Daß sie nicht ganz alleine auf der Welt sind?

Da werden wir dann ein bißchen grob. Wir würden gern den ganzen Tag mit ihnen schlafen, aber was soll's, wir möchten gerne auch einmal die Fenster öffnen, und nicht immer nur die Betten! Wir wollen auch einmal mit Freunden diskutieren, spazierengehen, einen Film ansehen. Sobald sie einen von uns ausgewählt haben – denn wir haben nicht einmal Zeit, sie uns selber auszuwählen –, hängen sie sich an ihn wie eine Klette. Wenn wir uns widersetzen, erzählen sie ihren Freundinnen, daß wir impotent sind. Sie wechseln die Partner wie die Hemden. Ich habe die Nase voll von den Mädchen. Es wird noch so weit kommen, daß ich alle verstehe, die schwul werden ...“

In solchen Fällen lasse ich sie immer reden. Ich weiß, daß es ihnen wohltut, und es gibt mir mehr zu denken als zehn Bücher über die Jugend. Dieser Achtzehnjährige hätte nie gewagt zu reden, wenn er sich durch den Selbstmord seines Freundes nicht gewissermaßen dazu verpflichtet gefühlt hätte. Jetzt geht es mit ihm durch:

„Na und die Zukunft? Wie wird die schon sein! Sollen wir vielleicht heiraten? Mädchen heiraten, die seit ihrem fünfzehnten Lebensjahr von einem Bett ins nächste gestiegen sind? Mich stört nicht, daß es andere gegeben hat – ich bin nicht wie mein Vater –, mich stört, daß sie bei ihrer sinnlosen Suche zu Marionetten geworden sind. Sie sind haltlos, das ist es, haltlos. Wir glauben nicht mehr an die Mädchen. Sie haben uns enttäuscht, und sie haben das Gegenteil von dem erreicht, was sie wollten. Sie wollten keine Lustobjekte mehr sein. Sie haben sich befreit, einverstanden. Und was sind sie jetzt? Lustobjekte.“

Ich frage ihn vorsichtig, ob er noch nie versucht hat, wirklich mit ihnen zu reden, zu erfahren, was sie ihnen ihrerseits vorzuwerfen hätten. Er ist beinahe erstaunt über meine Frage. Er denkt nach.

„Sie finden, daß wir schäbig sind. Nathalie sagt immerzu: ‚Was ist denn mit euch allen los? Ihr redet nicht. Ihr tanzt nicht, ohne daß wir euch darum anflehen. Ihr geht nur ins Bett, wenn wir, die Mädchen, uns über euch hermachen. Bei der Liebe habt ihr es so eilig, als wäre sie euch lästig, und dann geht ihr zu euren Freunden und redet über Fußball und Motorräder.' Ich kenne dieses Lied auswendig. Einmal haben wir uns sogar zum Spaß gegenseitig die Meinung gesagt. Sie finden uns beschissen, und wir, wir finden sie saublöd."

„Könnt ihr euch nicht vorstellen, daß es vielleicht auch interessante Mädchen gibt?" sage ich.

„Wir suchen sie. Anfangs hat man noch Hoffnung. Man wartet nur darauf. Dann, wenn man begriffen hat, daß sie alle ungefähr gleich sind, gibt man die Suche auf. Dann hält man sich eben der Gesundheit zuliebe eine kleine Freundin! Nachher hängt einem alles zum Hals heraus. Die Liebe ist verschwunden. Die Arbeit ist langweilig. Die Erwachsenen: ausgeflippt. Da versucht man eben, vor sich selbst davonzurennen, egal wie, egal um welchen Preis. So etwas führt dann eben zum Begräbnis von Jean-Claude."

„Hast du in letzter Zeit vielleicht einmal den Frühling betrachtet?"

Verwundert sieht er mich an.

„Ach der Frühling, den habe ich nicht mehr gesehen seit ich weiß, daß ich ein Typ bin, der keine Träume mehr hat. Den Frühling gibt's nicht mehr."

Er sagt mir das, und seine blauen Augen sind arglos wie die der Kinder. Es hat mich traurig gemacht, ihm zuzuhören, und ich glaube, wenn ich sein Vater wäre, wäre ich noch viel trauriger. Obwohl ich mich natürlich, wie schon gesagt, in einer Lage befinde, in der man tragische Geschichten eher kennenlernt als Menschen ohne Probleme. Ich muß gestehen, daß ich mich vor unglücklichen jungen Leuten ratlos fühle. Ich kenne keinen Kräutertee, der ihre erstarrten Herzen heilen könnte. Und doch möchte ich, daß sie dieses „Lernen wir wieder zu lieben“ aus denselben Gründen hören wie die Erwachsenen. Es ist vielleicht nicht zu spät, das Leben zu ändern. Unser Leben und ihr Leben.

Wir sind uns doch der Gefahr bewußt geworden, in die wir unsere Erde bringen, wenn wir mit ihren Reichtümern umgehen wie verschwenderische Irre. Sollten wir für die Gefahren blind sein, in die wir unsere Liebesfähigkeit bringen, wenn wir uns weiterhin versagen, den anderen glücklich zu machen?

Wir müssen in der Liebe alles neu überprüfen und uns neue Wege ausdenken. Und für diese schwierige Aufgabe kenne ich nur eine Verbündete: die Natur. Sofern man nur ein wenig lernt, nach ihr zu leben, schenkt sie einem den gesunden Menschenverstand, den richtigen Instinkt und körperliche und moralische Gesundheit. Und dabei sollten wir uns weder über Zeitmangel noch über zuwenig Geld, Schönheit oder Jugend Sorgen machen, denn keines dieser Argumente ist wirklich stichhaltig, all dies dient nur jenen als Ausrede, die im selben Sinn verdorben sind wie verdorbene Früchte! Jenen, die ahnungslos vom modernen Leben erfaßt wurden.

Alles will man schnell erledigen. Schnell zum Mond fliegen, schnell den Krieg gewinnen, schnell lieben, ja sogar – schnell sterben. Die traurigen jungen Leute mit ihren allzu schnell verabreichten „Over-dose“ genauso wie die Erwachsenen, die einen plötzlichen oder zumindest möglichst raschen Tod für ideal halten. Das will nicht heißen, daß ich nicht dasselbe wünsche: auch ich entgehe nicht den Ängsten, unter denen meine Zeitgenossen leiden, aber ich erinnere mich an die Ausdrücke unserer Vorfahren, und das läßt mich das Phänomen des Jahres 2000 ermessen: überall, in allen Bereichen, auf allen Ebenen muß es schnell zugehen, muß alles sofort geschehen! Zur Zeit meines Großvaters und auch meines Vaters sagte man in den Dörfern von jemandem, der am Ende seines Lebens ohne Überstürzung ruhig in seinem Bett an Altersschwäche starb:

„Er stirbt einen guten Tod." Heutzutage bildet man sich etwas darauf ein, daß man einen Greis, der lange im Sterben liegt, bedauernswert findet. Als wäre sein Lebensrhythmus, der aus einer anderen Zeit stammt, eine fast unanständige Herausforderung an unsere heutige, moderne Welt, in der alles „in aller Eile" geregelt werden muß. einschließlich der Fragen über Leben und Tod.

Noch eine Szene kommt mir plötzlich wieder ins Gedächtnis wie eine Antwort auf die Geschichte des Jungen, der mir im Überschwang der Gefühle seine Klagen über die Mädchen erzählte. Eine Antwort, die ihm leider recht gibt. Eines Nachmittags kommt ein blondes junges Mädchen mit ihrer Mutter zu mir. Das Mädchen ist mollig, die Mutter sehr elegant. Jeder aufmerksame Beobachter hätte nach zehn Minuten eine ungefähre Diagnose erstellen können. Das Mädchen war glühend eifersüchtig auf die Mutter, und dieser mißfiel ihre Rolle selbst auf Kosten ihrer Tochter nicht. Eigentlich waren sie wegen der Figur der jungen Dame zu mir gekommen. Die Mutter erklärt mir, daß „die Pille", die die Tochter seit kurzem nimmt, diese im Aussehen und im Wesen verändert habe, daß die Tochter wirklich „unruhig" geworden sei, und ich glaube zu verstehen, daß mit diesem Ausdruck nicht ein junges Mädchen gemeint ist, das sich schlaflos in seinem Bett herumwirft, sondern eine junge Dame mit einem etwas genäschigen Temperament (mein Großvater hätte gesagt, sie hat den Teufel im Arsch). „Sie wird es noch so weit treiben", klagt die Mutter, „bis sie einen derartig schlechten Ruf hat, daß sie in unserer kleinen Stadt keine Chance mehr hat, sich zu verheiraten."

Das Mädchen ist neunzehn Jahre alt. Ich beruhige die Mutter mit Worten und stelle der Tochter ein Rezept mit Pflanzen und Kräutern zusammen. Zwei Tage später kommt die Kleine wieder. Allein.

„Vor meiner Mutter konnte ich Ihnen nicht sagen, was mir noch mehr Sorgen macht als meine Figur. Ich bin nur dann befriedigt, wenn ich gleichzeitig mit zwei Männern schlafe!"

Herausforderung? Provokation? Die Lügen eines perversen Babys? Ich behalte meine Ruhe.

„Findest du das normal?"

„Allen meinen Freundinnen geht es ebenso."

„Willst du dein Leben ändern?"

„Oh, das ist unwichtig, ich möchte vor allem schlafen können und weniger aggressiv sein. Sonst werde ich beim Studium noch Schwierigkeiten haben. Außerdem habe ich hier in der Gegend schon alle Möglichkeiten ausgeschöpft."

„Ich werde dir eine Diät verschreiben, die gleichzeitig deiner Linie und deinem seelischen Gleichgewicht helfen wird. Versprich mir, daß du Sport betreiben wirst. Schwimmen, Reiten, irgendeine Sportart, die dir gefällt."

„Mit Reiten bin ich einverstanden", sagt sie. „Oder Motorradfahren. Ich habe gehört, daß das sexuell erregt."

Glauben Sie mir, man muß sich gut beherrschen können, um beim Wortschatz der hübschen, molligen Jugend nicht zusammenzuzucken. Ich zucke nicht zusammen. Am besten, man paßt sich an.

„Und mein letzter Rat ist: Nimm doch einen älteren Liebhaber statt zweier Grünschnäbel auf einmal. Vielleicht wird er dir genügen, weil er mehr Erfahrung hat!"

Auf meinem neuen Rezept werde ich eine höhere Dosis an Orangenblättern verschreiben und – gute Reise, Mädchen!

Wie groß war meine Überraschung, als ich ein Jahr darauf die Hochzeitsanzeige eines mir bekannten Industriellen erhielt: Er, der fünfzehn Jahre ältere Mann, heiratete die kleine Mollige! Ich dachte nur, diese Angelegenheit ist erledigt. Doch nein. Kürzlich habe ich erfahren, daß sie, nachdem sie eine kleine Tochter bekommen und sich drei Jahre lang ruhig verhalten hatte, ihr Heim verließ, um einem sehr gut aussehenden jungen Schauspieler zu folgen. Naiver Mességué! Man kann die menschliche Natur wieder in geordnete Bahnen lenken, wenn sie nicht schon tief gestört ist. Wenn es nicht schon zu spät ist. Wenn man es mit allen Fasern seines Herzens will. Wenn nicht, dann ist man nach einem armseligen Traum wie ein Luftballon, der nach dem Fest geplatzt ist. Und das mit zwanzig Jahren!

Doch wieder betrachte ich die Schäfchenwolken, die nach Osten über den Himmel ziehen. Der Wind duftet nach Seerosen, und ich sage mir, daß der ganze Frühling nichts als Hoffnung verspricht. Lernen wir daher wieder zu lieben.

Mehr Zeit für die Liebe

Heutzutage ist es modern, die Ehe zu analysieren. Zumindest in den Zeitschriften. Es ist wohl richtig, daß die Frauen einen Veränderungsprozeß durchmachen, sie nehmen ihre Aufgabe im Alltag voll Entschlossenheit und Überlegung in Angriff. Sie haben heute den Mut, sich Fragen zu stellen, bei denen ihre Großmütter in Ohnmacht gefallen wären, bei denen ihre Mütter errötet wären, die ihren Töchtern aber schon überholt scheinen. Ich glaube, man darf sich vor Problemen nicht verstecken, doch ebensowenig darf man das Glück mit der Lupe betrachten. Denn wir dürfen nicht vergessen, daß das Glück ein zerbrechliches Gut ist und kein Mechanismus. Und wenn es ein Mechanismus ist, dann einer, der leichter zu zerstören ist, als wieder in Gang zu setzen.

Es ist auch modern, mutig und offen zu reden und sich den Anschein zu geben, als würde man sich in der Biologie und in den Wissenschaften auskennen. Natürlich, nach allem, was man liest, nach allem, was man im Radio oder sonstwo zu Ohren bekommt, gewinnt man den Eindruck, daß Freuds Lehren ins Volk gedrungen sind. Kurz, wir alle sind hervorragende Sexologen, und wir äffen die Lebensart und die Denkweise der

Amerikaner derart nach, daß wir um ein Haar schon selbst welche sind. Beim Kinsey-Report über die Liebesgewohnheiten der Amerikaner haben wir die Augen zum Himmel verdreht und sogar ein wenig darüber gelacht, wir, die wir über unser Liebesleben nicht Tagebuch führen. Die „Sex-Kliniken" von Masters und Johnson – ich werde noch darauf zurückkommen – haben uns, nachdem die erste Überraschung sich gelegt hat, eher interessiert als schockiert. Das ist ein Fortschritt. Warum sollte man sich ihn nicht zunutze machen? Besonders da es nur darum geht, zu den großen Prinzipien aus der Morgendämmerung des menschlichen Geistes zurückzukehren. „Erkenne dich selbst", lehrte Sokrates ... Darum: gehen wir daran. Reden wir über die Liebe! Und über Sex. Mit der heute üblichen Terminologie.

Es scheint, daß neunzig Prozent der Menschen unzufrieden sind mit der Art und Weise, wie sie lieben. Das ist unglaublich viel. Unter den Schwierigkeiten bei der Liebe stehen an erster Stelle die Impotenz und die Frigidität. Die Männer in den Städten werden heute von einer „Krankheit" heimgesucht, die genauso banal ist wie der Schnupfen. Jene Leute, die ein wenig Angst davor haben, sich konkret auszudrücken, sprechen von – schneller Beendigung. Die Sexologen und die Menschen, die den Tatsachen ins Gesicht sehen, verwenden dafür den genauen und wissenschaftlichen Ausdruck: ejaculatio präcox. Die Frauen, die sich bei mir darüber beklagen, sagen schamhaft: „Mit ihm dauert die Liebe kaum länger als zwei Minuten!" Man kann sich nicht vorstellen, welche Tragödien sich hinter diesem Satz verbergen. Der Mann ist tief verletzt. Er legt dem Problem viel zuviel Bedeutung bei. Er hat den Eindruck, seine ganze Würde, seine ganze Männlichkeit, sein ganzes Ich stehe auf dem Spiel. Er fühlt sich schuldig und ratlos und wirft seiner Frau schließlich – Frigidität vor. Auf diesen Vorwurf reagieren die Frauen auf sehr eigenartige Weise. Manchmal bringen sie ihren Mann dazu, einen Arzt aufzusuchen, manchmal versuchen sie mit ihrer ganzen Liebe, sich soweit wie möglich anzupassen, manchmal werden sie aggressiv und rächen sich, indem sie ihm all ihre Vorwürfe an den Kopf schleudern.

Eines Tages kam ganz unerwartet in einem kleinen Mietauto eine hochgestellte Persönlichkeit zu mir. Jawohl, eine hochgestellte Persönlichkeit! Er war in Begleitung eines bezaubernden Mädchens, einem Mannequintyp, das bei jedem Schritt ungeduldig seine flachsfarbene Haarmähne schüttelt. Was er wohl von mir will? Er braucht dringend Rat. Doch zu meiner großen Überraschung beginnt nicht er zu reden, sondern das Mädchen. Ihr Tonfall ist wütend und sehr bestimmt.

„Hören Sie, Monsieur Mességué, Sie müssen irgend etwas für ihn tun, sonst mach' ich Schluß, und es ist mir wirklich ganz egal, ob das politische Leben des Landes in eine Krise kommt oder nicht. Das ist doch nicht zu ertragen! Kaum rührt er mich an, ist auch schon alles vorbei. Ich will gern glauben, daß ich unwiderstehlich bin, doch wenn es so extreme Formen annimmt, kann ich darauf verzichten! Wir sind seit drei Tagen zusammen, angeblich um ein ‚herrliches Wochenende' zu verbringen, und ich bin ununterbrochen am Rande eines Nervenzusammenbruchs."

Nach diesem wütenden Redeschwall bricht sie auf meinem blauen Kanapee tatsächlich in Tränen aus.

Meine „hochgestellte Persönlichkeit" sitzt blaß und stumm daneben; endlich gelingt es ihm, hervorzubringen:

„Mességué, sie hat recht. Geben Sie mir einen Rat. Ich habe es mit Stärkungsmitteln versucht, ich habe es mit Beruhigungsmitteln versucht, ich habe alle möglichen ‚Kniffe' angewandt: es hilft nichts. Ich bin ein unglücklicher Mann."

Kurzes pathetisches Schweigen.

„Und morgen muß ich in Paris sein, für diese Konferenz, Sie wissen schon."

„Das ist mir egal", explodiert das Mädchen mit dem flachsfarbenen Haar, das sich inzwischen die Tränen getrocknet hat.

„Der Gedanke, daß sie mich verlassen könnte, ist mir unerträglich."

Ich weiß, daß er nichts mehr hinzufügen wird. Jetzt bin ich an der Reihe. Ich habe meine eigenen Vorstellungen über die richtige Behandlung dieser Krankheit der Überzivilisierten, die die sozialen Ungerechtigkeiten anscheinend ausgleicht und die die großen Tiere nicht nur nicht verschont, sondern sogar zuallererst befällt.

Kräuterbäder, Massagen, Tee aus Bohnenkraut, dies einmal fürs erste. Doch ich weiß, daß er in Zukunft sein Leben wird ändern müssen. Dieser bedeutende Herr, der leidet, wäre natürlich leichter zu heilen, wenn er Holzfäller werden wollte. Doch einer, der guten Willens ist, findet für jedes Problem eine Lösung. Es wird genügen, wenn er sich gesünder ernährt und ein gesünderes Leben führt. Natürlich verbiete ich ihm, Aufputschmittel oder Beruhigungsmittel zu nehmen.

Die junge Dame ist völlig beruhigt.

„Komm", sagt sie und verstaut die Pflanzen, die ich ihr habe geben lassen, in ihrer großen Tasche, „ich werde deine Liebeskrankenschwester sein. Und wenn es sein muß, wirst du auf deine Konferenz verzichten."

Er sieht sie an, halb lächelnd, halb ängstlich. Ich gebe ihnen einen letzten Rat, der ihnen komisch vorkommt:

„Stehen Sie doch morgen früh zeitig auf und gehen Sie gemeinsam im nassen Gras spazieren."

Ich war immer der Meinung, daß allzu verwöhnte Männer auf die einfachen Freuden des Lebens vergessen. Sie kennen in der Natur diese Dinge nicht mehr, die zu einer bestimmten Zeit ihre Wirkung ausströmen wie Parfüm. Ich glaube an die Macht des Taus, wenn der Tag beginnt und die Vögel ihn trinken. Wenn sie ihre nackten Füße mit Tau benetzen und er nicht dann schon wie durch Osmose wirkt, so können sie mir nicht erzählen, daß er sie nicht wenigstens auf rein sexuellem Gebiet beruhigt.

Am übernächsten Tag las ich dann in der Zeitung, daß meine hochgestellte Persönlichkeit mit großer Verspätung bei ihrer Konferenz eingetroffen ist. Das war ein gutes Zeichen!

Und da ich jetzt schon dabei bin, vertrauliche Geschichten zu erzählen, kann ich es mir nicht versagen, auch noch diese niederzuschreiben. In dieser Story geht es um einen bekannten Sänger. Ich weiß, Sie finden es lästig, daß ich solch ein Geheimnis aus den Namen der Betreffenden mache, doch Sie können sich vorstellen, daß nicht nur Wahrung des Berufsgeheimnisses und gute Erziehung, sondern bloße Vorsicht mich dazu veranlassen! Ich habe in meinem Leben genügend Prozesse durchzukämpfen gehabt, um mir keine weiteren mehr zu wünschen! Ein Sänger also. Damals stand er am Anfang seiner Karriere, doch er hatte schon viel Erfolg. Eines Morgens hält sein weißer Citroën knirschend auf meinem kiesbestreuten Hof und scheucht die Tauben auf. Ein großer junger Mann steigt aus. Ich erwarte ihn auf der Freitreppe. Mir fällt auf, daß er einen Gang wie ein Tänzer hat und daß seine Gestalt die eines zu schnell in die Höhe geschossenen Jünglings ist. Voll Einfachheit, Humor und Charme kommt er sofort auf seine Sorgen zu sprechen. Ich finde ihn außergewöhnlich sympathisch:

„Mein armer Mességué, mir ist das Schlimmste zugestoßen, was einem Mädchenverführer nur zustoßen kann! Weil ich es überall eilig hatte, immer alles schnell machen wollte, Karriere, Geld, kann ich jetzt nicht mehr damit aufhören: bei mir dauert die Liebe keinen Atemzug lang."

„Das scheint aber Ihrem Selbstvertrauen nichts anzuhaben", sage ich.

„Bis jetzt nicht. Ich hatte andere Sorgen, und ich sagte mir, wenn die Frauen mit mir so nicht zufrieden sind, sollen sie sich woanders ihr Vergnügen holen. Doch es hat sich alles geändert: ich bin verliebt, und jetzt finde ich mich lächerlich. Und wenn das so weitergeht, wird mich dieses herrliche, vitale, intelligente Mädchen fallenlassen. Das würde mich meine Stimme kosten!"

Ich lasse ihn mir seine Lebensweise bis ins kleinste Detail schildern. Was ißt er? Wie? Wie ist sein Schlaf? Welche überflüssigen Drogen glaubt er schlucken zu müssen! Wieviel geistige Ruhe gönnt er sich? Hat er schon Schwierigkeiten gehabt, als er jünger war? Ist er bereit, eine strenge Diät zu halten? Wir betrachten sein Programm für diese Saison. Er muß drei Monate lang auf Tournee gehen. Das heißt: auf Reisen sein, immer in Restaurants essen. Stundenplan eines Künstlers. Wir geben uns große Mühe, einen neuen Lebensstil zu entwickeln, der sich mit den Anforderungen der Realität so gut wie möglich vereinbaren läßt. Zuerst muß er in der Bretagne singen, dann im Département Landes, dann in Südfrankreich. Immer in den Vergnügungslokalen der Badeorte. Ich kann ihm also Muscheln und frische Fische verschreiben. Á la nature oder mit Zitrone und Olivenöl. Ich weiß, daß Jod und Phosphor helfen, wieder ein ganzer Mann zu werden. Wenig Wein: immer nur ein paar Schlückchen zum Käse, um einen angenehmen Nachgeschmack zu haben, denn man soll keineswegs die Lust daran verlieren, auf gute französische Art zu leben. Ich befehle ihm, zu jedem gerösteten Fleisch und zu jedem Käse systematisch Bohnenkraut zu bestellen. Ich kenne nichts, das wohlschmekkender wäre als diese Abart des wilden Thymians. Ich kenne auch nichts, das auf die Dauer wirksamer ist als diese Pflanze, die man in den Klöstern anzubauen verbot, weil man fürchtete, daß ihre aphrodisischen Eigenschaften zu Unannehmlichkeiten führen könnten . . . „Sie sollten jeden Abend eine Tasse Tee aus Bohnenkraut und Minze trinken“, sage ich.

Schallendes Gelächter:

„Das würde die ganze Mannschaft viel zu neugierig machen! Ich bin eher an Whisky gewöhnt!“

„Keinen Whisky. Sie sind ihn zu sehr gewohnt.“

„Champagner?“

„Ein paar Schlückchen. Alkohol in geringen Mengen erhöht für den Augenblick den Testosterongehalt im Blut, doch wenn Sie die ideale Dosis überschreiten, dann . . .“

„O nein, bitte sprechen Sie nicht weiter!“

Wir arbeiten drei Stunden lang, und es gelingt mir, ihn zu überreden, von nun an sorgfältig auf seine Ernährung zu achten.

„Lassen Sie sich Zeit beim Essen, beim Schlafen und beim Atmen, und dann werden Sie sich auch bei der Liebe Zeit lassen. Das ist das Abc der Liebe."

Ich fühle, daß er grundehrlich und guten Willens ist und daß er mir vertraut. Wir verabreden uns für den nächsten Monat: Ich bin mir des Erfolges sicher.

Im September ist er wieder in meinem Büro. Er strahlt. Er klopft mir auf die Schulter, großer Junge, der er ist:

„Maurice Mességué, bravo. Jetzt kann ich mir endlich Zeit lassen bei der Liebe. Ich kann Ihnen sogar sagen, daß ich heiraten werde, wenn das so weitergeht. Es war ein voller Erfolg. Ich habe mir geschworen, bis ans Ende meiner Tage nach Ihrer Diät zu leben!"

Jetzt, da die Tourneezeit vorüber ist, verordne ich ihm, seine Diät mit Salbeibädern zu vervollständigen und von Zeit zu Zeit eine Kur mit Bohnenkrauttee zu halten.

Er hat die zweite „Diät" genauso gewissenhaft eingehalten wie die erste, und an dieser Stelle erlauben Sie mir zu lachen, und lachen Sie mit, denn das Leben ist zu schön. Vor kurzem ist mein Sänger wiedergekommen und sagte mit komischer Verzweiflung:

„Mességué, ich flehe Sie an, geben Sie mir einen beruhigenden Tee! Meine große Liebe kann nicht mehr! Ich bin zu gut!"

Und ich habe ihm eine andere Diät zusammengestellt, habe die richtige Menge Lindenblüten und Orangenblüten dazugegeben; diese Diät ist wie ein altes Väterchen, für ihn aber ist sie gerade richtig.

Es ist also möglich, diese Krankheit unseres Jahrhunderts zu heilen. Sie müssen dabei nur Punkt für Punkt wieder ersetzen, was das moderne Leben Ihnen abverlangt hat. Dieses Leben erlegt Ihnen ein schwindelerregendes Tempo auf, das sich in jeder Zelle Ihres Körpers auswirkt. Schnell, schnell, laufen wir, gehen wir weg, kommen wir wieder. Wir haben im Kopf eine Uhr, im Herzen zwei müde Beine und batteriebetriebene Augen. Wir sind die neuen Erdbewohner, von denen man glauben könnte, daß sie vom Mars gekommen sind. Wenn wir es so verrückt weitertreiben, wird eines Morgens selbst die Erde sich schneller drehen. Und da soll man sich über unsere Eile in der Liebe wundern?

Man muß sich der weiten Felder der Zeit, der Wiesen der Stille und der schneebedeckten Flächen des Schweigens zu bedienen wissen. Man kann diese Dinge immer und überall in sich selbst finden, wenn man es nur will.

Auch der Lärm ist nicht ohne Einfluß auf unsere Liebesgewohnheiten. Lärm ist eine weitere Aggression, die zu den übrigen Aggressionen hinzukommt. Man hat bewiesen, daß Lärm töten kann. Kann man denn eine Atmosphäre der Liebe schaffen, wenn ein Ambulanzwagen mit heulenden Sirenen vorüberfährt, wenn beim Nachbarn das Baby schreit, nicht zu reden vom Fernseher in der Wohnung eine Etage höher, in dem gerade eine dramatische Szene gesendet wird, und vom Studenten von gegenüber, der die Beatles brüllen läßt. „Man gewöhnt sich daran", sagt man, um sich zu trösten. Man gewöhnt sich daran, indem man sich innerlich verstümmelt, indem man das Bedürfnis nach Stille, auf jeden Fall aber das Bedürfnis nach einer anderen Zeiteinteilung leugnet. Was soll man also tun? Man muß morgens durch den Park gehen, man muß einen Umweg machen über eine ruhige Straße. Man muß Fernsehgerät und Radio abschalten und die Geldsorgen, die im Inneren viel Lärm machen, zum Schweigen bringen. Für all das gibt es ein radikales Mittel: Denken Sie sich, daß man im Friedhof niemals reicher oder ärmer ist! Das ist zwar nicht originell, doch von Zeit zu Zeit muß man sich an die schönen Sprichwörter erinnern, die der Lehrer vielleicht, wie in meinem Dorf, auf die Tafel geschrieben hat. Das bringt Sie wieder zur Vernunft. Und zur Ruhe. Doch über die Stille habe ich noch ein Wörtchen zu sagen.

Es gibt die gute Stille, und es gibt die schlechte. Stille kann ebenfalls töten. In bestimmten Gebieten Amerikas, in denen man die Insekten vertilgt hatte, in denen keine Flugzeuge mehr verkehrten und in denen man sorgfältige Vorkehrungen getroffen hat, um die Stille zu bewahren, hat man bemerkt, daß sich langsam der Tod ausbreitete. Die Tiere pflanzten sich nicht mehr fort, und die Menschen verließen die Gegend.

Das bringt mich auf den Gedanken, daß zu der angeblichen Machtlosigkeit des modernen Menschen auch folgender Todesbote für das Leben zu zweit gehört: das Schweigen. Ohne Kommunikation gibt es keine Liebe. Ich glaube nicht, daß eine Hausfrau, die beim Abendessen Schweigen als Garnierung serviert bekommt, nachher eine gute Partnerin ist. Und wenn beide den Wunsch haben, es rasch hinter sich zu bringen . . .

Gut, geben wir es zu, der moderne Mann und die moderne Frau, diese neuen Geschöpfe, die so sehr an ein rasches Tempo gewöhnt sind, haben jede Entschuldigung, schnell und schlecht zu lieben. Doch so wahr ich Mességué heiße, wenn sie das Glück wirklich anstreben, dann können ihre Probleme gelöst werden.

Bevor ich darauf zu sprechen komme, was ich über das Unglück der Frauen zu wissen glaube, will ich die Aufmerksamkeit auf die Qualität der Lebensmittel lenken, die ganz sicher auch für die Qualität der Liebe verantwortlich ist. Sagt man nicht bei Tisch und im Bett gleicherweise, daß ein Mann „keinen Appetit" hat? Diese Worte sprechen für sich. Solche Ausdrücke kommen nicht nur aus der Sprache der Gebildeten, sondern aus dem gesunden Menschenverstand des Volkes. Wenn man für etwas dieselben Ausdrücke verwendet, so geschieht das nicht ohne Grund, nicht ohne tiefe und subtile Zusammenhänge. Um Appetit zu haben, braucht man eine verlockende Speise, doch auch eine gute Form. Und die gute Form erreicht man nicht, indem man wahllos in sich hineinißt, bevor man seine Frau wie ein Feinschmecker betrachtet hat!

Noch heute muß ich lachen, wenn ich an eine Geschichte denke, die tatsächlich passiert ist und die letzten Endes sehr originell ist. Der Held dieser Geschichte ist ein sehr bekannter Reeder. Ich hoffe er wird mir nicht böse sein, daß ich seine

Geschichte erzähle, denn ich kenne ihn als einen intelligenten und humorvollen Mann, der sich keinen Deut um die Meinung der Leute kümmert: sein riesiges Vermögen ermöglicht es ihm, sich über derartige Dinge zu stellen! Es geschah vor mehreren Jahren, und mein Reeder läßt mich also dringend zu sich rufen.

„Mit mir ist etwas Komisches los", sagt er. „Seit einiger Zeit, selbst mit den hübschesten Frauen – nichts mehr."

„Nichts?" sage ich ungläubig, denn ich kenne diesen heißen Hasen, wie man bei uns sagt.

„Nichts", wiederholt er.

Ich bitte ihn, mir zu erklären, wann das erste Mißgeschick passiert ist. Gemeinsam versuchen wir, die Angelegenheit zu enträtseln. Ich sehe keinen vernünftigen Grund für dieses Fiasko. Nachdenklich verschreibe ich ihm die übliche Behandlung. Er verspricht, sich in den drei Wochen, die ich für die Behandlung angegeben habe, gewissenhaft daran zu halten. Wir setzen den nächsten Termin fest.

Drei Wochen später bin ich wieder in seiner herrlichen Villa.

„Nun?"

„Keinerlei Wirkung, mein Lieber."

Ich muß einen ziemlich betroffenen Eindruck gemacht haben, denn jetzt hört er nicht auf, mich zu trösten. Er sagt mir: „Nun, Ihre Pflanzen können doch einem Greis nicht mehr helfen. Meine Zeit ist gekommen, das ist alles. Doch zum Trost denke ich daran, daß ich die schönsten Frauen der Welt besessen habe . . ."

Er redet immer länger auf mich ein, zählt mir vertraulich seine einstigen Erfolge auf, bewahrt eine philosophische und resignierte Haltung, und ich werde absurderweise immer unzufriedener. Ich muß zugeben, daß ich, wie jeder andere auch, den Mißerfolg hasse. Doch es ist nicht nur das: ich habe ununterbrochen das Gefühl, daß mir bei meinem ersten Besuch etwas Wichtiges entgangen ist. Warum hatten meine Pflanzen diesmal nicht gewirkt? Gerade bei ihm, dessen allen Belastungen gewachsene Gesundheit ich sonst immer bewundern konnte?

Um mir zu zeigen, daß er mir ganz und gar keine Schuld gibt, ersucht er mich eindringlich, ihn in eines dieser Pariser Restaurants zu begleiten, die auf der ganzen Welt berühmt sind. Ich gehe mit, immer noch mit meinen Gedanken beschäftigt. Er speist hier jeden Abend, erzählt er mir. Er hat immer dieselben Gewohnheiten, und man kennt sie hier so gut, daß die Speisen schon gebracht werden, noch ehe ich ihn auch nur den Mund öffnen sehe, um zu bestellen. Er beginnt gierig, ein Huhn zu verschlingen. Fasziniert betrachte ich diesen Vorgang. Er wirft die Knochen über die Schulter, und das Personal hebt sie wieder auf, wie jeden Abend, denn es hat resigniert und wundert sich nicht mehr über die Einfälle schlecht erzogener Milliardäre.

Ich bin ziemlich wütend über den Ausgang dieses Abends und kehre zu Fuß wieder nach Hause zurück. Die Szene mit dem Huhn verfolgt mich buchstäblich. Es fällt mir beinahe schwer, einzuschlafen.

Als ich am nächsten Morgen mein Fenster öffne, greife ich mir an den Kopf wie Inspektor Maigret: „Aber ja, natürlich ..." Plötzlich habe ich die Erklärung für die Schwierigkeiten meines Reeders. Das Huhn! Er hat mir doch gesagt, daß er jeden Abend Huhn ißt, nicht wahr? Das Huhn ist schuld. Ganz egal, ob das Restaurant berühmt ist oder nicht, das Huhn kommt aus einer Aufzucht und ist mit Hormonen gefüttert worden. Dieses Problem kenne ich. Mit einem Satz bin ich beim Telephon und schreie dem Reeder zu:

„Essen Sie vor allem keine hormongefütterten Hühner mehr; in kaum vierzehn Tagen werden Sie mir sagen, ob ich recht hatte!"

Eine Woche später ruft er mich an:

„Sie hatten recht. Danke! Es ist wunderbar!"

Wie Sie wissen, ist es inzwischen verboten worden, Hühner mit Hormonen großzuziehen. Doch falls wir einen Beweis gebraucht haben, so zeigt uns diese Geschichte, daß eine schlechte Ernährung den stärksten Mann in die größten Schwierigkeiten bringen kann.

Sprechen wir von den Frauen. Bevor sie zu mir kommen, haben sie ihr Problem oft schon ihrem Arzt oder ihrer besten Freundin erzählt. Dem Mann ihres Lebens nicht. Sie suchen Zuflucht bei mir, weil sie hier ihre letzte Chance sehen. Daher schwindeln sie nicht: sie sind ängstlich und depressiv. Sie kennen sich nicht mehr aus und reden wirr über Scheidung, über Liebhaber, über Lust und Frigidität. Sie halten ihre Lage meist für aussichtslos, und auch wenn sie es nicht wahrhaben wollen, gibt es trotzdem immer einer Lösung, selbst für neurotische Frauen, die ich dann zum Psychiater schicke. In vielen Fällen ist freilich nicht immer ihr Partner daran schuld, wenn es, wie sie sich ausdrücken, „soweit mit ihnen gekommen" ist. Doch Männer wie Frauen behaupten zunächst, daß der andere schuld ist! Ich würde sagen: das ist fast ein notwendiges erstes Stadium, und ich glaube, „die Lüge zeigt manchmal besser, was in der Seele vorgeht", wie Gorki sagt.

Meine Erfahrung hat mich gelehrt, daß es bei der Unzufriedenheit mit der Liebe unter den Frauen keine Klassenunterschiede gibt. „Er" geht nicht mit ihr ins Bett. „Er" ist dabei zu schnell. „Er" versteht es nicht, sie richtig zu nehmen. „Er" zwingt sie dazu. „Er" nimmt keine Rücksicht. „Er" behandelt sie wie eine Hure . . . „Er" hält sich für unwiderstehlich. „Er" kümmert sich nicht um ihre Seele. Die lange Klage, die ich von den Frauen gehört habe, läßt mich glauben, daß die verrückten Zahlen aus den statistischen Untersuchungen echt sind. Als ich jung war, habe ich oft gehört: „Es gibt keine frigiden Frauen, es gibt nur ungeschickte Liebhaber." Also? Sollte es zutreffen, daß neunzig Prozent der Männer unzufrieden sind mit sich selbst? Sollte dieses große, schreckliche Übel der Menschheit tatsächlich existieren?

Ach, machen wir einen Ausflug in die Felder, auch wenn wir uns nur in die Metro setzen und an irgendein Plätzchen an der Marne oder in der Vallée de Chevreuse fahren. Reichen wir einander die Hände, und gehen wir im Grünen spazieren, selbst wenn wir nur im Wald von Vincennes sind. Gehen wir auf den kleinen Platz hinunter und trinken wir ein Gläschen, halten wir einander bei den Händen und plaudern wir, bis es dunkel wird. Kaufen Sie Ihrer Frau eine Rose, eine einzige nur, und sie, sie soll endlich ihren alten, ausgeweiteten Pullover wegwerfen, der ihre Brust versteckt. Er soll sie ins Kino führen, sogar wenn ein schwedischer Film gespielt wird, und sie soll ihre Zellulitis endlich anders als mit abwegigen Diäten bekämpfen, und zwar nicht nur im Juni und nicht nur „wegen der Leute", um im Juli schwimmen gehen zu können. Und statt ihr in Kurzfassung die Tagesnachrichten zu erzählen, sollte er ihr ein Kompliment machen.

Ich glaube, mit der Menschheit steht es so traurig, weil zwischen den Männern und den Frauen ein riesiges Mißverständnis herrscht. Ich glaube, dieses Mißverständnis war im Grunde immer da, doch heute redet man offen darüber, denn die Frau ist zu einem selbständigen Wesen geworden. Sie hat nicht nur ein Recht auf Redefreiheit, auf materielle Unabhängigkeit und auf Empfängnisverhütung, nein, sie hat auch ein Recht darauf, alles, was ihr nicht gefällt, laut hinauszuschreien. Wie wir Männer will auch sie das Glück. Das ist für die Menschheit doch viel wichtiger als Elektronengehirne, oder? Wir müssen uns also miteinander verständigen, denn wir verlangen heute alle nach sexueller Befriedigung. Wir verlangen danach, weil sexuelle Zufriedenheit der Schlüssel zur Ausgeglichenheit, zur Kommunikation und zum Glück schlechthin geworden ist. Weil wir jetzt, und anscheinend zum ersten Mal, die unendliche Zweisamkeit erleben.

Pfaue stolzieren rund um mein Haus. Meine alten Hunde haben sich in der Sonne ausgestreckt und seufzen vor Wohlbehagen. Amseln pfeifen, und auch Sie können sie hören, denn sie sitzen sogar auf den Fernsehantennen, wenn kein blühender Kastanienbaum in der Nähe steht. Es ist Frühling, gute Leute! Ich kann nicht glauben, daß es keine Lösungen für die Probleme unserer Frauen gibt.

Erstens wird alles und jedes als Frigidität bezeichnet. In

Wirklichkeit kommt echte Frigidität nur sehr, sehr selten vor, das können alle Fachleute bestätigen. Ich glaube, es wäre zutreffender, zu sagen, daß sie sehr hohe Ansprüche an sich selbst stellen. Es ist, als horchten sie ständig in sich hinein und warteten darauf, daß in ihrem Inneren eine leise Stimme ertönt: „Bin ich glücklich?“ Sie sind so sehr damit beschäftigt, sich diese Frage zu stellen, daß sie, statt sich im Lande der Lust zu wiegen, nur an seiner Grenze herumwandern.

Eine hinreißend schöne Frau, die natürlich angeblich aus ganz anderen Gründen zu mir gekommen war, gestand mir schließlich, daß sie gerne eine ganze Tonne Pflanzen nehmen würde, wenn es ihr helfen könnte, die eheliche „Pflicht“ nicht nur aus Pflichtgefühl auf sich zu nehmen!

„Dabei kann ich Pierre nicht einmal irgend etwas Besonderes vorwerfen. Seine Forderungen sind vernünftig: alle vierzehn Tage ungefähr einmal. Aber es sind immer dieselben Riten. Er bittet mich, ihm ein Gläschen Alkohol zu bringen. Er wird fröhlich und entspannt sich, wir legen uns zu Bett. Er nähert sich, streichelt mich ordnungshalber ein wenig, liebt mich auf die klassische Art, auf die Missionsart, wie man so sagt. Ich warte ruhig, bis es vorbei ist und bin auch gar nicht so schrecklich unzufrieden, denn er ist ja ein guter Gefährte und ein guter Vater. Ich habe den Eindruck, daß er normal ist, daß ich ihm einen Gefallen erweise, daß das ein Ausdruck meiner Liebe zu ihm ist. Ich spiele ihm nichts vor, nein, ich warte auf das Ende, und nachher bin ich sogar sehr liebevoll zu ihm, denn ich denke mir, daß ich an diesem Abend vierzehn ruhige Tage gewonnen habe.“

„Und er? Haben Sie den Eindruck, daß er glücklich ist?“

„Einmal hat er mir lachend gesagt, daß ich auf der Straße kein Vermögen verdienen würde, aber da er nicht kompliziert sei, wäre er nicht unglücklich darüber, eine ruhige Frau in den Armen zu halten . . .“

„Aber dann sind Sie beide doch beinahe glücklich.“

„Nein. Ich habe viel gelesen, viel gehört, viel nachgedacht, und mit der Zeit bin ich daraufgekommen, daß ich etwas versäume. Daher sage ich mir, daß ich nicht wirklich normal bin. Und ich habe eine kleine Sorge: wird er sich sein ganzes Leben lang mit dieser Mittelmäßigkeit zufriedengeben, die in unserer Ehe nun schon seit zehn Jahren herrscht? Ich bin dreiunddreißig Jahre alt. Werden wir beide erwachen, wenn es schon zu spät ist? Ich als Frau an der Schwelle zum ‚gewissen Alter' und er mit einer Leidenschaft für die Nachbarin?"

Sie hatte das alles ganz ruhig erzählt. Keine Spur einer Unausgeglichenheit. Diese Frau verlangte für sich und für ihren Mann einfach mehr vom Leben. Ich sage ihr:

„Madame, Sie sind jetzt reif, Ihre Liebesgewohnheiten zu ändern. Das ist wunderbar. Sie sind sicherlich keineswegs anormal, wie Sie zu befürchten scheinen. Dieses allzu ruhige Verhalten, bei dem Sie Ihrem Mann gegenüber so tun, als würden Sie ihm einen Dienst erweisen, wurzelt sicher in den Denkgewohnheiten Ihrer Jugendzeit. In der Art Ihrer Erziehung. Von nun an werden Sie Ihre Zeit damit verbringen, Ihren Mann zu verführen. Das ist genauso, als hätten Sie sich dazu entschlossen, ihm, der sich mit guter Hausmannskost zufriedengegeben hat, künftig auserlesene Gerichte zu servieren. Niemand würde eine Speise zurückweisen, die plötzlich besser und raffinierter schmeckt, nicht wahr? Niemand würde der Köchin auch nur den geringsten Vorwurf machen, oder?"

Sie lächelt. Sie ist wirklich sehr hübsch, diese Kleinstädterin mit dem guten Geschmack, in ihrem marineblauen Kostüm!

„Einverstanden. Aber verzeihen Sie mir meinen Egoismus, von Ihren Vorschlägen wird sicher nur einer profitieren: mein Mann!"

„Täuschen Sie sich nicht! Die Gesellschaft eines Feinschmekkers ist ansteckend! Die Stimmung lockert sich. Man versucht es mit Überraschungen, mit neuen Gewürzen. Man trinkt miteinander. Und schließlich genießt man gemeinsam."

Der überzeugte Tonfall meiner Stimme bewirkt, daß sie sich schließlich völlig entspannt.

„Aber ... mein Mann wird vielleicht beunruhigt sein, wenn er mich plötzlich so verändert sieht."

„Um so besser. Er wird mit Ihnen sprechen. Er wird Ihnen Fragen stellen. Er wird Sie bemerken. Sie werden miteinander reden."

„Aber ... ich weiß nicht, wie ich es anstellen soll. Es ist zu dumm, aber ich habe mich nie gefragt, wie man einem Mann gefallen könnte, wie man es macht, daß man begehrt wird. Soll ich ... mich anders kleiden, zum Beispiel?"

„Madame, ich kenne mich bei Kräutern besser aus als bei der Damenmode. Doch es scheint mir eine gute Idee zu sein, wenn Sie sich erinnern könnten, was ihn vor Ihrer Hochzeit aufgeregt hat."

„Meine kleine blaue Bluse!"

Das ist ihr herausgerutscht. Sie errötet wie eine Klosterschülerin. Gut so, jetzt sind wir auf dem richtigen Weg. Doch sie hat sich sogleich wieder in der Gewalt.

„Eine Erinnerung, die jetzt fünf Jahre alt ist, nein, das ist idiotisch."

Ich spüre, daß sie so enttäuscht ist über sich selbst, so verwirrt, daß ich sie entspannen will, und frage:

„Wie hat sie ausgesehen, diese kleine blaue Bluse?"

Sie sieht mich erstaunt an:

„Nun ja ... mit einem runden Ausschnitt, ich weiß nicht, können Sie es sich vorstellen? Gerafft. Mit kurzen Puffärmeln."

Sie redet mit mir wie mit ihrer Schneiderin. Ich seufze ein wenig.

„Aber ... was hat Ihren Mann an dieser Bluse gereizt, Madame?"

„Der Ausschnitt; er rutschte ein wenig."

„Ja und?"

„Ich weiß nicht."

„Sie wissen es sehr gut."

Jetzt ist sie wütend. Das gibt ihr Mut.

„Damals genügte es ihm, ein kleines Stückchen von meiner

Schulter zu sehen. Heute würde er mich lächerlich finden, da bin ich sicher. Das würde mich nur noch mehr verkrampfen."

„Sie sind zu realistisch. Entwickeln Sie etwas mehr Phantasie."

„Ich kann doch jetzt nicht anfangen, wie die Mädchen von heute durchsichtige Blusen zu tragen."

„Warum nicht?"

„Und vielleicht auch noch ohne Büstenhalter, wie in den modernen Zeitschriften!"

Die Schülerin ist begabter, als sie denkt.

„Warum denn nicht?"

„Aber was würde er sich denken?"

„Er würde denken: Da schau her, sie provoziert mich. Sie will, daß ich sie ansehe? Daß ich sie errate? Daß ich sie bemerke? Sie würden ihm den Kopf verdrehen. Sie würden sich selbst den Kopf verdrehen."

Jetzt ist sie ganz schweigsam, und ihre Wangen glühen vor Erregung.

Ich gebe ihr einige Kräuterbäder: Bärenklau, Salbei, Schöllkraut. Einige Anregungen für Mahlzeiten für Verliebte. Ich wäre nicht ungern an der Stelle dieses Pierre, der in nächster Zeit mit einem faszinierenden Geschenk überrascht wird: mit einer glücklichen Frau.

Einige Monate später finde ich auf meinem Schreibtisch eine sibyllinische Karte, die ich sehr gut zu deuten weiß. „Monsieur, vielen Dank für Ihre Kräuter. Ich habe noch ein kleines indisches Hemd dazugenommen. Beides zusammen hat mir das Glück gebracht."

Eine Sekunde lang stellte ich mir diese hübsche, zurückhaltende Frau als echtes Hippiemädchen vor, das zu Hause in einem seidenen, bestickten Hemdchen umhergeht und sich ihres Körpers endlich bei jeder Bewegung bewußt ist, und ich sagte mir, daß die Frauen oft grundlos auf die kleinen Freuden des Lebens verzichten, aus denen das große Glück entsteht.

Sehen Sie, von welchen Kleinigkeiten die sogenannten „Tragödien“ oft abhängen? Sie werden mir sagen, daß dieser Fall eigentlich harmlos war, da die beiden sich ja liebten. Das ist wahr. Doch das ist ja meistens der Fall.

Ich muß darauf hinweisen, daß die schweren Fälle oft dort auftreten, wo die Frau oder der Mann auf reine Erotik aus sind, ohne Zuneigung, ohne die geringste Liebe zu empfinden. Da treffen wir dann auf erniedrigte, angeekelte Leute, die eine große Müdigkeit mit sich herumschleppen. Diese Leute müssen einsehen, daß sie ihren Lebensstil radikal ändern müssen. Es ist nicht leicht, ihnen zu helfen. Es gibt solche, die die wirklich glückbringende Liebe nur durch eine gute Psychoanalyse lernen werden. Und es gibt andere, die innerlich stärker sind und denen es genügen wird, mit ihrem heutigen Leben, mit ihren Gewohnheiten völlig zu brechen, angefangen von ihrer Zeiteinteilung bis zur Ernährung und vielleicht bis hin zu ihrem Beruf. Wenn das Fehlen von echtem Glück Sie entwürdigt und zermürbt, dann lohnt sich diese Mühe. Und wenn Sie das wirklich tun, dann ist die Natur eine starke Verbündete, die Ihnen Kraft geben kann.

Es ist wahr, oft ist es die Angst vor einem Kind, die die Frauen daran hindert, glücklich zu sein. Doch seltsam, es fällt ihnen schwer, zu glauben, daß man etwas dagegen tun kann.

Die Lösungen sind nicht ideal. Mag sein. Doch man muß das kleinere Übel wählen, nicht? Zwischen einer schlechten Ehe und den Überlegungen über den Hormongehalt irgendeiner Antibabypillensorte gibt es meiner Ansicht nach keine Wahl. Doch das sind anscheinend die Gedankengänge eines Mannes.

Eines Tages besucht mich eine Freundin.

„Sag ehrlich, was hältst du davon, Philippe will, daß ich die Pille nehme. Sei still, du wirst mir nicht erzählen, daß es genauso ist wie Chlorophyll schlucken, wenn man Östrogene und sowas nimmt, oder? Ich möchte dich nur ganz beiläufig daran erinnern, daß du gegen alles bist, was mit Chemie oder mit Verschmutzung zu tun hat. Ich, ich lehne es ab, mich von zusätzlichen Hormonen verseuchen zu lassen.“

Es gelingt mir nicht, zu Wort zu kommen. Dabei weiß ich, daß hinter diesem Redeschwall ein echtes Problem steckt: sie und Philippe haben bereits fünf Kinder, und sie ist fast vierzig Jahre alt. Ich kann mir vorstellen, daß es ein Risiko und ein Unsinn wäre, jetzt noch ein sechstes zu bekommen. Ich weiß auch, daß Philippe sie liebt: er ist nicht der Mann, der sich woanders trösten läßt. Ich weiß außerdem, daß Martine keine kühle Frau ist und daß wir „seinerzeit" untereinander gerne von ihrem vulkanischen Temperament geredet haben.

Ich warte, bis sie sich beruhigt.

„Was schlägst du vor?" sage ich.

„Das ist es ja gerade, was ich dich fragen wollte. Und ich warte um so ungeduldiger auf deine Antwort, als ich dir etwas gestehen muß: seit der Geburt der Zwillinge bin ich wie ein Holzklotz im Bett, und Philippe nimmt diese Veränderung bei mir ziemlich schlecht auf."

„Ich glaube, ich habe verstanden: er hat sich gedacht, daß es wegen deiner Angst vor einem Kind ist. Daß du ihm nicht mehr vertraust. Also hat er dir gleich das radikalste Mittel vorgeschlagen."

„Maurice, du bist wirklich ein Genie. Nun? Wächst in deinem Garten nicht irgendein Kräutlein, das die Samenkörner am Keimen hindert?"

Ich kann mir ein Lächeln nicht verkneifen. Diese lebenstüchtige Martine glaubt an die Natur, als wäre sie Magie!

„Also weißt du, der Natur scheint eher daran gelegen zu sein, der Fortpflanzung zu helfen. Ich kenne leider keine empfängnisverhütenden Pflanzen. Notfalls vielleicht noch abtreibende . . . und selbst die hat man verwendet, als die Medizin noch in den Kinderschuhen steckte!"

„Soll ich also die Pille nehmen? Ich fühle, wie sich jede Zelle meines Körpers dagegen wehrt."

„Und die neue Kupferspirale?"

„Nein, immer einen Fremdkörper . . ."

„Hör zu", sage ich wütend, „frag deinen Gynäkologen.

Oder setze diesmal Drillinge in die Welt. Doch wenn du mich fragst: Nimm die Pille. Ich habe ganz den Eindruck, daß du mit deiner Weigerung Philippe bestrafen willst, und obendrein dich selbst. Ich verstehe nicht, warum du dich dagegen wehrst, verdammt noch einmal. Die Kinder wachsen heran. Es kommt die Zeit der Reife – und ich rede niemals davon, ohne Kornfelder im Wind vor mir zu sehen –, für euch zwei ist es die Zeit des Glücks. Die Pille wird dir deine Angst nehmen. Du wirst deinen alten Schwung wiederfinden. Philippe wird entlastet sein. In einer Zeit, in der alle nach diesem Glück streben, sehe ich nicht ein, warum du die Spielverderberin sein willst."

Auf ein so überzeugtes Plädoyer war sie nicht gefaßt.

„Reg dich nicht auf. Im Grunde wollte ich dich sagen hören: Philippe ist wirklich ein Dreckskerl, ich werde ein ernstes Wort mit ihm reden, damit er lernt, sich zu beherrschen."

„Männerquälerin", sage ich. „Mit einem Wort, du kommst zu deinem Papa, damit er deinen schlimmen kleinen Kameraden bestraft. Also der Papa, der sagt dir: Du bist alt genug, um dir selbst zu helfen. Und der Pflanzenkenner empfiehlt dir, Orangenblütentee zu trinken, damit du weniger aggressiv wirst. Und der Mann des zwanzigsten Jahrhunderts kann dich nur dazu ermutigen, die ominöse ‚Pille' zu nehmen, wenn deine Gesundheit es dir erlaubt. Und was den Freund betrifft, so sagt er dir: Pfeif auf die Hormone, von denen du glaubst, daß sie dein empfindliches Inneres verschmutzen, verfrachte die Kinder zu deiner Mutter und halte doch heute nachmittag mit Philippe eine Siesta unter deiner grünen Eiche."

Ihr ganzer Zorn ist verflogen. Mir scheint, sie ist wieder aufgeheitert, als sie weggeht.

Entwaffnet es die Frauen denn so sehr, gewappnet zu sein? Ja, Mességué! Manchmal wollen sie die Lösungen einfach nicht sehen. Als wären sie noch die Sklavinnen der Vergangenheit, und als hätten sie noch nicht begriffen, daß sogar die Zeit der lauthals verkündeten Revolution, die ihnen durchaus auch eine gewisse Befriedigung bereitet hat, schon vorbei ist. Und daß jetzt ihre Zeit kommt. Frauen, wißt ihr denn wirklich so ganz und gar nicht, daß euch alle Möglichkeiten offenstehen?

An diesen Satz muß ich immer denken, wenn sie mir ihr Leben erzählen. Dieser Satz kommt mir manchmal in den Sinn, wenn ich nachsehen gehe, was nach den ersten warmen Tagen aus meinen Rosen geworden ist. Wissen die Frauen denn, daß sie Düfte haben, Dornen, Wurzeln, ein Herz, Blütenstaub? Es gibt auf der Erde nicht einen einzigen Gärtner, der nicht den Wunsch hätte, die Rosen wachsen zu sehen und der daher nicht bereit wäre, sich über sie zu beugen und ihre voll aufgeblühten oder knospenden Köpfe in die Hand zu nehmen, um sie zu verstehen.

Wenn meine Betrachtungen über die Frigidität der Frauen meine Gedanken auf den Garten lenken und mich plötzlich ein wenig in die Poesie abschweifen lassen, so geschieht das, weil ich nicht ganz an ihre Qualen glaube. Ich würde das eher „Bewußtwerdung" nennen. Und über Bewußtwerdungen weint man nicht: man beglückwünscht sich dazu. Sie werden mir sagen, daß der Prozeß der Bewußtwerdung bei jungen Leuten, die ihr Leben schlecht angefangen haben, vielleicht zu schwierig ist oder schon zu spät kommt und daher zu Depressionen und zu Verzweiflung führt. Über diese jungen Leute habe ich Ihnen erschreckende Geschichten erzählt. Doch glauben Sie mir, ich fühle ganz sicher, daß tief in ihren Herzen auch das Gegenteil vorhanden ist und nur darauf wartet, emporzudringen und zu erstrahlen, wenn der Wahnsinn einmal besiegt ist. Meiner Meinung nach folgt auf die Bewußtwerdung eine positive Haltung.

Ich werde dieses Kapitel nicht schließen, ohne ein Problem zu behandeln, das man mir oft anvertraut hat: das Problem der Frau, die seit Jahren Lust heuchelt und sich nicht mehr zu helfen weiß. Das ist eine andere Art der Bewußtwerdung, die im allgemeinen zunächst nur traurige Wahrheiten aufdeckt, dann aber eine derartige Klarheit ermöglicht, daß die Bilanz letzten Endes auch hier positiv ausfällt.

Die Frau ist ganz jung. Zu sehr geschminkt. Zu aggressiv. Zu aufreizend. Sie hat sicher Stunden vor ihrem Spiegel verbracht. Werde ich gefallen? Bin ich begehrenswert? Ich sehe sie vor mir, mit ihren Cremetiegeln, ihrer Lockenschere, ihren Augenbrauenstiften und Wimpernfarben. Sogar ihr Parfüm verrät sie. Es ist nicht der Duft einer raffinierten Frau, die an Parfüm gewöhnt ist und die man sich gar nicht ohne Parfüm vorstellen kann. Nein, es ist ein ganz neues Parfüm, das nicht zu ihr paßt und in mir buchstäblich den Eindruck erweckt, daß sie hinkt. Sie setzt sich in Positur wie ein aufreizender Mannequin und streicht alle zwei Minuten mit der Zunge über die Lippen. Sind sie jetzt voller? Hat man auch Lust, mich zu küssen? Ich frage mich nicht, was sie mir anvertrauen wird: ihr ganzes Wesen erzählt es mir. Es herrscht wirklich ein sehr rührender Gegensatz zwischen dem, was sie ist, und dem, was sie gerne scheinen möchte.

Sie ziert sich noch ein wenig und erzählt mir von ihrem Übergewicht, obwohl sie schlank ist wie eine Nymphe. Dann von den Krampfadern auf ihren Waden, obwohl sie makellose Beine hat. Ich warte voll Geduld. Dann sagt sie theatralisch:

„Monsieur, ich betrüge meinen Mann."

„Madame, Sie sind nicht die erste. Doch leider können meine Pflanzen Sie nicht treu machen."

„Ich betrüge ihn nicht so, wie Sie denken: ich habe keinen Liebhaber. Doch seit fünf Jahren, also seit ich verheiratet bin, spiele ich meinem Mann im Bett etwas vor. Anfangs tat ich es aus Liebe und Zuneigung, damit er sich über mich freut. Ich war sogar jedesmal der Meinung, daß dies ein Triumph meiner Großmütigkeit sei. Dann wurde es lästig. Doch ich war wie eine Schauspielerin, die ihre Rolle unter allen Umständen weiterspielen muß. Jetzt kann ich es nicht mehr, nein. Ich nehme ihm übel, daß er nichts bemerkt, niemals zweifelt, daß er so zufrieden ist wie ein Held, daß sein eigenes Vergnügen und seine Selbstzufriedenheit ihn derart blind machen, daß er meine Haltung als ganz selbstverständlich und natürlich hinnimmt.

Sehen Sie, ich glaube, jetzt verliere ich meine Ausgeglichenheit. Ich frage mich ununterbrochen, wer ich bin. Ob ich wirklich hübsch bin, wirklich begehrenswert, wirklich frigid, wirklich . . ."

Diesmal klingt ihre Stimme so ehrlich, daß ich ihre gerne helfen möchte. Sie weint leise vor sich hin. Ich warte, bis sie sich beruhigt hat.

„Ich glaube, es ist noch nichts verloren. Sie sind hübsch, intelligent, scharfsinnig. Wenn Sie den Mut gefunden haben, mit mir zu reden, dann finden Sie sicher auch den Mut, mit Ihrem Mann darüber zu reden. Und zwar bald. Wenn er auch noch so erstaunt, gekränkt, ablehnend und sogar haßvoll reagiert, mit der Wahrheit werden Sie sich wohler fühlen."

„Ich bin gekommen, damit Sie mir einige Pflanzen geben, die meine Frigidität heilen können."

„Aber Madame, Ihre Frigidität kommt nicht von irgendeiner Krankheit, nicht einmal von einem Mangel an Sinnlichkeit. Sie haben sie selbst erzeugt, weil Sie seit Ihrer Heirat geduldig Liebe vorgetäuscht haben."

„Aber warum hat er es niemals bemerkt?"

„Weil es keinen Mann gibt, der es ablehnen würde, ein Gott zu sein: das wäre unmenschlich."

Sie lächelt ein trauriges kleines Lächeln. Sie denkt nicht mehr daran, den bestmöglichen Eindruck bei mir zu erwecken, und die Wimperntusche hat ihre Augenwinkel ein wenig blau gefärbt.

„Ich habe zu lange gelogen. Er würde es nicht verstehen. Er würde dann glauben, daß ich immer lüge. Er müßte plötzlich gerade in jenem Augenblick ein Übermensch sein, in dem ich ihm gestehe, daß er fünf Jahre lang ein Untermensch war, der seine Ehefrau nicht glücklich machen konnte! Nein, das ist zu schwierig; vielleicht würde dann nicht mehr viel dazu fehlen, daß ich den Gashahn aufdrehe!"

Ich weiß nicht, warum, doch ich spüre intuitiv, daß sie sehr wohl dazu fähig sein könnte.

„Wissen Sie, früher oder später kommen mehr Frauen in diese Situation, als man annimmt."

„Glauben Sie?"

„Und aus Gründen, die anfangs weniger edel waren als Ihre. Um dem Partner ohne Schwierigkeiten Geld herauszupressen. Um Ruhe zu haben. Um einen autoritären Ehemann unter dem Pantoffel zu halten. Ich habe viel mehr Fälle gesehen, in denen es aus Eigennutz, Verachtung oder Rache geschah. Ihre Lüge ist nicht so schrecklich, weil sie aus echter Zuneigung und Liebe entstand. Sie ist gewissermaßen ein irregeleiteter Liebesbeweis."

„Glauben Sie? Wenn vielleicht Sie mit ihm reden könnten . . ."

Nun gut, wenn man mit Pflanzen zu tun hat, stehen einem alle Wege offen: Briefkastenonkel, Eheberater . . . Doch mein Vater hätte nicht abgelehnt. Mein Entschluß ist gefaßt:

„Besuchen Sie mich mit Ihrem Mann."

Sie ist mit ihm zurückgekommen. Ich bin überzeugt, daß die beiden vor ihrem Eintreffen bei mir miteinander über ihr Problem geredet haben. Ihr Gesicht ist aufgelöst, ungeschminkt und wirkt rührend. Mit einem Blick erfasse ich intuitiv, daß er sich der Angelegenheit ehrlich stellen wird, denn er liebt seine Frau aufrichtig.

Wir reden. Die Atmosphäre ist ruhig, die Sache wird entdramatisiert. Nach einer halben Stunde ist der Ehemann so weit, daß er die Dinge wieder ins rechte Lot bringen will. Ich schlage vor, völlig mit dem Alltagsleben zu brechen, selbst wenn dieser Bruch nur ein Wochenende ist, das man nicht zu Hause verbringt. Ja, einige verliebte Tage, ohne miteinander zu schlafen. Als Vorspiel zu einer neuen Beziehung. Ich spüre, sie sind interessiert und . . . beide von ihren alten Fehlern reingewaschen. Diese junge Frau ist heute natürlich besser als vor fünf Jahren dazu in der Lage, die Feinheiten zu verstehen, die zur Lust führen.

„Nun? Fangen wir wieder von vorne an?" sagt er ihr.

„Möchtest du wirklich?“ antwortete sie ihm.

Jetzt bin ich auch noch Ehestifter. Besänftigt gehen sie davon. Natur, Salbei und Orangenblätter werden den Rest erledigen. Mir schwebt ein Bild des Frühlings vor: diese beiden Menschen, die Seite an Seite der Sonne entgegengehen, die von Neuem beginnen wollen, einander zu erobern und neu kennenzulernen – und ich sage mir noch einmal: ja, lernen wir wieder zu lieben.

Die kleinen Gesten der Liebe

Zu jener Zeit, als ich diesem Ehepaar den seltsamen Rat gab: „Verbringen Sie doch ein Wochenende fernab von Ihren Gewohnheiten wie zwei Verliebte, aber ... schlafen Sie nicht miteinander“, schien mir das nichts als ein einfacher, vernünftiger Vorschlag zu sein, der ihrer Lage angepaßt war. Heute habe ich erfahren, daß dieser Rat sehr modern ist. In Amerika werden Ehepaare, die derartige Probleme haben, mit ähnlichen Methoden behandelt. Sie haben vielleicht schon von diesem berühmten Paar gehört: Doktor John Masters und Virginia Johnson – ein Arzt und eine Psychologin – haben ihre Arbeit der Sexologie gewidmet, und nachdem sie eine Menge Ehepaare „wiederverheiratet“ hatten, haben sie selbst geheiratet. Ihre Klinik in St. Louis, Missouri, hatten sie eröffnet, um impotente und frigide Patienten zu behandeln. Ganz langsam finden ihre Behandlungsmethoden auch den Weg über den Atlantik. Jedenfalls werden Arbeiten zu diesem Thema auch bei uns hie und da veröffentlicht. Die Methoden dieses Teams empören die einen und begeistern die anderen, doch sie haben Erfolg, und auf jeden Fall liefern sie genügend Gesprächsstoff und erhöhen die Auflage gewisser Zeitungen.

Vor kurzem ging ich morgens über die Felder und fragte mich, wie mein Vater wohl darüber gedacht hätte. Ich glaube, er hätte einen seiner ganz einfachen Aussprüche getan, die jedoch des Nachdenkens wert sind: „Mein Sohn, die Amerikaner können vielleicht Mechanismen in Gang bringen, aber keine Gefühle, und wie überall darf man auch in der Liebe niemals den Pflug vor die Ochsen spannen."

Ein schönes sexuelles Erlebnis nährt die Liebe wie der gute Frühlingsregen die Pflanzen, doch wenn die Wurzeln der Pflanze abgestorben sind, nützt selbst gründliches Gießen nichts mehr ... Die Liebe ist wie der Refrain in den Liedern, sie ist das Lebendige, die Würze, das Feuer. Kein Fremder kann sich anmaßen, Liebe einzuhauchen, sie zu erschaffen, sie auf eine Lochkarte zu pressen, nachdem er eine klinische Darlegung über die Nächte eines Ehepaares gehört hat. Wenn die Liebe zwischen einem Paar stirbt, kann man ihm sicher helfen, ihre Beziehung gerade noch zu retten. Doch wenn die Liebe tot ist, was nützt es dann noch, in – Gymnastik gut zu sein?

Sie werden mir sagen, daß ein Ehepaar aus seinen Schwierigkeiten immer auch etwas Positives lernen wird. Den Grund für das eigene Versagen begreifen, zum Beispiel. Oder die Sexualität, die beim einen oder beim anderen der Partner eingeschlafen ist, freisetzen. Auch wenn sie sich später trennen sollten, um einen neuen Versuch zu wagen. Mag sein ... Vielleicht ... Es ist richtig, ein unglückliches Ehepaar tut immer gut daran, wenn es seine Fehler herausfinden will. Man bietet ihm heute einen ganz neuen Weg, den man noch vor zehn Jahren niemals einzuschlagen gewagt hätte. Man soll diesen Weg ganz bestimmt nicht außer acht lassen. Doch man muß auch hierbei die Grenzen kennen. An manchen Stellen pflichte ich den Theorien der amerikanischen Ärzte gerne bei. Dort, wo sie, ohne es zu wissen, nichts anderes meinen als: Lernt wieder zu lieben.

Wenn ich es richtig verstanden habe, werden die Ehepaare zunächst kühl, wissenschaftlich und auf fast zynische Weise befragt, gemeinsam, unter verschiedensten Gesichtspunkten, dann werden sie wie Roboter in diese oder jene Kategorie eingeteilt (in diesem Punkt findet diese Methode nicht meine Zustimmung), und schließlich gibt man ihnen „Liebesaufgaben“: Sie dürfen zum Beispiel heute die Wange ihres Partners streicheln, aber sonst nichts. Morgen können sie ihn dann ein wenig mehr streicheln, aber ... nicht tiefer. Übermorgen ... Wenn mir, einem echten Gascogner, diese Methode zunächst auch sehr nüchtern zu sein scheint, so spüre ich doch, wieviel Positives sie enthalten kann. Und ich glaube, daß sie auch zur Liebe führen kann.

Lernen wir wieder zu lieben, ja, und lernen wir es auf die französische Art. Es ist uns sicher nicht unmöglich, uns wiederzuentdecken. Genauso wie man im Frühling eine Salatkur macht, sollte man auch dieses Streichelspiel spielen. Bringen wir ein wenig grüne Gesundheit in unsere Ehen.

Wer kann nach drei Ehejahren noch die Wange seines Partners streicheln und diese Geste dabei bewußt empfinden? Welches Ehepaar kann wieder die Zartheit einer Hand und einer Wange spüren, den Blick des anderen sanfter oder vielleicht verwirrt werden sehen. Welches Paar kann sich noch zulächeln? Zwei Menschen, die im Alltag vergessen haben, miteinander die Welt zu teilen, lächeln einander plötzlich an. Das ist doch berauschend!

Ich komme wieder darauf zurück, und ich habe keine Angst, mich zu wiederholen: man muß eine Hand nehmen können und sie ein wenig in der seinen halten, nur so ... Braucht man dazu Zeit, Geld, Schönheit, Jugend oder eine besondere Hochstimmung? Steht irgendwo geschrieben, ob das eine männliche oder eine weibliche Geste ist? Das ist doch wirklich leicht. Zweimal Wärme, zwei Wesen, zwei Hände. Darin liegt doch alle Liebe der Welt! Ich erinnere mich, daß ich als Kind einmal mit einer Schulkameradin, in die ich wahnsinnig verliebt war, Haselnüsse pflücken ging. Plötzlich begegneten sich unsere Hände. Sie wurde rot, ich wurde rot. Doch ich habe für einige Sekunden meine Finger auf ihre Hand gelegt, und sie hat sie nicht zurückgezogen. Zwei unvergeßliche Sekunden, deren Intensität ich heute noch spüre.

In meinen dreißig Jahren als „Zuhörer“ habe ich auch gelernt, wie sehr Männer und Frauen sich gehenlassen, sobald sie glauben, ihr Glück gefunden zu haben. Die kleinen, trockenen Küsse am Morgen: „Bis heute abend, Liebling“ oder das lakonische „Ist es soweit?“ Nicht nur, daß man die kleinen Gesten der Liebe vergessen hat, nein, auch die Worte der Liebe kennt man nicht mehr. Ich glaube, in den Sexkliniken wird ebenfalls dazu geraten, Wörter einzusetzen. Jene Wörter, die einem in der Entrücktheit entschlüpfen: die Wörter der Nacht. Das ist sicher nicht schlecht. Doch wer wird uns zu den Wörtern des Tages raten? Diese Wörter müssen manchmal wie der Wind sein, wie die Sonne, wie Blätter. Sie müssen erfrischen, erwärmen, sie müssen rauschen. Doch die Männer vergessen, diese Wörter auszusprechen, so als würde sie das nichts mehr angehen. Die Frauen warten darauf wie auf eine Pflicht, die niemals erfüllt wird, und glauben sich etwas zu vergeben, wenn sie sie selber aussprechen. Manchmal versuchen sie es. Doch dann kommt das dem anderen so komisch vor, daß er sagt: „Was ist denn mit dir los?“ Das bringt sie aus der Fassung, und sie schwören sich, niemals wieder etwas Ähnliches zu versuchen. Und dabei sollten sie sich im Gegenteil beeilen, auf diese Frage zu antworten.

Welcher Mann könnte dem widerstehen: „Mit mir ist los, daß ich einmal möchte, daß wir aufwachen, alle beide. Reden wir miteinander über etwas anderes als über die Steuervorauszahlung oder den Fleischpreis.“

Ich weiß nicht, ob die Liebesaufgaben in den Sexkliniken auch lehren, wieder miteinander zu reden und sich zuzulächeln.

„Seit dem Morgen nach unserer Hochzeit hat er mich nie mehr wieder angelächelt.“ Ich erinnere mich an diese seltsame Klage. Sie kam von einer ganz jungen Frau, die mich aus irgendwelchen Gründen aufgesucht hatte. Diese Anklage schien mir damals recht fadenscheinig, und ich hielt die junge Dame für ein wenig zu sensibel. Doch in Wirklichkeit war dies eine subtile Klage. Wenn man sich zulächelt, schaut man sich auch in die Augen. Und das bedeutet: „Ich erkenne dich, wir sind Menschen vom gleichen Schlag."

Ich glaube, daß Blicke und ein Lächeln die herrlichsten Errungenschaften der Menschheit sind; warum sie verlieren? Um so mehr, als wir ihren Zauber sehr wohl kennen.

In den Anfangszeiten unserer Liebe mußte uns niemand Ratschläge darüber erteilen, wie wir lächeln und wie wir blicken sollen. Manchmal genügten sie uns, um alles zu sagen, und es war der Gipfel der Leidenschaft. Ich würde sogar sagen: der Gipfel der Erotik. Nicht ohne Grund existieren Ausdrücke wie „sie mit den Blicken ausziehen", „ihn mit den Augen auffressen." Stellen wir uns vor, daß wir, vernünftige Menschen, die wir nicht die Mittel haben, unsere Ehe in Sexkliniken aufzufrischen und das auch nicht wollen, die Begegnung neu anfangen.

Erinnern Sie sich an die Spiele der Annäherung? Glauben Sie nicht, daß sie heute lächerlich, altmodisch und sinnlos wären. Im Gegenteil, heute enthielten sie die Freiheit, die man im Laufe der Gewöhnung erworben hat – denn die Gewohnheit hat doch auch ihre guten Seiten –, sie enthielten die kleine, geduldige Zärtlichkeit, die einer neuen Liebe immer fehlt. Sie enthielten einen Hauch von Humor und Komplizentum: Belohnung einer ausgereiften Liebe. Außerdem würde uns allein der Gedanke, daß es ein Spiel ist, den notwendigen Abstand geben, um es diesmal zu wagen, den Partner um diese ganz bestimmte Zärtlichkeit zu bitten. Ist es nicht in allen Bereichen des Lebens der Traum eines jeden, wieder von vorne anzufangen und dabei die bereits erworbene Erfahrung zu verwerten? Ich glaube, im Bereich der Liebe ist es möglich, diesen Traum zu verwirklichen. Vorausgesetzt, daß unter der Asche der Zeit immer noch die Liebe glüht.

Ich glaube, ich sollte lieber Margeriten pflücken gehen ... Mein Vater wäre der Meinung, daß ich unverständlich bin und mit meinen Vorschlägen viel zu viele Worte mache. „Eine gute Liebessuppe genügt", würde er sagen. „Die Grübelei kann man sich sparen, die Leute müssen instinktiv lieben können, ohne Unterricht und Aufgaben zu bekommen." „Aber, Vater, es hat sich alles geändert", würde ich ihm antworten. „Die Leute stellen sich Fragen. Die Leute wollen mehr. Sie verlangen das goldene Zeitalter. Sie sterben, wenn sie nicht lieben, wenn sie nicht begehren, wenn sie sich nicht begehrt fühlen." „Dann, mein Sohn, versuche den anderen den Weg zu diesem Paradies zu weisen, wenn du ihn zu kennen glaubst . . ."

Es ist wahr, ich würde am liebsten ganz einfach schreiben: Das goldene Zeitalter ist nicht mehr auf Erden, sondern in Ihnen selbst. Sie wissen oft, wie man es heraufbeschwört: es ist wild, naiv, sinnlich, kindlich und bunt wie ein Gemälde von Douanier Rousseau. Zumindest stelle ich es mir gerne so vor.

So hat mir neulich eine Dame aus meinem Bekanntenkreis folgendes anvertraut:

„Mein lieber Mességué, ich habe da etwas Komisches gelesen: in den Sexkliniken in Amerika bringt man die Ehepaare wieder dazu, die Liebe zu genießen, indem man ihnen den Sexualakt verbietet. Dann kommt eine ganze Reihe von Annäherungsritualen, die ihm vorangehen sollen, so als wäre der Akt selbst gewissermaßen nur ein Abfallprodukt der Liebkosung."

„Ja und", sage ich, „was scheint Ihnen daran so abwegig zu sein?"

„Ich kann mir nicht vorstellen, von meinem Mann eine derartige subtile Haltung erwarten zu können. Er würde finden, daß es dieser Technik an – Männlichkeit fehlt."

„Aber ich hatte doch nie den Eindruck, daß Ihr Mann die Manieren eines Feldsoldaten hat!"

Sie schüttelte sich vor Lachen:

„Sie kennen Ihre Freunde nicht!"

„Bringen Sie es ihm bei."

„Nach zwanzig Jahren Ehe?"

„Ich glaube sehr an die Frauen, die viel lesen, nicht um herauszufinden, daß sie unzufrieden sind, sondern mit dem Vorsatz, ihr Leben zu verstehen und zu verbessern."

„Würde ich mich nicht lächerlich machen, wenn ich mit ihm rede?"

„Wenn es nicht in Vorwürfe ausartet . . ."

„Und wenn ich ihm zu lesen gäbe, was ich gelesen habe?"

„Unter der Voraussetzung, daß er es nicht als Kritik an seiner Person auffaßt."

„Kurz, dann ist es besser, wenn ich selbst mit ihm rede?"

„Ja, das denke ich."

„Und wenn er sich darüber lustig macht?"

„Dann werden Sie mit ihm lachen. Aber es wird doch etwas hängenbleiben."

„Wissen Sie, ich bin nicht unglücklich! Doch ich wäre ganz einfach gerne glücklicher!"

„Das finde ich sehr menschlich."

„Ich frage mich aber, ob sich dieses Streben nach Glück mit meiner christlichen Einstellung, mit meiner christlichen Erziehung vereinbaren läßt."

„Ich glaube nicht, daß die christliche Moral heute leugnet, was offensichtlich ist: der Sexualakt ist ein Mittel der Kommunikation. Warum ihn ausschließen? Ich finde, es ist eine Tugend, wenn man mit dem Partner in allem kommuniziert. Vor allem wenn es, wie bei den meisten Leuten, wenn auch nicht immer im Rahmen der Ehe, so doch im Rahmen der Liebe geschieht. Aber ich erhebe natürlich nicht den Anspruch, in Moraldingen kompetent zu sein."

„Jedenfalls ist es interessant, die Standpunkte zu vergleichen. Sie sind doch so viel gereist. Ist es wahr, was man über die amerikanischen Ehepaare erzählt: daß die Amerikaner nicht – zufriedenstellend sind? Daß ihre Frauen unbefriedigt sind und alleine auf Urlaub fahren?"

„Diese amerikanischen Frauen können nicht alles haben: ihre Befreiungsbewegung und zu Hause gleichzeitig auch glühende

Liebhaber. Ich glaube, es ist unvorsichtig, so zu verallgemeinern: das wäre wie dieses Märchen, daß alle Französinnen rothaarig sind. Aber ..."

Die Dame ist neugierig. Wir sitzen da und plaudern auf beinahe mondäne Art. Vor uns stehen Gläser mit hausgemachtem Johannisbeerlikör, und im Kamin prasseln Kiefernscheite. Wenn ich den Kopf hebe, bleibt mein Blick auf einer lichtüberfluteten „Klavieretüde" von Berthe Morisot hängen. Welches Recht habe ich, Geschichten über die Amerikaner zu erzählen? Ich erzähle sie dennoch. Meine Besucherin hat sich in einen Lehnsessel gekuschelt.

„Sie haben ihre Frauenklubs. Sie gehen aus. Der Ehemann hütet die Kinder. Die Frauen geben den Ton an. Sie sagen ihm oft: ‚Mein Liebling, du bist ein Nichtsnutz.' Zwei- oder dreimal betrügen sie ihn, und dann bemerken sie, daß die Männer alle ziemlich gleich sind. Da geben sie es auf und beschäftigen sich viel außerhalb des Hauses, um nicht mehr ‚daran' denken zu müssen. Sie werden aggressiv und gehen noch gerade rechtzeitig auf Urlaub auf die Antillen."

„Oh", macht die Dame, die schließlich „angebissen hat", wie man bei uns sagen würde. Ich fühle mich wie ein bedauernswerter Mensch, der übertreibt, um die Aufmerksamkeit seines Publikums zu erhaschen. Und dennoch ...

„Sie wissen, daß ich die Gewohnheit habe, für einige Wochen Urlaub auf den Karibischen Inseln zu machen", sage ich. „In den Hotels auf den kleinen Inseln hat es mich oft überrascht, die einheimischen Hoteldiener mit herrlichen amerikanischen Autos herumfahren zu sehen. Diese Männer erzählten mir von den reichen Amerikanerinnen, die herkamen, um sich da für zwei Wochen oder für einen Monat einzuquartieren. Sobald sie ankommen, ‚reservieren' sie den Mann ihrer Träume für die Dauer ihres Aufenthaltes und behandeln ihn gut. Das ist alles. Warum sollen diese jungen Leute nicht besser verdienen, wenn sie die Möglichkeit dazu haben? Schließlich kommen dabei ja alle auf ihre Rechnung."

„Maurice, Sie sind abscheulich", sagt die Dame. „Ich bin sicher, daß Sie mir das nur erzählen, um mich zu schockieren."

„Spielen Sie nicht das kleine Mädchen. Es ist nichts Neues, daß die Farbigen einen guten Ruf haben. Die verstehen es noch, zu tanzen, zu singen, zu bezaubern und zu erregen. Ihre Zeit hat nicht denselben Rhythmus wie unsere. Das Klima ist günstig. Die schönen blonden Frauen sind gesättigt, braungebrannt, sitzen in Liegestühlen mit Blickrichtung auf eine Bucht, in der fliegende Fische tanzen, und finden so ihr Gleichgewicht wieder. Sie essen gegrillten Hummer, halten nach den Blauwalen Ausschau, die manchmal bei Barbados oder St. Martin auftauchen, und entdecken dabei das Leben wieder. Abends trinken sie Punsch und tanzen. Sie versorgen sich für ein ganzes Jahr mit exotischem Glück. Wenn die Ferien vorbei sind, geben sie die gute Adresse ihren Freundinnen aus dem Klub weiter und nehmen als aktive zielstrebige Frauen und ausgeglichene Mütter wieder ihr altes Leben auf."

„Wenn man Ihnen so zuhört, möchte man meinen, daß das eine Lösung ist wie jede andere! Und daß die Ehemänner damit einverstanden sind!"

„Für diese Frauen ist es eine Lösung geworden. Und was die Ehemänner betrifft, die wollen nichts wissen. Er begeistert sich unterdessen für sein Büro, für die Fischerei, für Tennis. Er trinkt Whisky mit seinen Freunden. Die Sache mit Marilyn Monroe geht schief. Um zehn Uhr kann er für sein Glück nichts anderes mehr tun, als sich hinlegen und schlafen."

Die Dame sitzt nachdenklich vor den glühenden Scheiten. Bedauert sie ein wenig die moralische Tradition der Französinnen, die letztlich betrogen werden? Oder sinniert sie über den Zerfall der ausländischen Ehen?

Ich mache mir irgendwie Vorwürfe wegen dieses gerafften Berichtes über die amerikanische Frau, doch ich muß zugeben, daß das meine persönlichen Eindrücke waren. Dann ist das Feuer erloschen. Die Dame ist gegangen.

Heute erinnere ich mich auch an einen Eindruck von

Gesundheit, den ich oft beim Anblick junger amerikanischer Studentinnen hatte. Ich konnte ihnen ihre innere Freiheit an der Nasenspitze ansehen. Um ehrlich zu sein, ich vertraue mehr auf diese junge Generation. Sie ist aufgeklärt, frei von sexuellen Tabus wie auch von der Neigung zu Ausschweifungen, und ich glaube, hier entstehen glückliche Paare, die miteinander reden, die sich einander mitteilen können und die fähig sind, die Liebe gemeinsam zu genießen.

Einige Wochen nach dem Gespräch mit dieser Dame kommt ihr Ehemann zu mir. Ich kannte ihn oberflächlich seit vielen Jahren: es ist eine sogenannte gesellschaftliche Verbindung. Er kommt nur vorbei, um ein wenig zu plaudern, gibt er vor. Die Szene wiederholt sich: brennende Holzscheite, Johannisbeerlikör, unzusammenhängendes Gespräch. Dann:

„Mein lieber Mességué, waren das wirklich Sie, der Elise all diesen Unsinn in den Kopf gesetzt hat? Da kommt sie neulich ganz aufgeregt nach Hause und redet wirr über Amerikanerinnen im Urlaub, über die frustrierende Moral der Französinnen und über die Techniken in den Sexkliniken! Ich muß sagen, es sieht ihr gar nicht ähnlich, solche Reden zu halten! Die ganze Sache ist mir nicht aus dem Sinn gegangen. Hat Elise Ihnen vielleicht anvertraut, daß ich in letzter Zeit bei der Liebe ein wenig . . . vorschnell bin?"

„Nichts dergleichen."

„Nun, ich bin es! Ich sehe Sie mit all diesen modernen Problemen so beschäftigt, daß ich den Mut finde, Sie um Rat zu bitten. Ich weiß, daß es ihr angenehm wäre, doch ich wage schon seit langem nicht mehr, mich beim Vorspiel aufzuhalten, weil ich fürchte, meine eigene Befriedigung zu finden, noch ehe ich sie überhaupt richtig angerührt habe. Sie muß denken, daß ich mich verändert habe, schnell und brutal geworden bin. Ich tue so, als wollte ich es schnell hinter mich bringen, und als würde sie mich eigentlich nur mäßig interessieren."

„Was für ein unnötiges Mißverständnis! Nach zwanzig Jahren Ehe haben Sie die Freiheit verloren, sich einander mitzuteilen! Und dabei hängen Sie doch aneinander! Ich bin bestürzt, und gleichzeitig tut es mir leid. Ist es möglich, daß glückliche Ehen auf so dumme Weise zugrunde gehen?"

„Ich habe einige Bücher gelesen, ohne Elise etwas davon zu erzählen. Es ist darin von einer Technik des Zusammenziehens die Rede, um diese Angelegenheit mit der ... ejaculatio praecox zu vermeiden, die heute bei Männern anscheinend sehr häufig ist. Was halten Sie davon?"

„So wie ihre Beziehung zu Elise jetzt ist, kann ich es mir schlecht vorstellen, daß Sie mit einem technischen ‚Kniff' Erfolg haben, bei dem, Sie haben es gelesen, die Mitwirkung des Partners nötig ist. Ich kann nicht ernstlich glauben, daß ein Ehepaar, das Schwierigkeiten hat, das Glück der Kommunikation wiederfindet, indem man die Vorhaut abklemmt. Verwenden wir ruhig die richtigen Ausdrücke, wir sind ja unter Männern."

„Aber wenn die Technik verbessert wird ..."

„Meiner Meinung nach beginnt man nicht mit der Technik. Zunächst muß man zu einem neuen Ritual finden. Die Zärtlichkeit, die Worte, die Ruhe wiederfinden. Reden Sie mit ihr. Denken Sie an sie, an ihr Vergnügen, an das, was ihr Spaß macht, ohne an sich selbst zu denken. Auch nicht für einen Augenblick. Wenn das geschieht, was Sie befürchten, macht es nichts. Wetten wir, daß Sie es weniger eilig haben werden, wenn Sie am nächsten Tag mit ihr schlafen und dabei nicht mehr das drängende Bedürfnis danach haben. Und wenn Sie dann einen neuen Stil in die Beziehung gebracht haben werden, reden Sie miteinander über Ihre Probleme. Dann werden alle ‚Kniffe' gut sein. Vielleicht wird sie dann diejenige sein, die in Büchern danach sucht! Außerdem werde ich Ihnen Pflanzen geben, die ..."

„Werde ich ihr also gestehen müssen, daß ich mit Ihnen gesprochen habe?"

„Sagen sie ihr, daß diese Pflanzen für den Kreislauf sind. Später werden Sie gemeinsam darüber lachen ..."

Da sehe ich, wie dieser Mann, der mit gefurchter Stirn und gehetztem Blick zu mir gekommen war, der immer die Faust ballen mußte, wenn er mit mir sprach und sich im Fauteuil niemals ganz zurücklehnte, mit einem Lächeln auf den Lippen davongeht.

Einige Monate später treffen wir einander in der Silvesternacht auf einem Empfang. Sie kommen beide auf mich zu. „Danke für das glückliche Jahr, das kommen wird." Gemeinsam trinken wir den Champagner des Glücks. Ich bin zufrieden.

Die „Technik", um die „Liebeskrankheiten" des zwanzigsten Jahrhunderts zu heilen, das sind die Worte, die Ärzte wie Kranke am liebsten verwenden. Ist das nicht symbolisch? Im Zeitalter der Elektronik und der Atomkraft redet man ganz selbstverständlich von Technik statt von Liebe. In Amerika spricht man immer von der Technik der Narkose bei Impotenz. Oder von der nasalen Reflexotherapie. Alle „Techniken" haben sicherlich ihren Wert, doch ich glaube, daß ein guter Reflex, der zur richtigen Zeit ausgelöst wird, nicht soviel wert ist wie die Freuden der Liebe, die aus der langsam wachsenden Gemeinschaft zweier Wesen entsteht, selbst wenn diese Wesen sich noch mit Unvollkommenheiten herumschlagen müssen.

Um es rundheraus zu sagen, ich ziehe die guten, bewährten Pflanzen vor. Den Sexkliniken, diesen aseptischen Welten, in denen man Sie schmerzfrei von Ihrer Lust entbindet (obwohl ich ihren Nutzen für manche, die sich nicht anders zu helfen wissen, nicht leugne), setze ich die Kräfte des Frühlings und, untrennbar damit verbunden, die Kräfte der Liebe entgegen.

Wir haben uns nicht immer so viele Sorgen um unsere Sexualität gemacht. Ich habe mir sagen lassen, daß alle unsere Tabus, all dieses Schweigen zur Zeit Boccaccios oder Rabelais' nicht üblich waren. Man hatte nicht so viel Angst vor seinem Körper, man redete über Sex, und man schlief auf eine natürliche Weise miteinander. Dann kam die Verpflichtung, über diesen ganzen Teil des Lebens zu schweigen. Die Notwendigkeit, sich hinter der Fassade der Gesellschaft zu verstecken. Ich habe nicht die Absicht, diese Entwicklung zu analysieren.

Jetzt tauchen wir aus einem vierhundertjährigen Schweigen auf. Daher diese Explosion, dieser Drang nach Verrücktheiten. Mit lautem Geschrei wird der Sex wieder in seine alten Rechte eingesetzt. Er wird glorifiziert und – gepflegt. Wir planschen ein wenig im Meer der Gewohnheit herum und erweisen uns dabei sicher als sehr ungeschickt. Es wäre gefährlich, in diesem sehr künstlichen Übergangsstadium zu verharren, in dem die Worte der Ärzte zur wichtigsten Botschaft werden. Denn die wichtigste Botschaft ist doch: Finden wir wieder Zeit zur Liebe.

Wir selbst. Mit der Hilfe der Natur. Man muß ihre elementaren Regungen wiederfinden. Mit ihr verschmelzen. Man muß wieder ihren Atem, ihren Zauber spüren. Man muß auf der Lauer sein, wenn nur das Geringste in ihr wieder auflebt.

Ich versichere Ihnen, daß man bei den kleinen Dingen anfangen muß. Sie können sich nicht vorstellen, was Sie erwartet, wenn Sie gemeinsam Immergrün pflücken gehen, das neben dem Brunnen wächst. Oder blühenden Ginster voller Blütenstaub. Man müßte in der Natur beinahe immer barfuß gehen können, um von ihren geheimen Bewegungen, von dieser erdhaften Macht, die im Frühling erstrahlt, nichts zu versäumen. Man müßte seinen Kopf dem Wind, den Düften des Himmels entgegenstrecken, um sich keinen der vielen kosmischen Strahlen entgehen zu lassen. Und zwar gemeinsam: das ist das wesentliche Wort, in dem alles Glück liegt.

Sie werden sicher nicht versäumen, mir zu sagen, daß ich vergesse, an wen ich mich wende, nämlich auch an die Männer und Frauen in den Städten. Auf den Straßen wächst kein Immergrün, und in den Büros gibt es keinen Blütenstaub. Ich weiß, ich weiß . . . Aber wir sind schlau. Ich bin sicher, daß wir die Botschaften der Natur überall entschlüsseln können.

Ich erinnere mich an einen Spaziergang im Jardin du

Luxembourg in Paris. Ich beeilte mich, zu einer Verabredung zu kommen, und hatte eine Abkürzung gewählt. Ich ging schnell und schenkte meiner Umgebung wenig Aufmerksamkeit, denn meine Gedanken waren bei Geschäften, und ich fürchtete, mich zu verspäten. Plötzlich kam ein Windstoß und veränderte das Licht. Ich hob den Kopf. Da oben, auf den Kastanienbäumen, zitterten all die kleinen grünen Blätter, die gerade hervorsprossen. Der Duft der Geranien stieg mir zu Kopf. Überall zwitscherten die Vögel. Ich begann den ungeschickten Babys in den Alleen zuzuschauen und betrachtete voller Nachsicht die sonnenüberflutete Tour Montparnasse. Ich war sinnlos glücklich.

Man kann überall mit der Natur kommunizieren. Ein junges Mädchen, das in einem Kaufhaus zu meinem Stand mit natürlichen Schönheitsprodukten gekommen war, sagte mir:

„Würden Sie es glauben, Monsieur Mességué, auf dem winzigen Balkon vor meinem Mädchenzimmer habe ich eine richtige Plantage mit aromatischen Kräutern. Morgens riecht es bei mir nach Rosmarin und Basilikum, sobald ich das Fenster öffne."

Das Fest der Natur kann überall wachsen. In meiner Stadt Fleurance, in der ich Bürgermeister bin, habe ich verlangt, daß man die Fenster mit Blumen schmückt: das ist nicht nur ein Geschenk, das man sich selber macht, sondern wie ein Lied für die Vorübergehenden ...

Sonntags kann man, sogar zu Fuß, irgendwo hingehen, wo sich die Erde in Klumpen an die Schuhsohlen heftet, wie in einem Bauernhof, irgendwohin, wo einige Sträucher stehen, die die Jahreszeit verkünden.

Ich gehe anscheinend recht schnell von den Eheproblemen auf den Sonntagsspaziergang über, als wäre den unglücklichen Leuten besser geholfen, wenn sie sich einmal in der Woche die Schuhe beschmutzten, statt sich den Händen eines Papa-Arzt-Mechanikers, kurz, eines Sexologen, anzuvertrauen.

Ich tue das, weil ich mir diesen Spaziergang nicht wie den

Arbeitsdienst gewisser Ehepaare vorstelle, die ihre Kinder aus prinzipiellen Erwägungen ins Freie führen. Er geht voran, sie folgt mit den Jüngsten. Ich denke nicht, daß ein derartiger Ausflug wie eine natürliche Psychotherapie wirken kann.

Ich denke an den improvisierten Spaziergang, an ein verliebtes Beisammensein, während die Kinder, wenn Sie welche haben, bei der Großmutter oder bei den Pfadfindern sind. Jene Spaziergänge, bei denen man sich gehenläßt und so viele Tausende dumme und zärtliche Worte sagt, wie Grashalme am Wege stehen.

Wenn die Franzosen auch nicht ganz dazu bereit sind, sich vor Zuschauern wissenschaftlich „sezieren“ zu lassen wie die Amerikaner, so haben sie dafür einen Sinn für die kleine blaue Blume, und das ist eine vorzügliche Einleitung für die Liebe und für Liebesgespräche. Jene Gespräche, die zu einer Vermehrung des Glücks führen.

Weil wir gerade von der blauen Blume und von zärtlichen Spaziergängen sprechen, erinnere ich mich an ein anderes Naturerlebnis mitten in der Stadt. Es ist Juli. Gerade wird es Abend. Bis zur Abfahrt meines Zuges in der Gare d'Austerlitz bleiben mir noch einige Stunden. Ich beschließe, im Jardin des Plantes herumzuschlendern. Ich stoße die Gittertür zu einem winzigen botanischen Garten auf. Zu dieser Zeit ist niemand hier. Ich lasse mich auf einem Steinhaufen nieder. Darauf wächst ein ganzer Dschungel winziger Blumen. Ihre Kelche sind geschlossen, und ich kann kaum ihre Farbe unterscheiden. Ein sehr würziger Duft nach exotischem Laubwerk schlägt mir entgegen. In der Ferne murmeln die sommerlichen Geräusche der Stadt. Von Zeit zu Zeit brüllen Tiger in ihren Käfigen.

Ich stelle mir vor, wie ein Paar, das seinen eigenen Regungen aufmerksam folgt, nach dem Abendessen mitten in der Stadt ganz leise von einer Umgebung in die andere gleiten kann. Sie sind voller Nachsicht. Denn ein solcher Augenblick erhebt sie über den Alltag. In diesem Augenblick sollten Sie den Arm um die Schultern Ihrer Frau legen. Wie zufällig über ihre nackten

Arme streicheln. Den vergessenen Duft ihrer Haare wieder genießen. Auf zurückhaltende Weise mutig, und auf mutige Weise schwärmerisch sein. Auch wenn das sonst nicht zu Ihren üblichen Verführungsmethoden gehört! Hier haben Sie im Gegenteil die Gelegenheit, das zu ändern.

Ich ginge gerne so weit, Ihnen eine Übung in – sinnlicher Geometrie vorzuschlagen: folgen Sie während des Gesprächs den Bewegungen ihres Körpers. Doch in Wirklichkeit können Sie mit meinen Vorschlägen nichts anfangen, und ich will kein Kamasutra schreiben! Doch Sie sollen wenigstens wissen, wenn es einen Augenblick gibt, in dem Ihre Frau glücklich sein kann, daß es dieser hier ist, besonders dann, wenn sie Schwierigkeiten mit sich selbst hat! Sie weiß, sie hat nicht zu befürchten, daß Sie an einem öffentlich zugänglichen Ort mit ihr schlafen wollen. Die einbrechende Dunkelheit läßt sie sicher sein. Es ist die Zeit der Entspannung, der Wollust, des wenn auch stummen Zwiegesprächs. Zum Teufel jetzt mit der Sexologie. Lernen wir wieder zu lieben.

Liebe kann man auch essen

Für die Liebe ist die Ernährung sehr wichtig. Lachen Sie nicht! Alle, die zu mir kamen, um mir ihre sexuellen Probleme zu unterbreiten, habe ich früher oder später gefragt: „Was essen Sie?"

Ich habe mich mit vielen Männern und Frauen ausführlich über dieses Thema unterhalten, und daher weiß ich natürlich, daß sexuelles Versagen von der Angst herrührt, dem Partner und sich selbst minderwertig, enttäuschend zu erscheinen. Ich weiß, es wäre notwendig, ihnen das Vertrauen wiederzugeben. Dem einen das Vertrauen zu sich selbst, dem anderen das Vertrauen zu seinem Partner. Das ist nicht leicht.

Doch die Ernährung bietet uns einen Ausweg aus den Sümpfen der Psychologie. Jeder findet sich mit dem Gefühl, etwas überfordert zu sein, viel besser ab, wenn er einsieht, daß auch der Alltag und das moderne Leben nicht schuldlos an seinem Versagen sind.

Das ist kein Schwindel. Die Impotenz des einen und die Frigidität des anderen verlieren an Dramatik, wenn von so natürlichen Dingen gesprochen wird. Eheleute, die wegen ihrer sexuellen Unstimmigkeit nahe daran sind, einander zu hassen, und jedes Gespräch über ihre Ängste ablehnen, akzeptieren es, über Ernährung zu reden. Auf diesem Gebiet wittern sie keine Gefahr. Doch mir verrät es sehr viel.

Allein die Tatsache, daß sie bereit sind, über Speisen, über deren Zubereitung und über Gewürze zu reden oder einander dabei höflich zuzuhören, läßt mich hoffen, daß noch nicht jegliche Kommunikation zwischen ihnen erschöpft ist, denn sie teilen noch den Gedanken an die Ernährung miteinander. Ich halte es übrigens auch für ein gutes Zeichen, wenn sie sich gemeinsam an mich wenden, auch wenn sie einander anschnauzen, weil jeder das erste – und das letzte – Wort haben will. Die Tatsache, daß sie sich immerhin darin einig geworden sind, mich aufzusuchen, daß sie im Auto gemeinsam hergefahren sind, gemeinsam an meine Tür geklopft haben, all dies läßt mich hoffen, daß sie sich wenigstens beide von ihren Schwierigkeiten betroffen fühlen. Sie wissen, daß man zu zweit sein muß, um die Probleme eines Paares zu lösen.

Kurz: „Was essen Sie zum Frühstück?" sage ich zu dem Ehemann, der mit seiner Frau gekommen ist, um mich – wegen ihrer Scheidung um Rat zu fragen.

Er ist Holländer, ein nordischer Typ: ein schöner blonder Mann mit Schnurrbart. Helle Augen, vielleicht erinnern sie ein wenig zu sehr an Fjorde? Wahrscheinlich fünfunddreißig Jahre alt. Sie: sie kommt aus Avignon, sagt sie sofort. Sie ist lebhaft, brünettes Haar, ein lockiger Haarknoten fällt in ihren Nacken; großer, ziemlich provokanter Busen. Ich ertappe mich bei dem Gedanken, daß man ihr nichts wird vormachen können.

Meine Frage verblüfft ihn, und seine Frau antwortet ungeduldig für ihn:

„Kaffee natürlich . . ."

„Womit?"

„Mit nichts. Guten, starken schwarzen Kaffee; ich bereite ihn morgens selbst, das sagt alles!"

Er läßt sie wie ein Kind geduldig an seiner Stelle antworten. Daraus schließe ich schnell, daß sie diejenige ist, die in der Ehe den Ton angibt. Ich wende mich neuerlich an den Ehemann und fordere ihn mit meinen Blicken auf, mir zu antworten.

„Haben Sie seit jeher zum Frühstück nur schwarzen Kaffee getrunken?“

„Ja, das heißt ... nein. Sie werden lachen, vor meiner Ehe hatte ich immer ...“

„Also nein“, unterbricht seine Frau, „du wirst mir doch nicht wieder von deinem holländischen Getreidezeug erzählen?“

„Dabei wäre das nahrhafter, um einen Tag gut zu beginnen, Madame.“

Der Ehemann blickt mich überrascht an. Ermutigt fährt er fort:

„Das und eine Tasse hellen Tee.“

„Bravo. Ein leichtes, anregendes Getränk. Proteine. Sehr gut. Warum haben Sie Ihre Ernährungsweise geändert?“

„Nun ja ... Marianne hat gedacht ...“

„Ich habe gedacht, daß ich einen dickbauchigen Ehemann bekommen werde, wenn er sich weiterhin wie ein Baby ernährt, mit seinem Brei und seinem Tee mit viel, viel Zucker.“

Aha, sollte diese Sorge um die schlanke Linie ihres Mannes nicht eine Auswirkung ihrer eigenen Angst vor einer Gewichtszunahme sein?

„Und Sie, Madame, nehmen Sie ebenfalls nur starken Kaffee und sonst nichts?“

„Ja, denn wenn ich anfange, morgens ein ganzes Weißbrot zu verschlingen, dann wird es katastrophal! Es fällt mir jetzt schon schwer, nicht mehr als fünf Kilo Übergewicht zu haben!“

„Trinken Sie regelmäßig Alkohol, Monsieur?“

Wieder ist es Marianne, die antwortet. Langsam beginne ich das lästig zu finden.

„Das ist etwas, was ich ihm nicht abgewöhnen konnte. Seitdem meine Mutter ihn hausgemachten Pastis hat kosten lassen, trinkt er jeden Abend seinen kleinen Aperitif. Er sagt, daß ihn das nach der Arbeit in der Fabrik entspannt.“

„Trinkt er denn ganz allein?"

„Ja, denn ich hasse Alkohol."

„Kochen Sie gerne, Madame?"

„Ich tat es sehr gern, doch jetzt habe ich keine Zeit mehr dazu. Jetzt, wo die Kinder groß sind, habe ich wieder meine alte Stellung bei der Bank angenommen. Es war höchste Zeit, sein kleines Ingenieursgehalt etwas aufzubessern."

Sie sehen, wie das Leben eines Ehepaares sich durch den Trick mit der Ernährung plötzlich offenbart!

Sie zählt weitere Einzelheiten auf. Er hat aufgegeben. Ich weiß nicht einmal, ob er ihr jetzt zuhört. Er war mit dem Gedanken hergekommen, vielleicht wieder alles in Ordnung bringen zu können, mit der Hoffnung, sich verständlich zu machen, sich zu rechtfertigen, aus meinen Augen Hoffnung und Verständnis zu lesen. Doch sie hat ihn wie gewöhnlich übergangen, mißachtet, ausgelöscht. Sie hat ihm nicht erlaubt, seine holländischen Gewohnheiten beizubehalten: Er darf keine Vergangenheit haben, in der sie nicht vorkommt! Sie fürchtet, daß er zunehmen könnte, als könnte er dabei nur zu einem schlaffen und schweren Geschöpf werden. Sie ist überzeugt, daß er als Ingenieur keine glänzende Karriere gemacht hat. Ich gebe ihr in Gedanken zehn Minuten – dann wird sie voll Zorn herausschreien, daß er impotent ist. Und er wird ruhig und verzagt antworten: „Gut, lassen wir uns scheiden." Und sie werden mich nicht um das Antischeidungskraut bitten können.

„Also, wie spielt sich das Mittagessen ab?"

Ich sage mir, daß es das beste ist, Zeit zu gewinnen. Vielleicht fällt mir doch noch ein vielversprechender Weg ein.

„Er ißt in seinem Restaurant, ich in meinem."

„Und abends?"

„Schinken mit Salat. Kaltes Kalbfleisch mit Salat. Huhn mit Salat. Manchmal etwas Mayonnaise. Immer Gruyère-Käse."

„Gemüse?"

„Grüne Erbsen aus der Dose. Manchmal kaufe ich beim Fleischhauer zwei fertig zubereitete Artischocken."

„Und die Nachspeisen?“

„Oh! Meistens keine Nachspeise: Zucker ist schlecht. Kuchen meide ich. Eis hasse ich. Wenn Jean will, kann er Obst haben; es sind immer einige Grapefruits im Haus.“

„Mögen Sie keine Nachspeise, Monsieur?“

„Nun . . . Meine Mutter war eine gute Mehlspeisenköchin: sie war eine Holländerin, die stolz darauf war, alles zu Hause zuzubereiten. Ich mochte das . . . Doch ich glaube, es ist nicht sehr gut für die Figur, wie meine Frau sagt.“

Der Fall dieser beiden fängt an, sich als recht banal herauszustellen. Plötzlich packt mich die Lust, sie ein wenig zu schockieren.

„Essen Sie gerne irgendeine Kleinigkeit nach der Liebe?“ sage ich. Monsieur schaut Madame entsetzt an. Madame wendet den Blick ab. Schweigen.

Madame sagt endlich mit einem ruhigen Tonfall, der um so schrecklicher ist:

„Wenn er nur dann äße, würde er verhungern.“

„Das war nicht immer so, meine Liebe.“

Endlich richtet er sich in seinem Lehnstuhl auf.

„Es gab eine Zeit, in der ich nachher sehr gerne einen Rest vom Braten verschlungen habe. Mit einem schönen Stück Brot und einem Glas Beaujolais . . . Du warst übrigens immer wütend.“

„Das ist gut fünfzehn Jahre her.“

„Sie haben doch nicht vor fünfzehn Jahren aufgehört, mit Ihrer Frau zu schlafen!“

„Das wäre besser gewesen“, sagt die Frau. „Es ist eine echte Schinderei. Doch von Zeit zu Zeit verlangt er sein Recht, und ich fühle mich nicht in der Lage, ihn völlig auszuhungern.“

Diese Ausdrucksweise stimmt mich pessimistisch . . . Gleichzeitig denke ich mir, daß sie nicht zufällig verwendet wird. Habe ich Ihnen nicht gesagt, wie sehr die Ernährung mit dem Lieben zusammenhängt?

„Es wird schon werden.“

Sie betrachten mich fassungslos.

Ich rede weiter, denn ich bin entschlossen, sie aufzuwecken:

„Hören Sie, Sie stehen vor der Scheidung, weil Ihre Tafel genauso langweilig ist wie Ihr Bett. Und Sie sind beide daran schuld. Sie, Madame, wollen, daß er all Ihre Frustrationen mit Ihnen teilt; nicht schlank zu sein, nicht Milliardärin zu sein, nicht Abteilungsleiterin zu sein, nicht einen Mann zu haben, der Generaldirektor ist, nicht blond zu sein, was weiß ich ... Sie, Monsieur, gehorchen ihr wie ein Halbwüchsiger, der kein Selbstvertrauen hat. Sie geben auf, ohne zu kämpfen, ohne zu verstehen, Ihnen fehlt der aggressive Charme, den die Frauen ihres Schlags lieben. Sie sind alle beide dabei, die Lust am Zusammenleben zu verlieren. Ihr Speisezettel – wie langweilig! Ihre fertig zubereiteten Artischocken – pfui! Ihr kalter Aufschnitt jeden Tag – wie abkühlend."

„Wie ich schon sagte: lassen wir uns scheiden, wenn das so ist", sagt die Frau, doch ihre Stimme klingt plötzlich viel weniger aggressiv.

„Wie du willst, Marianne. Aber warum hast du mich dann gebeten, mit dir zu Monsieur Mességué zu kommen?"

Jetzt antworte ich:

„Um zu versuchen, die Dinge klarer zu sehen. Sie haben recht gehabt zu kommen. Ich werde Ihnen ein Rezept für Ihre Ehe verschreiben. Eine Behandlung, deren Anweisungen Sie drei Monate lang befolgen müssen.

1. Sie werden Ihren Aperitif jeden Tag gemeinsam einnehmen. Es ist kein Pastis, es ist ein ähnliches Getränk, doch ohne Alkohol. Sie werden dabei dasselbe Gefühl von Sonne und von Frische haben, auch diesen Anisgeschmack – doch ohne seine Nachteile. Madame, ich bin untröstlich, doch Sie werden diesen Aperitif selbst zubereiten müssen. An einem Sonntag vielleicht mit Ihrem Mann? Er als Ingenieur könnte über die Dosierung der Zutaten wachen und sie Ihnen mischen. Es wird eine Spur Enzian und viel Sternanis dazukommen.

2. Auf einem roten Tischtuch und auf weißen Tellern angerichtet, werden Sie grüne Suppen, rotes Gemüse und Orangensalat reichen. Wenn Sie einmal wirklich keine Zeit haben, bitte ich Sie, das Gemüse nur zu passieren, statt es zu einer Suppe zu kochen, oder es als Rohkost mit reinem Olivenöl und Zitronensaft angerichtet zu servieren. Essen Sie dazu unbedingt immer Gegrilltes, Fisch und Eier. Und bereiten Sie am Sonntag ein gutes Boeuf Bourgignone, Kalbsfrikassee oder einen guten Fleischeintopf. Sie haben doch keine Kinder mehr im Haus, warum haben Sie es da so eilig?
3. Monsieur, ich will, daß Sie Blumen zum Abendessen bringen. Nicht, um sie zu essen! Um sie gemeinsam zu betrachten, um die Tafel bunter zu gestalten. Ich empfehle Feldblumen oder einen kleinen Strauß Teerosen ...
4. Während des Essens kein Fernsehen. Doch ich bin nicht gegen musikalischen Hintergrund aus dem Radio.
5. Keinen Kaffee: er macht aggressiv. Er läßt die Männer versagen, und bei Frauen verursacht er Ringe unter den Augen. Wirklich. Voltaire nannte ihn sogar ‚das Getränk der Kapaune'.
6. Beinahe hätte ich es vergessen: Ich möchte, daß Sie abwechselnd das Abendessen zubereiten. Oder verstehen Sie nichts vom Kochen, Monsieur? Doch das würde mich wundern. Sie werden sich an die Handgriffe erinnern, die Sie in Ihrer Kindheit beobachtet haben, und Ihre Frau wird Ihnen helfen.
7. Ich möchte Ihnen nahelegen, Monsieur, nach der Liebe einen guten Happen zu essen, wenn Sie Lust dazu haben. Achten Sie in weiser Voraussicht beide gut darauf, daß im Kühlschrank irgendeine leichte Kleinigkeit bereitliegt. Der Schinken mit Salat aus der alten schlechten Zeit eignet sich ganz gut dazu. Mit schwarzen Oliven. An diesem Tag könnten Sie Ihrer Frau ein Tablett bringen. Für Sie: Grapefruits. Oliven, wenn sie welche mag. Ja doch, halten Sie einen Mitternachtsschmaus!"

„Monsieur Mességué, Sie bescheren uns ein lustvolles Bild von unseren Tafelfreuden. Nebenbei bemerkt, bin ich sehr wohl in der Lage, Ihre Verordnungen Punkt für Punkt zu befolgen! Und ich bin auch dazu fähig, Kerzen zu kaufen und sie beim Abendessen aufzustellen. Ich kann sogar ein anderes Kleid anziehen als mein Bürokleid. Doch welche Methoden verschreiben Sie, um unser Liebesleben fröhlich zu gestalten?"

Der Ehemann hat sich entspannt und wartet interessiert auf meine Antwort.

„Madame, wenn Sie sich fähig fühlen, meine erste Verordnung Punkt für Punkt zu befolgen und wenn Ihr Gatte sich ebenfalls für meine ‚Medikamente' interessiert, dann werden Sie keine weiteren Ratschläge mehr brauchen. Sie werden die Achtung voreinander wiederfinden, die Lebensfreude, die Zärtlichkeit. Das wird sie geradewegs dazu führen, einander zu lieben und miteinander zu schlafen!"

„Glauben Sie nicht, daß diese ‚Medikamente' etwas zu leicht und auch zu künstlich sind?"

„Nichts ist zu leicht, glauben Sie mir. Man darf die kleinen Details nicht verachten. Sie können sehr hilfreich sein, wenn man in der Ehe mit schlechten alten Gewohnheiten aufräumen will. Anfangs ist vielleicht nur der Wille zur Heilung da. Doch er entwickelt sich zu einem guten konditionierten Reflex. So kann man die alte, verschwundene Zärtlichkeit wieder heraufbeschwören. Man redet wieder miteinander, und vielleicht trifft man diesmal dabei den richtigen Ton. Ein wichtiger Punkt ist gute, wirklich gute Ernährung. Sie ist nicht ohne Einfluß auf unsere Gesundheit, unsere Lebensfreude, unsere Fähigkeit, uns zu entspannen. Miteinander zu essen ist wohl eine genauso wichtige Art der Kommunikation, wie miteinander zu schlafen. Und ich würde sagen, daß es uns wunderbar darauf vorbereitet."

„Aber wenn ich auf diesem Gebiet niemals ein Held war, werden einige Mahlzeiten in verführerischer Atmosphäre mich doch auch nicht zu außerordentlichen Leistungen aufstacheln!"

Wie schwer fällt es doch der menschlichen Natur, die Chancen zu ergreifen, die man ihr vielleicht bietet! Letzten Endes ist der Wille zum Leid stärker als der Wille zur Freude.

„Wer weiß, mein Lieber, wenn Sie eine weniger zänkische, nachsichtigere Frau hätten – kurz eine Frau, die sich wieder in jene verwandelt hat, die Sie damals heiraten wollten – und wenn Sie selbst aktiver und energischer geworden sind, wer weiß, ob dann in Ihnen nicht jene Reife und jenes Vertrauen hochsteigt, das Ihnen gefehlt hat? Wer sagt Ihnen, ob Sie, ermutigt durch diesen letzten Kampf, den Sie gemeinsam führen werden, nicht endlich etwas Vorstellungskraft, etwas Verwegenheit und Phantasie bekommen? Glauben Sie mir, diese starke Frau hat ihre schwachen Punkte. Entwaffnen Sie sie. Überraschen Sie sie. Ich kann Ihnen nicht verordnen, sie auf den Nacken zu küssen oder sie mit Zärtlichkeiten zu überschwemmen."

Die Frau lächelt und seufzt ein wenig. Er schaut sie an. Sie zuckt mit den Schultern wie ein Schulmädchen. Er schaut sie immer noch an.

„Nun", sagt er, „willst du dich scheiden lassen?"

„... außer wir gehen in Fleurance einkaufen", antwortet sie.

Damit wir alle Trümpfe in der Hand haben, gebe ich ihnen noch ein Rezept von meinem Vater: einen Absud, der die Spannkraft wieder belebt.

„Lassen Sie eine Handvoll Bohnenkraut und eine Handvoll Bockshorn zehn Minuten lang in einem Liter Wasser kochen. Mit diesem Präparat werden Sie die Wirbelsäule Ihres Mannes einreiben."

„Wozu?"

„Sie werden schon sehen ..."

Ich gebe ihr nicht „meine" Creme, die dieselben Bestandteile enthält. Ich spüre, daß diese Marianne die Pflegemittel für ihren Mann selbst zubereiten muß. Ich denke, daß besagter Mann sich gerne von ihr wird verwöhnen lassen. Ich glaube, daß es eine vorzügliche erotische Übung sein wird, die Wirbelsäule sanft mit Kräutern einzureiben oder sich massieren zu lassen.

Sie haben sich nicht scheiden lassen. Ich weiß es, weil sie mir geschrieben haben, um neue Pflanzen zu bestellen!

Wenn ich mich ein wenig bei der Geschichte dieses Ehepaares aufgehalten habe, dann deshalb, weil sie mir in jeder Hinsicht die Wichtigkeit zu symbolisieren scheint, die die Ernährung in den menschlichen Beziehungen und vor allem in den Beziehungen zwischen Eheleuten haben kann. Ich möchte ebenso nachdrücklich auf die aphrodisischen – dieses Wort ist nicht übertrieben – Eigenschaften gewisser Nahrungsmittel hinweisen. Und es wundert mich, daß die Frauen praktisch nie an diese Heilmittel für die Liebe denken, die sich in der Küche herstellen lassen. Aber es gibt auch Nahrungsmittel mit gegenteiliger Wirkung für jene, die unter der übermäßigen Glut ihres Partners leiden!

Knoblauch ist außerordentlich gut für die Liebe. Ich werde Sie nicht an die Lieblingsspeisen Heinrichs IV., dieses munteren Burschen, erinnern. Ich glaube übrigens, daß heute jeder die vielen Vorzüge des Knoblauchs kennt. Ich weiß, es gibt traditionelle Knoblauchanhänger, denen er einfach schmeckt. Andere kennen zwar seine zahlreichen Vorzüge, doch diesen einen kennen sie nicht und vergessen, ihn gehackt in alle, ich meine wirklich alle ihre Salate und auf gegrillte Steaks zu tun. Eine Knoblauchzehe gehört in Kartoffelpüree, in Spinat und in jedes Linsengericht. In jeden Braten und zu Hammelfleisch. Es schmeckt, und damit sage ich Ihnen nichts Neues, einfach köstlich. Viele Menschen verzichten auf Knoblauch, weil ein gewisser Geruch im Atem zurückbleibt. Gerüche werden heutzutage geradezu verbissen bekämpft. Wir können sicher sein, daß wir einander bald tatsächlich im wahrsten Sinn des Wortes nicht mehr riechen können! Diese Sorge, absolut geruchfrei zu sein, um das angebliche Wohlbefinden der Mitmenschen nicht zu stören, finde ich übertrieben und völlig unnatürlich. Natürlich hinterläßt Knoblauch einen gewissen Geruch. Nach der Mahlzeit kann man eine Kaffeebohne lutschen oder einen Petersilienhalm kauen wie einen Kaugummi; ich versichere Ihnen, das wirkt. Ein leichter Geruch, der auf Ihrer Haut noch daran erinnern könnte, verschwindet bald.

Kurz, dieses kleine Problem können Sie auf jeden Fall lösen. Essen Sie Knoblauch nur am Wochenende. Verwenden Sie größere Mengen davon in den Ferien, wenn Wind und Wasser Ihnen bei allem, was Sie tun, ihren Duft verleihen! Bohnenkraut wirkt wahre Wunder. Warum bestreuen Sie damit nicht Ihren Tomatensalat, Ihren Ziegenkäse, Ihre geschabten Karotten? Bohnenkraut macht Erbsen, weiße Bohnen und gebackene Kartoffeln unwiderstehlich.

Zwiebeln? Die Zwiebel war bei den Ägyptern ein richtiger kleiner Gott. Knoblauch und Zwiebel muß man so viel verwenden wie nur möglich.

Sellerie, bevorzugen Sie Sellerie. Essen Sie die Knolle, die Wurzeln. Geschnitten – geraspelt – roh – gekocht.

Knabbern Sie Fenchel. Ich kenne Leute, die dieses knusprige grüne Gewächs so sehr mögen, daß sie es bei ihren Spaziergängen in den Hügeln Südfrankreichs pflücken und ununterbrochen daran herumkauen. Fenchelknollen schmecken roh sehr gut. Wenn man sie gratiniert, schmecken sie sehr raffiniert. Fenchelzweige gibt man in Fleisch- und Fischsuppen, und Fische werden mit Fenchelkörnern gefüllt.

Die Eigenschaften des Fenchels sind übrigens schon lange bekannt. In der Antike verwendete man Fenchel als Medikament für alles.

Die Frau eines meiner Freunde hat mir das Silvestermenü beschrieben, das sie in Südfrankreich auf dem Land zubereitet hat. Sie hatte auf einem Hügel selbst die ersten zarten Fencheltriebe gepflückt, die sich im jungen Gras versteckten. Zu dieser Zeit ist die Erde noch mit Wasser vollgesogen, und wie durch ein Wunder wachsen an sehr versteckten Plätzen ganz kleine Frühlingspflanzen. Dann hatte sie Rosmarin nach Hause gebracht, der bereits blühte. Und auch wilde, neugeborene Minze.

„Sie haben Ihren Gästen doch nicht einen Liebestrank vorgesetzt?“ sagte ich lachend.

„Nein. Das war nicht meine Absicht. Ich habe Kartoffeln gewaschen, ich habe sie mit grobem Meersalz eingerieben, ich habe jede einzelne Kartoffel mit diesen drei Kräutern bestreut und in Aluminiumfolie gepackt und sie unter die Asche zum Braten gelegt. Wir haben sie mit einem Löffel frischer Sahne und mit gegrillten Rippchen gegessen. Alle haben sich noch eine Portion genommen.“

Ach ja, man vergißt die ganz einfachen, guten Sachen, die den Raum mit ihrem Duft erfüllen und einem das Wasser im Munde zusammenlaufen lassen. Ich könnte meiner Köchin einen leisen Vorwurf machen, weil sie drei starke Düfte miteinander vermischt hat, die sich gegenseitig auslöschen könnten. Doch ich kann mir vorstellen, daß der Duft von den drei Kräutern, die in der Glut erhitzt worden sind, den Zauber der vermischten Gerüche haben muß, die den Gaumen und die Nasenflügel erzittern lassen.

Das läßt mich an die Gewohnheiten eines verführerischen Junggesellen denken, der sich weigerte, das unvermeidliche Salzgebäck zum Aperitif zu servieren. In einer kleinen Schale aus Steingut reichte er ein ganzes Gebüsch von Selleriestäbchen. Er grillte eigenhändig Landwürste mit Rosmarin und servierte sie dann kalt und in Scheiben geschnitten in einer Salatschüssel aus Olivenholz. Er „behandelte“ seine schwarzen Oliven, indem er zwei Tropfen stark duftendes Olivenöl und zerriebenen Thymian dazugab. Und er versäumte nie, auf einer Platte frischen Ziegenkäse oder frischen, in Dreiecke geschnittenen und mit gehacktem Bohnenkraut überstreuten Schafkäse anzurichten. Dazu reichte er einen Krug Landwein, einen dieser Roséweine, die einem zu Kopf steigen und deren Namen man wissen muß – ich habe bei ihm mehr als ein Glas Ramatuelle getrunken –, und schon ist sein dörflicher „Cocktail“ fertig!

„Was sagen die hübschen Mädchen aus Ihrer Umgebung dazu?“ fragte ich ihn einmal.

„Sie lieben es. Sie denken, daß diese Art von ‚Küche' besser für ihre Figur ist als Alkohol und Whisky und das Mehl in den Keksen."

„Aber verdreht ihnen das den Kopf, so wie Sie es hoffen?"

„Das will ich meinen!" sagte er lachend. „Was, Mességué, gerade Ihnen soll ich etwas von der wunderbaren Wirkung des Bohnenkrauts erzählen? Heutzutage können die Mädchen einem Typ nicht widerstehen, der ihnen diese Naturprodukte zum Knabbern serviert. Sie stellen sich sofort vor, wie sie mit Ihnen zurückgezogen auf dem Lande leben, in Jeans Schafe hüten, sie sehen sich mit nackter Brust, wie die Heldin in den Comic-Strips, mit einer Haube à la Marie-Antoinette, die im Wind zittert, und mit einer Mohnblume zwischen den Zähnen. Sie können sich nicht vorstellen, wie empfänglich sie für den Traum von den Feldern sind, seitdem sie von der Natur abgeschnitten leben. Ich schmeichle mir, meinen Opfern die neue Romantik zu bieten. Ich erliege ihr selbst!"

Hinter dieser Spur von Zynismus steckt, Sie erraten es, eine Wahrheit, die man nicht wegleugnen kann. Man könnte dasselbe Gespräch wiedergeben, indem man so anfängt: „Eine meiner Freundinnen, die gerne Eroberungen macht . . ." Dann stellt sich der Mann seinerseits in Jeans vor wie ein Cowboy, mit einer Weste aus Schafleder wie ein Schäfer und sieht sich im Geiste um vier Uhr früh den Hund herbeipfeifen, um mit ihm den Sonnenaufgang betrachten zu gehen. Inzwischen bereitet ihm seine Liebste im umgebauten Bauernhof frisch eingesalzenes Schweinefleisch auf dem Herd, und wartet auf ihn . . .

Die Ernährung ist oft voller Erinnerungen aus der Kindheit und muß also, wenn man schon erwachsen ist, voller Träume sein. Die Speisen sollen gefallen, sollen verführerisch wirken, sollen Gefühle wiederbeleben. Es gibt heute sehr berauschende Ausdrücke: „frisch", „vom Bauernhof", „natürlich", „aus dem Gebirge", „von mir selbst gepflückt", „mit Körnern gefüttert". Diese Ausdrücke enthalten den ganzen Wert des Lebens, und sie bereiten einen wollüstigen Übergang zu den Werten der

Liebe. Dieses grundlegende Bedürfnis, zu den echten Nahrungsmitteln zurückzukehren, verrät meiner Meinung nach auch ein grundlegendes Bedürfnis danach, echte Gefühle wiederzufinden.

Stellen wir uns vor, daß ich Ihnen ein weichgekochtes Ei zum Frühstück vorsetze. Ich sage Ihnen: „Das Ei kommt von meinem Bauernhof. Es wurde heute morgen aus dem Hühnerstall geholt." Glauben Sie mir, Sie werden dieses Ei als Geschenk empfinden. Durch diese einfachen Worte habe ich angedeutet, daß es ein anderes Leben gibt als den eintönigen Trott von der Straßenbahn zum Arbeitsplatz und von dort nach Hause. Mit Ihrem Löffel öffnen Sie das Universum. Sie tauchen ihn in die Sonne. Sie lassen nicht nur das Leben auf der Zunge zergehen, sondern auch seine Umgebung. Und die Brotscheibe, die Sie in das Ei tunken, ist die Mühle aus Ihrer Kindheit, ist das Kornfeld aus Ihren Schulferien, ist das Geräusch des Butterfasses bei Ihrer Großmutter (oder Urgroßmutter)!

Natürlich will ich nicht sagen, daß Ihre ganze Aufmerksamkeit und Sorgfalt, daß all Ihre Bemühungen sich um die Bedeutung der Mahlzeiten drehen müssen ... Aber ich will sagen, daß die Ernährung im Alltagsleben ein gutes Mittel ist, sich einen eigenen Lebensstil und eine ganz persönliche Art der Liebe zu schaffen. Die Ernährung ist auch ein genaues Barometer. Denken Sie an Ihre Mahlzeiten, und Sie werden wissen, wie es um Ihre Ehe steht.

Ich kann natürlich nicht über Ernährung und über Liebe reden, ohne die heutigen Nahrungsmittel zu erwähnen, die einen Mann oder eine Frau verderben. Es ist mein Pflicht, noch einmal Alarm zu schlagen. „Das ist das Steckenpferd unseres Bürgermeisters", heißt es in Fleurance.

Die Nahrungsmittel werden gefärbt und entfärbt. Die Öle werden geruchfrei gemacht. Fleisch wird zarter oder fester gemacht. Kabeljau wird gebleicht. Gemüse wird grüner gemacht. Schinken wird gefärbt. Früchte werden mit Chemikalien bespritzt. Die Waren werden aromatisiert, versüßt und in Form gebracht. Obst und Gemüse reifen künstlich. Mehl und Zucker werden raffiniert. Man behandelt die Lebensmittel mit Ammoniak, Natron und Pottasche. Sie werden mit schwefelhaltigem Gas konserviert. Mit Vanille werden sie parfümiert. Honig wird mit schwefelhaltigem Stärkezucker gestreckt. Käse wird in Rotgift gehüllt. Es wird künstlich fermentiert. Mit Borsäure wird konserviert. Hühner werden mit Antibiotika vollgepfropft.

Ich muß sagen, in meiner guten Stadt Fleurance habe ich das Problem weitgehend gelöst. Allerdings nicht ohne Schwierigkeiten. Es war notwendig, alle davon zu überzeugen, daß ich auf dem richtigen Weg war und daß dabei jeder wirklich nur gewinnen konnte. Ich habe – nur keine falsche Bescheidenheit! – aus Fleurance die „Hauptstadt" der natürlichen Produkte gemacht. Wir haben die Regeln der gesunden Vernunft gemeinsam wieder erlernt: Das Ideal ist die Quantität und die Qualität. Qualität ist besser als Quantität und bringt genausoviel ein.

Soll ich so geschmacklos sein und einen Vergleich mit den Gesetzen der Liebe versuchen?

Die Natur läßt sich nicht unbegrenzt vergewaltigen. Als der Mensch die Chemie entdeckte, glaubte er, den Stein der Weisen gefunden zu haben! Und jetzt bemerkte er, daß er letztlich eher damit beschäftigt ist, Insekten zu vertilgen und den Schein zu pflegen – ich denke an all diese blöden, schönen, schimmernden und genormten Äpfel –, als damit, seinen Garten zu bebauen und dessen Wohltaten zu ernten und zu verkaufen. Wir beginnen langsam zu reagieren, doch man muß wohl zugeben, daß es den Stadtbewohnern schwer gemacht wird, allzu pedantisch zu sein. Man kann seine Zeit nicht auf der Suche nach diätischen Produkten oder der Adresse von – Fleurance verbringen. Doch man kann die Schäden wenigstens auf ein Mindestmaß beschränken, wenn man weiß, daß schlechte Ernährung gesundheitsschädlich ist und daß schlechte Gesundheit keine guten Liebespaare macht!

Setzen Sie lieber Ihren Fleischverbrauch herab, aber kaufen

Sie dafür Fleisch bei einem Metzger, der ein „Kalb von der Mutter" garantiert, Tiere, die auf Wiesen aufgezogen wurden. Dieses Fleisch ist vielleicht härter, das Kalbfleisch ist vielleicht weniger hell: das ist ein gutes Zeichen. Obwohl es verboten ist, werden die Tiere mit Hormonen geimpft, viele Kälber haben Leukämie, und unter solchen Umständen lohnt es sich wirklich, das Bessere zu suchen.

Es wird teuer sein: Sie müssen nur ein bißchen weniger Benzin und Tabak verbrauchen und völlig auf Alkohol verzichten. Es stimmt, ich habe leicht reden: Ich bin so sehr davon überzeugt, daß ich recht habe. Nehmen Sie sich in acht vor allzu roter, allzu bunter Konfitüre. Essen Sie eben weniger davon, aber wenn Sie welche essen, muß sie nicht nur „garantiert aus reinem Obst und reinem Zucker" sein, sondern auch noch „ohne Chemikalien und mit reinem Rohrzucker".

Versuchen Sie mit allen Mitteln, einen „Draht" herzustellen, über den Sie sich echte Bauerneier von Hühnern, die in Freiheit leben, beschaffen können.

Wählen Sie die kleinen Äpfel, die durch ihr Äußeres nicht bestechen. Ich kenne nichts Besseres als gesprenkelte Äpfel. Diese Sprenkel sind Schönheitsflecken wie bei hübschen Frauen. Doch sie duften nach dem Dachboden, wo man zu meiner Zeit die Winteräpfel schön trocken und gut gelüftet auf Gestellen aufbewahrte. Und jeden Tag mußte man die Äpfel nachprüfen gehen, und wenn einer beschädigt war, mußte man ihn entfernen, damit die anderen nicht faulten. Man mußte sehr gut darauf aufpassen, daß die Äpfel einander nicht berührten. Daß keiner von ihnen wurmstichig war. Dabei nahm ich immer die Gelegenheit wahr, zwei oder drei zu essen und mich davon zu überzeugen, daß sie wirklich ganz gesund waren! Und immer wählte ich diejenigen aus, die orange Backen hatten und von der Sonne gesprenkelt waren. Lange atmete ich den Duft ihrer Schalen ein. Es ist wichtig, Äpfel zu essen.

Essen Sie nichts Geräuchertes, ehe Sie nicht wissen, ob es

über einem Holzfeuer geräuchert wurde oder vielleicht gar mit Heizöl!

Wählen Sie nur solche Joghurte und Milchprodukte, die „natürlich“ sind und nicht „parfümiert“.

Versuchen Sie auf dem Markt einen Händler ausfindig zu machen, der rohe, aber kontrollierte Milch verkauft.

Beachten Sie, was auf den Konservendosen steht. Muß der Inhalt vor dem Kochen mit Wasser gespült werden? Das ist ein schlechtes Zeichen. Zögern Sie nicht, es den Vegetariern gleichzutun, und nehmen Sie Bierhefe und Weizenkerne, die aus nach den guten Prinzipien des biologischen Anbaus gezogenem Weizen gewonnen wurden.

Benützen Sie Ihren Urlaub dazu, einen Bauern kennenzulernen, der bereit ist, seine Kartoffeln und seine Zwiebeln, seinen Knoblauch, seine Karotten, seinen Kohl und seinen Salat mit Ihnen zu teilen, und dessen Produkte nicht mit chemischen Mitteln behandelt worden sind. Einigen Sie sich mit ihm über den Transport. Obendrein werden Sie auch noch einen Freund gewinnen.

Beinahe hätte ich es vergessen: Vergewissern Sie sich, ob die Kräuter, die Sie beim Kräuterhändler oder im Geschäft kaufen, nicht mit Hilfe chemischer Mittel gezogen wurden. Ein derartiger Hinweis muß auf der Packung angegeben sein.

Seien Sie anspruchsvoll beim Wein: Es ist unglaublich, wie viele Weinsorten gepanscht sind. Doch manche unbekannte Landweinsorten wurden davor bewahrt und stammen aus Weinbergen, die wie Babys verhätschelt werden. Das steht auf dem Etikett, da können Sie ganz sicher sein.

Halten Sie also die Augen offen, um zu leben.

Essen Sie weniger, und essen Sie besser. Langsamer. Indem Sie miteinander teilen. Indem Sie einander dabei in die Augen sehen. Die Ernährung bietet Ihnen Gelegenheit zu einem subtilen Kontakt mit der Natur, zu einer zarten Kommunikation mit Ihrem Partner.

Und da ich jetzt gut aufgelegt bin, und weil ich mir denke,

daß auch Sie versuchen werden, die Natur mit ihrer gesunden Vernunft wiederzufinden,. werde ich einige Herzkirschen pflücken gehen, o ja. Ich werde diejenigen nehmen, an denen die Vögel gepickt haben. Jene, die vor Süße beinahe platzen. Jene, die von der Sonne gewärmt in meiner Hand liegen werden. Und ich werde der Frau meines Herzens eine Handvoll roter Kirschen mitbringen. Vielleicht wird sie, wie die Freundinnen aus meiner Kindheit, vier davon auswählen und an ihre Ohren hängen . . . Es ist zauberhaft, wieder lieben zu lernen.

Die wahnsinnige Manie der Schlankheitskuren

Chemie hin, Chemie her, bei der Ernährung müssen wir uns wohl oder übel nach unserem Zeitalter richten! Aber müssen wir uns auch so eifrig, um nicht zu sagen mit Genuß, vergiften? Ich möchte über die verrückten Schlankheitskuren sprechen, denen sich die Frauen, doch manchmal auch die Männer unterziehen ...

Passen Sie gut auf: Des öfteren kommen Frauen zu mir und erzählen von Allergien, von Rückenschmerzen oder allen möglichen anderen Leiden. Nun sind ihre Beschwerden jedoch ganz geringfügig, sie leiden vor allem daran, sexuell unbefriedigt zu sein. Aber manchmal kommen sie auch zu mir, um ganz offen von ihrer sexuellen Unzufriedenheit zu erzählen, und da entdecke ich, daß dieses Übel ohne jeden Zweifel mit einer verheerenden Krankheit zusammenhängt: mit der Manie der Schlankheitskuren.

Die Manie der Schlankheitskuren kann selbst einen ehemals aktiven Vulkan frigid oder impotent machen!

Ich versichere Ihnen, harntreibende Mittel und Abführmittel sind sehr verdächtig. Hungerkuren und spektakuläre Abmagerungskuren sind ernsthaft zu verurteilen. Von den Aufputsch-

und Beruhigungsmitteln werde ich später reden; wenn Sie diese häufig anwenden, besteht die Gefahr, daß Sie ganz einfach schwachsinnig werden!

Vielleicht erschrecke ich Sie, vielleicht schockiere ich Sie, vielleicht mißfalle ich den Erzeugern, den Werbeleuten, den Apothekern und selbst den Opfern: Das ist mir egal. Man wird mir nicht sagen können, daß ich an diesem Tag, an dem der Himmel so blau ist und an dem ein so lauer Wind weht, nicht versucht hätte, die Wahrheit zu sagen.

Hier auf meinem Schreibtisch liegt ein Dokument, das die Manie der Schlankheitskuren leider sehr deutlich veranschaulicht. Dieses Dokument habe ich unter folgenden Umständen erhalten: Eine verzweifelte Mutter kommt in mein Büro:

„Monsieur, sehen Sie, was ich im Zimmer meiner Tochter gefunden habe, als ich nach einer Telephonnummer suchte. (Mütter haben immer den Drang, sich zu rechtfertigen, wenn sie die Nase in die Angelegenheiten ihrer Tochter stecken!) Es ist ihr ‚Abmagerungstagebuch'."

Ich wüßte nicht, warum ich das Tagebuch eines jungen Mädchens ohne dessen Einwilligung lesen sollte. Als die Mutter sieht, daß ich die Hand nicht danach ausstrecke, legt sie das rote Heft auf meinen Schreibtisch.

„Ich glaube, daß die Mädchen von heute alle eine Mannequinfigur haben wollen", sage ich.

„Ja, aber sie ist beinahe schon magersüchtig! Sie ist depressiv. Sie geht nicht mehr auf die Universität. Sie hat gerade ihre Verlobung platzen lassen, und sie wäre um nichts auf der Welt bereit gewesen, mit mir zu Ihnen zu kommen. Sie nimmt ihre Mahlzeiten seit mindestens drei Monaten nicht mehr mit uns gemeinsam ein, weil sie eine Schlankheitskur macht, die sie im Kreis der Familie angeblich nur schwer durchhalten kann. Sie weigert sich, zu einem Arzt zu gehen, weil sie angeblich nicht krank ist. Aber ich, ich sage: das ist nicht normal. Es wird noch ein Unglück geben. Hätten Sie vielleicht eine Idee?"

Ich bin immer ein wenig vorsichtig bei Müttern, die ohne ihre

Tochter kommen und eine dramatische Show abziehen. Es stellt sich dabei sehr oft heraus, daß sie über ihr eigenes Unglück reden. In solchen Fällen muß man zwischen den Zeilen lesen können und die Leute ganz vorsichtig wieder an die Wahrheit heranführen. Dabei sind sie oft leidenschaftlich und sehr rührend und machen sich aus dem geringsten Anlaß die größten Sorgen.

„Wie alt ist sie?"

„Zwanzig."

„Hat sie Ihrer Meinung nach sehr viel abgenommen?"

„Es ist nicht ‚meine Meinung', sondern die der Waage! In weniger als drei Monaten hat sie vierzehn Kilo abgenommen, und ich glaube, es geht noch weiter. Ihr Vater regt sich fürchterlich darüber auf, genau wie ich!"

„Das ist vielleicht nicht die beste Lösung!"

„Wir haben versucht, sie freundlich über ihr Essen, über ihre ‚Schlankheitskur' zu befragen. Wir haben geschrien und getobt. Wir haben ihr Bücher unter die Nase gehalten, die erklären, warum zum Abnehmen nicht jedes Mittel recht ist. Keine Reaktion. Die reinste Mauer."

„Und ihr Verlobter?"

„Neulich hat sie ihm durch die Tür gesagt, daß er sie anekelt. Der arme Junge ist seit vierzehn Tagen nicht mehr wiedergekommen."

„Haben Sie nicht versucht, die Sache friedlich zu regeln? Schweigend und mit Vertrauen?"

„Also hören Sie, ich bin nicht gekommen, damit Sie meine Erziehungsmethoden beurteilen, sondern damit Sie mir einen gesundheitlichen Rat geben. Ich glaube, Sie würden alles besser begreifen, wenn Sie das hier lesen würden."

„Einverstanden, Madame. Ich werde es lesen. Doch Sie werden Ihrer Tochter sagen, daß ich darauf bestehe, sie persönlich zu sehen. Und ich sage Ihnen gleich, daß ich ihr das Tagebuch zurückgeben werde."

„So wie die Dinge jetzt liegen, wird dabei auch nicht mehr

herausschauen, als eine weitere Szene ‚zu ihrem Besten' ... Aber Sie, der Sie von Vertrauen gesprochen haben, bewirken, daß die Arme nur noch weniger davon bekommt. Gestatten Sie mir, Ihnen zu sagen, daß Sie, auch Sie, ihr nur weh tun werden. Sie wird sich verraten fühlen, von allen verurteilt. Und all das, damit Sie ein ruhiges Gewissen haben!"

Ich gestehe, jetzt bin ich plötzlich befremdet und verblüfft. Ich will ein ehrliches Spiel spielen, und dabei verrate ich die Mutter und versetze der Tochter einen Hieb. Ich bin wütend, aber mein Entschluß ist gefaßt: Ziehen wir andere Saiten auf ...

„Reden wir nicht mehr vom Tagebuch, und hoffen wir, daß Ihre Tochter nicht auf den Gedanken kommt, es zu suchen! Lassen Sie es mir da, ich lese es und lasse mir etwas einfallen. Sie aber erzählen ihr, daß Sie mich wegen Ihrer Kopfschmerzen aufgesucht haben, daß Sie dabei jemanden getroffen haben, der Krankheiten mit Pflanzen kuriert, und daß Sie geglaubt haben, gut daran zu tun, für sie einen Termin zu vereinbaren. Stellen Sie es so an, daß sie wirklich kommt. Den Rest übernehme ich. Was die Geschichte mit dem Tagebuch betrifft, so wird mir schon etwas einfallen."

Ich sehe, daß die Mutter sich mit diesem Vorschlag zufriedengibt, und ich sage mir, daß ich, indem ich die Mutter beruhige, im Grunde der Tochter einen guten Dienst erweise.

Wie erwartet, ist Laurence einige Zeit später zu mir gekommen. Wir haben miteinander gesprochen. Sie hat Vertrauen zu mir gefaßt. Ich habe sie zur Einsicht gebracht, daß anständige Mahlzeiten für die Gesundheit wichtig sind. Auf meinem Schreibtisch haben wir mit dem Bleistift in der Hand gemeinsam auf einem Blatt Papier ausgerechnet, wie viele Kalorien notwendig sind und wie viele ausreichen, um ihr Idealgewicht zu erreichen. Wir haben eine Liste jener Nahrungsmittel zusammengestellt, die man niemals streichen darf: Proteine, Vitamine. Einmal im Monat muß sie mit verschiedenen Arten von Kräutertees ihre Schönheitskur halten, wie ich es genannt habe. Wir haben über vieles geredet. Über sie selbst. Über ihre

Mutter. Über ihre Kindheit, über den Verlobten. Schließlich habe ich ihr die Geschichte mit dem roten Heft gestanden, und ich habe es auf den Schreibtisch gelegt, damit sie es wieder an sich nimmt. Sie war nicht böse. Mit sehr viel Reife sagte sie mir lächelnd:

„Wenn meine Mutter es so leicht gefunden hat, dann wollte ich das zweifellos auch, denken Sie daran! Vielleicht war es mein Hilferuf in höchster Not . . . Ich bin froh, daß Sie sich nicht dazu verpflichtet glaubten, mich bis zuletzt anzulügen."

Ich war sehr bewegt. Obendrein hatte diese kleine Laurence irgend etwas Rührendes an sich. Sie hielt sich so krumm, als wäre es ihr unangenehm, Brüste zu haben, sie hielt den Kopf eingezogen, als hätte sie Angst vor den Schlägen des Lebens, und immer fiel eine blonde Haarsträhne über ihre Augen, als blickte sie aus den Tiefen einer Höhle hervor. Die Knie waren rund wie die eines molligen Schulmädchens. Ich wollte ihr helfen, ihr Spiel zu gewinnen, als wäre sie meine arme, kleine, kranke Tochter.

„Hier, Monsieur Mességué, behalten Sie dieses rote Heft. Ich muß meine Niederlagen nicht mitnehmen, wenn ich von hier weggehe. Wer weiß, vielleicht werden Sie es eines Tages verwenden können, um anderen zu helfen!"

So kann ich Ihnen heute dank Laurence, die jetzt wohl eine glückliche Familienmutter ist, einige Auszüge aus einem Tagebuch zu lesen geben, die sehr gut veranschaulichen, worüber ich sprechen will: die Abwegigkeit schlecht geführter Abmagerungskuren und ihre Folgen.

9. Januar: Also nein! Mit zwanzig Jahren achtundsechzig Kilo bei einer Größe von 1,55 m, das ist unerträglich. Ich verstehe gar nicht, wie ich mit Patrick verlobt sein kann. Entweder hat er Mitleid mit mir, oder er liebt dicke Mädchen, diese armen Geschöpfe, und das zeigt nur, daß irgend etwas bei ihm nicht stimmt.

Langsam werde ich boshaft. Aber es ist doch schon so, für die anderen ist immer Weihnachten! Enganliegende T-Shirts, Jeans, die über dem Hinterteil spannen, das ist nichts für mich. Für mich gibt es nur Matronengrößen, Kleider für werdende Mütter, ewig dieselben Hänger. Am liebsten würde ich alles, wirklich alles zum Teufel wünschen: Prüfungen, Liebesaffären, alles. Ich gebe mir drei Wochen, um fünfzehn Kilo abzunehmen. Nur keine halben Sachen: ich fühle mich zu allem fähig.

10. Januar: Es ist soweit, ich habe mir gerade eine Schlankheitsdiät ausgedacht. Wenn ich zu unserem Hausarzt ginge, würde er Zeter und Mordio schreien: „Aber, meine kleine Laurence, Sie sind doch bezaubernd, so wie Sie sind . . ." Was du nicht sagst! Verwenden wir also unseren klugen Kopf. Von heute an kein Salz mehr. Dafür aber viel Wasser, um diesen verdammten Organismus durchzuspülen, der es wagt, seinen eigenen Kopf zu haben. Ich kaufe dieses harntreibende Mittel, von dem meine Freundin Betty mir erzählt hat. Beseitigt mir das alles, und zwar schnell! Dieses Präparat scheint irgend etwas verdammt Starkes zu sein; man gibt es sehr oft Herzkranken, die nicht einen Tropfen Wasser zuviel haben dürfen, weil sie sonst ein Ödem bekommen.

Und hier mein Speiseplan. Zum Frühstück: schwarzer Kaffee, Joghurt ohne Zucker, ein kleiner Apfel. Mittags: ein Apfel und ein hartgekochtes Ei. Abends: 100 g mageres Fleisch und Salat. Ich werde nicht davon abgehen, und um ganz sicher zu sein, gehe ich ab morgen mit dem Geld, das ich in den Ferien für den Ankauf eines Mopeds verdient habe, selber einkaufen. Und ich esse auf meinem Zimmer. Ich werde es den Eltern erklären. Sie müssen verstehen, daß es unmöglich ist, im Kreis der Familie zwischen Tonnen von Butter, Sahne und Kuchen und bei Hammelkeule mit Bohnen eine strenge Abmagerungskur durchzuhalten. Ganz zu schweigen von den idiotischen Bemerkungen.

28. Januar: Ich halte immer noch eisern durch. Ich werde zusehends dünner: herrlich! Ich bin völlig erschöpft.

2. Februar: Ich mag nicht einmal mehr mit Patrick ausgehen. Er mault. Er sagt, daß ich ihm besser gefalle, wenn ich dick und lustig bin: was für ein Trottel! Ich möchte so viel schlafen, daß es schon verrückt ist, und gleichzeitig fühle ich mich fieberhaft aufgeregt. Bei vollem Bewußtsein gehen mir so etwas wie Alpträume durch den Kopf. Scheußlich.

10. Februar: Seit einem Monat halte ich durch. Hut ab! Aber ich fühle mich mehr und mehr in einer Art Abwesenheitszustand. Patrick versteht nicht, daß ich mich nicht mehr umarmen lassen will. Seltsam! Ich, die ich es liebte, mich von seiner Erregung mitreißen zu lassen, ich, die es mochte, wenn er mich umarmte und die ich mich als eine Tochter der Erde fühlte. Heute bin ich wie aus Holz. Oder eher ätherisch, nicht mehr von dieser Welt. Ich weiß nicht mehr, was das alles soll. Er beginnt sich Sorgen zu machen. Ich selbst mache mir nicht allzu viele: ich nehme ab. Das ist mein Traum . . . Nachher werde ich wieder von vorne zu leben anfangen.

16. Februar: Komisch, früher mochte ich die Uni, jetzt gehe ich nicht mehr hin. Sie scheint mir weit, weit im Nebel zu liegen, und ich fühle nicht die Kraft, Vorlesungen zu besuchen. Übrigens habe ich nicht einmal die Kraft, überhaupt auf die Straße zu gehen. Meine Energie reicht gerade noch, um alles Notwendige für meine Diät einzukaufen. Ich habe ein richtiggehendes Willenssystem entwickelt. Meine Kur fasziniert mich buchstäblich. Nichts könnte mich dazu bringen, damit aufzuhören. Es ist ein Gefühl, als würde selbst die Zeit in meinem Kopf stillstehen. Ich weiß nicht, ob es mich je wieder reizen würde, zu normaler Ernährung zurückzukehren. Patrick und meine Eltern sind zum Verzweifeln. Sie regen sich auf und begraben mich unter einem Haufen von Büchern und Kalorientabellen. Und sie beschimpfen mich sogar: „Geh doch, du bist verrückt!“ Aber ich pfeife drauf: ich nehme ab. Ich komme mir vor wie eine Heilige, obwohl meine inneren Visionen von hartgekochten Eiern etwas – mager sind.

28. Februar: Ich nähere mich meinem Ziel, den fünfzehn Kilogramm, die ich abnehmen wollte. Mir gehen etwas die Haare aus. Ich nehme an, weil ich praktisch nie mehr außer Haus gehe. Meine Vorräte kaufe ich für drei Tage im voraus. Patrick versucht es mit Zärtlichkeit, doch er widert mich an. Ich möchte schreien, sobald er mir in die Nähe kommt. Ich ertrage es nicht, wenn eine Hand mich berührt, wenn ein Körper mich streift. Es ist, als ob meine Haut sich dagegen wehrte, als würden meine Nerven an der Oberfläche liegen. Ich könnte Beruhigungsmittel brauchen. Ich finde überhaupt nichts Anziehendes mehr an ihm. Ich ertrage seine Stimme nicht. Ich werde ihm sagen müssen, daß ich unsere Verlobung löse, und ich werde seine Tränen und das Gebrüll meiner Mutter ertragen müssen.

4. März: Sehr schön, jetzt muß ich mich schon ins Bett legen, um mein Ziel zu erreichen. Ich kann mich kaum noch auf den Beinen halten, ich habe keine Lust mehr, irgend etwas zu lesen, und ich habe unsinnige Krämpfe. Ich muß mich kolossal zusammenreißen, um diese verdammten harten Eier zu kochen, und es fällt mir von Mal zu Mal schwerer, sie zu essen. Schon seit zehn Tagen kaufe ich kein Fleisch mehr. Auch keinen Salat. Das ersetze ich durch Äpfel. Ich träume nicht mehr von Butterbroten und von schöner heißer Schokolade mit viel Sahne. Niemals. Patrick wirkt auf mich wie ein ziemlich abstoßender Marsmensch. Wie werde ich sein, wenn ich all das hinter mir habe? Mager? (Was für ein Glück.) Neurotisch? (Na und?) Frigid? (Um so besser: dann wird es mir wenigstens nicht schwerfallen, eine alte Jungfer zu werden.) Ich glaube, ich bin dabei, ganz langsam mehr als die vorgesehenen fünfzehn Kilo zu verlieren. Ich schwebe. Ich schwebe im Raum und in meinen Kleidern. Und wenn ich komischerweise ganz langsam die Lust am Leben verlieren sollte, hm?

Hier endet das rote Heft. Ich glaube, es ist kein Kommentar dazu nötig. Man muß nicht Arzt sein, um zu begreifen, wie gefährlich eine salzlose Diät ist, die völlig unkontrolliert geführt wird, und wie verrückt es ist, harntreibende Mittel zu verwenden, die einen großen Teil der lebenswichtigen Stoffe aus dem Körper ausscheiden. Diese abwegige Hungerkur kann wirklich nur dazu führen, daß man nicht mehr essen, nicht mehr lieben und nicht mehr leben will.

Man könnte denken, daß die kleine Laurence nur deswegen so übertrieben hat, weil sie noch so jung war. Doch das ist ein Irrtum. Es gibt dreißig- und vierzigjährige Frauen, die plötzlich beginnen, sich entweder ausschließlich von Milch und Bananen zu ernähren, oder, je nachdem, welche von diesen unsinnigen Kuren ihnen besser gefallen, nichts als Fleisch und Gruyère-Käse zu sich zu nehmen. Und alle glauben sie, daß sie kein Salz essen dürfen und harntreibende Mittel und Abführmittel kaufen müssen.

Kennen Sie eine einzige Frau, die ständig von ihrer „Diät", von ihren kleinen Pillen, von ihrem Stuhlgang und von ihrer Leber spricht und die gleichzeitig auch voll Faszination an ihrem Liebhaber hängt?

Und kann, wenn wir ehrlich sind, diese Frau, die plötzlich eine Waage statt einer Seele in der Brust trägt, eine begehrenswerte Frau sein? Sie lehnt den kleinsten Tropfen Champagner ab, sie macht sich nichts aus getrüffelten Omeletten und ziert sich, wenn gratinierte Kartoffeln auf den Tisch kommen. Sie denkt nicht daran, Ihnen schöne Augen zu machen, und genausowenig will sie auch Ihre verliebten Blicke bemerken. Begehrlichkeit liegt ihr fern. Sie ist damit beschäftigt, die

Speisen auf ihren Kaloriengehalt einzuschätzen. Sie zählt und sie rechnet. Sie macht ein saures Gesicht, ihr Haar ist stumpf, ihr Bauch aufgebläht, ihre schlechte Laune sieht man ihr schon von weitem an, und manchmal hat sie auch schlechten Atem! Doch sie ist blind, und statt mit genießerisch geschlossenen Augen ein Schlückchen Kognak aus ihrem Glas zu trinken, wie sie es früher so schön konnte, bittet sie Sie jetzt mit niedergeschlagener Miene um die Erlaubnis, ihren Abführtee trinken zu dürfen.

Beruhigen Sie sich, meine Damen, ich könnte von den Männern, die Diät halten, ein genausowenig schmeichelhaftes Bild entwerfen; ich habe die Frauen nur als Beispiel gewählt, weil ich mich auf meine persönliche Statistik stützte, und Sie können sich sicher vorstellen, daß mich etwas mehr Frauen um Rat bitten als Männer.

Ich habe die armen Frauen, die eine Schlankheitskur halten, nur deswegen auf so abscheuliche Art beschrieben, weil ich sie zur Vernunft bringen will. Man hat die modernen Schlankheitskuren in Europa gezählt: Es sind über fünfhundert! Darunter muß doch zum Teufel eine einzige zu finden sein, die vernünftig ist und Ihren speziellen Problemen gerecht wird! Und unternehmen Sie doch vor allem nichts, bevor Sie nicht einen Arzt gefragt haben.

Ich selbst könnte Ihnen nicht sagen, welche Diät für Sie geeignet ist; ob es eine Fleischdiät, eine Diät ohne Milchprodukte oder eine mit wenig Kalorien sein soll. Aber ich beschwöre Sie: Nehmen Sie harntreibende Mittel auf gar keinen Fall ohne ärztliche Kontrolle. Und nehmen Sie selbst dann, außer in Fällen von krankhafter Fettleibigkeit, keine harntreibenden Mittel, die aus Chemikalien zusammengesetzt sind!

Mein Vater hätte verständnislos die Achseln gezuckt, wenn er alle diese Damen gesehen hätte, die einer Bohnenstangenfigur nachjagen. In seiner ungenierten Art hätte er es zweifellos gewagt, ihnen zu sagen: „Das sind nicht die Frauen, die eure Männer im Bordell auswählen würden, meine Kleine." Vor noch nicht allzulanger Zeit hielt man Mannequins bei uns auf dem Land für kränkliche Menschen, und die Burschen aus dem Dorf mochten einer weichgepolsterten Jeanne in ihrer weißen Bluse viel eher den Hof machen.

Ich wette, daß echte Männer eine geheime Vorliebe für vielversprechende Formen und für einen ganz, ganz leichten, provozierenden Hüftschwung haben. Als ließe sich die Natur voller List nicht in die Wohlanständigkeit der Kleider verpakken. Heute ist die Frau ein junger Mann in Hosen: sie ist weder Fisch noch Fleisch, sie ist ein Kamerad, dessen Eigenarten man mit Schlankheitskuren abgehobelt hat.

Aber da es sich nun einmal so entwickelt hat, fügen wir uns dem heutigen Geschmack, hinter dem sich übrigens wohl eine viel ernstere Entwicklung versteckt. Die Männer werden femininer, die Frauen werden maskuliner: Vielleicht entsteht daraus ein neues Einverständnis zwischen den Geschlechtern, ein Einverständnis, das unserer modernen Welt entspricht.

Also: die Zwiebel.

Meiner Meinung nach ist dies das einzig passende Wort, wenn man auf schonende Art eine schöne Figur erhalten will, denn es muß um jeden Preis verhindert werden, daß Sie aggressiv werden, Ihr seelisches Gleichgewicht verlieren oder einen spektakulären Rückfall erleiden. Rechnen Sie also mit einem guten Monat, bis Sie sich wieder im Badeanzug zeigen können.

Eine Zwiebeldiät kann auch eine belebende Kur für die Manneskraft Ihres Gatten sein. Hier haben Sie also einen guten Grund, um aus der Zwiebel einen Gast Ihres Hauses zu machen!

Die Zwiebel ist ein charmantes harntreibendes Mittel. Natürlich. Harmlos. Bereiten Sie sich jeweils für zwei Tage, nicht für länger, einen Saft aus gekochten Zwiebeln: eine große Zwiebel schneiden und in einen Kochtopf mit kaltem Wasser geben. Ungefähr eine Stunde langsam kochen lassen, bis die Zwiebel gar ist. Dann durchseihen und in einer Steingutschale in den

Kühlschrank stellen. Trinken Sie morgens nach dem Aufstehen und abends vor dem Schlafengehen jeder ein Glas davon. Haben Sie keine Angst vor dem Geruch: der Saft einer gekochten Zwiebel hinterläßt überhaupt keine Spuren. Wohlgemerkt: überhaupt keine.

Natürlich müssen Sie in diesem Monat alle beide jeden Tropfen Alkohol, alle Mehlspeisen und alles Gebratene meiden und den Brotverbrauch einschränken. Mein Vater ist nicht der einzige, der dieses Rezept kennt. Ich habe gelesen, daß Ärzte, die mit Pflanzentherapie arbeiten, es ebenfalls mit Erfolg angewandt haben.

Von meiner Urlaubsreise auf die Karibischen Inseln habe ich auch die Grapefruitkur mitgebracht, die jetzt bei den Amerikanern so modern ist. Dieses Rezept stammt nicht aus dem Departement Gers, wo ich geboren bin, und ich habe es auch nicht selbst erfunden ... Doch diese Diät gefällt mir wegen ihrer Natürlichkeit. Grapefruits sind sehr reich an Kalium, und sie scheinen das überflüssige Salz in unserem Organismus buchstäblich zu vertilgen! Dieses Salz ist die Ursache von starker Zellulitis. Die Dosis: einen Monat lang täglich drei halbe Grapefruits; eine halbe Frucht vor jeder Mahlzeit. Diese Kur scheint mir sehr human zu sein, auch wenn man mit Zucker, mit Fett und mehlhaltigen Speisen ein wenig maßhalten muß. Ich glaube, diese Diät wurde in vielen Frauenzeitschriften verbreitet, doch ich verstehe nicht, warum die Frauen sie so selten anwenden. Sie erscheint ihnen wohl zu einfach. Dabei hätten sie hier wieder Gelegenheit, diese harmonische Diät gemeinsam mit ihren Ehemännern zu halten. Obendrein ist der Anblick einer Frau, die eine Grapefruit ißt, eine sommerliche Vision, bei der einem das Wasser im Munde zusammenlaufen kann!

Dabei fällt mir ein Ehemann ein, dessen Humor mich sehr amüsiert hat. Er begleitete seine Frau. Sie kamen gerade aus dem Urlaub zurück, und weil sie ein wenig in meiner Gegend herumgestreift waren, hatte sie ihn gebeten, in Bazillac stehenzubleiben. Sie litt an chronischer Verstopfung und wollte einen Rat. Ich weiß sehr wohl, daß dieses Thema nicht so poetisch ist wie meine federgeschmückten Pfaue, die unermüdlich das Haus umkreisen, aber was soll's, das Leben ist eben so.

Der Ehemann erzählt selbst – mit Humor wie gesagt – die lange Leidensgeschichte seiner Frau. Wie übertrieben ihr Verbrauch an Abführtees, abführenden Sirups und an Abführtabletten ist. Wie er schließlich alle Werbeinserate zu diesem Thema für sie ausschneidet, damit sie sich informiert. Wie er alle Prospekte gesammelt und eine Mappe mit dem Titel „Die Verstopfung von Madame" angelegt hat. Wie er ihr von seinen Reisen Müsli oder Magnesiumsalz als Geschenk mitgebracht hat. Wie er ihr Pflaumensaft für Babys kauft, statt ihr Rosen zu schicken, und literweise gepreßte Grapefruits, als wäre es kostbarer Champagner.

„Meine Frau ist ein raffinierter Darm", sagt er lachend.

Die Frau beginnt ebenfalls zu lachen. Die beiden scheinen wenigstens keine ernsten Probleme zu haben: Die blauen Augen des Mannes funkeln listig-vergnügt. Die Frau ist sehr anziehend und hat, obwohl man das Gegenteil hätte erwarten können, einen frischen Teint. Sie betrachtet ihn halb ärgerlich, halb mit Vertrauen und wartet auf meine Antwort.

Ich schreibe auf ein Blatt Papier mein traditionelles Rezept, bei dem man Artischocken, Kamille, Zichorien, Kohl, Winde, Malven, Zwiebeln und Veilchen vermischt, um Hand- und Fußbäder daraus zu bereiten.

„Wie poetisch das ist", sagt die Frau.

„Es ist ein Gedicht", sagt der Mann.

„Überfallen Sie Ihre Gedärme niemals wieder so wie bisher, Madame. Es ist bekannt, daß der Mißbrauch von Abführmitteln schädlich ist und schreckliche Folgen hat. Ich empfehle Ihnen Backpflaumen, die im eigenen Saft gekocht worden sind, Spinat von Zeit zu Zeit, ein wenig Schrotbrot, nicht zuviel Zucker, und vor allem keine Renetteäpfel nach dem Aufstehen und vor dem Schlafengehen.

Als sie mich verließen, wirkten sie sehr zufrieden. Meine „Rezepte“ gehörten mit zu ihren Urlaubsfreuden, und sie nahmen den Gedanken an alle diese Pflanzen, mit denen man sich gesundpflegen kann, mit sich wie einen frischgepflückten Blumenstrauß.

Diese Geschichte weist eher darauf hin, daß die kleinen Übel des Lebens zwei Menschen, die einander lieben, nichts anhaben können – und daß die Dame vielleicht ein wenig Theater gespielt hat! Aber seien wir trotzdem vorsichtig: Für uns alle ist es wichtig, daß wir uns in unserer Haut wohl fühlen. Das macht uns nachsichtiger mit unseren Nächsten. Für uns alle ist es wichtig, in erster Linie auf unsere körperliche Gesundheit zu achten, nicht auf unsere Schönheit. Dann werden wir, sozusagen als Draufgabe, obendrein noch schön ...

Wie soll man jemanden von ganzem Herzen und mit allen Fasern seines Körpers lieben, wenn man von sinnlosen und dummen Schmerzen geplagt wird? Wie soll man da alle Lebensquellen ausschöpfen? Wie soll man diese Quellen jemandem darbieten, wenn man sie im Gegenteil mit absurden Schlankheitskuren zerstört? Warum sollen wir die phantastischen chemischen Prozesse unseres Körpers mit einer anderen Chemie, die ihm viel weniger angepaßt ist, durcheinanderbringen?

Männer, die Schlankheitskuren machen, klagen bei mir oft über Kolitis und Impotenz. Sie sind wirklich bedauernswert. Niemals gelingt es ihnen, ihre Schlankheitskuren ganz durchzuhalten: Sie müssen mit Geschäftsfreunden essen gehen. Sie müssen mit ihnen ein Gläschen trinken. Sie verlassen ihren Wagen kaum. Sie gehen nie mehr zu Fuß eine Treppe hoch. Sie nehmen kochend heiße Bäder, um sich zu entspannen und stellen sich nie mehr unter eine belebende lauwarme Dusche. Wenn sie einen Urlaubstag haben, essen sie eine doppelte Portion Kuchen und halten bis fünf Uhr nachmittags Siesta. Dann setzen sie sich in ihr Auto und drehen eine Runde in der Natur. Eine Stunde später wird mit den Resten vom Mittagessen aufgeräumt („Ich werde das alles doch nicht wegwerfen!“ sagt die Ehefrau). Die Bohnen werden wieder aufgewärmt. Man verzehrt die Reste vom Mandelkuchen, den Freunde mitgebracht haben, und trinkt den letzten Bordeaux. Dann setzt man sich wieder ins Auto und schnauzt die Ehefrau an, weil sie unpünktlich ist. In der Dämmerung fährt man ab. Man fällt ins Bett wie ein Toter, denn „unglaublich, wie einen die frische Luft fertigmachen kann“. Wirklich eine schöne Landpartie!

Am nächsten Tag steigt man auf die Waage und schimpft: Glatt ein Kilogramm zugenommen! Vorwurfsvoll betrachtet man das Sauerkraut auf dem Mittagstisch. Dennoch langt man kräftig zu, denn angeblich ist die Ehefrau sonst böse.

„Wie soll ich da an Liebe denken?“ sagte einer dieser typischen französischen Männer. „Meistens fühle ich mich schwer und müde und habe den Kopf voller Sorgen. Der Tag vergeht, und ich denke: Hoffentlich schlafen wir heute gleich ein. Was soll man tun, um bei so einem Leben nicht langsam auszulöschen: Ist das Alter daran schuld?“

Ich erinnere mich an unser Gespräch.

„Sie sind vierzig Jahre alt und wissen genau, daß es nicht das Alter ist, das Sie in jeder Hinsicht so schwerfällig macht. Übrigens ist es nicht eine Frage des Alters, wenn man seine Lebensfreude verliert. Ihre Gewohnheiten haben Sie vergiftet: Ändern Sie sie. Sie müssen richtig atmen lernen; bewegen Sie sich, singen Sie, essen Sie vernünftig, und nehmen Sie keine Medikamente mehr, die nicht der Arzt Ihnen verschrieben hat, sondern die Sie sich selbst ausgedacht haben. Entspannen Sie sich. Hören Sie Musik. Gehen Sie spazieren. Essen Sie langsam und mit dem Bewußtsein, langsam zu essen.“

„Meine Frau würde staunen. Ich möchte wetten, daß sie nicht aufhören würde, mir ununterbrochen Fragen zu stellen. Zuerst würde sie ganz neugierig sagen: ‚Was ist denn mit dir los?‘ Dann würde sie sich sehr schnell Sorgen machen und mir vorwerfen, daß ich mich in ein Büromädchen verliebt habe.“

„Sie beginnen schon zu verstehen. Ihre Frau wird zunächst

neugierig sein. Das bedeutet, daß sie aufhorcht, aufmerksam wird. Sie wird Ihnen ungewohnte Fragen stellen. Geben Sie also zu, daß Sie Ihr Verhalten wieder an das wahre Leben heranführen wollen, an das echte Leben, in dem man miteinander redet und seine Meinungen austauscht. Das wäre also ein erster positiver Aspekt. Dann wird sie Ihnen vorwerfen, daß Sie sich in ein Büromädchen verliebt haben! Das beweist, daß Ihr neuer Lebensstil nur zur Liebe führen kann; Ihre Frau hat das rein instinktiv erfaßt. Sie werden sie also aufklären müssen: Sie haben Ihr Leben nicht einer anderen Frau zuliebe geändert, sondern für sie allein."

„Aber wohin hat sie selbst sich entwickelt, während ich so dahingedämmert bin?"

„Bei dieser Gelegenheit werden Sie es erfahren! Und Sie, lieben Sie Ihre Frau immer noch?"

„Ich habe sie niemals betrogen. Aber sexuell gesehen war es nie der Himmel auf Erden."

„Weil Sie sich ab Ihrem zweiten Ehejahr zu diesen ‚Albernheiten', wie Sie es wohl nennen, keine Zeit mehr genommen haben und Ihre Frau zu ihren ‚ehelichen Pflichten' wohl auch nicht."

„Ja, leider, das stimmt ungefähr!"

„Finden Sie, daß sie hübsch ist? Begehrenswert?"

„Sie hat stark zugenommen, genau wie ich. Aber sie hat immer noch herrliches Haar. Sie kleidet sich sehr gut."

„Führen Sie Ihre Frau in ein Restaurant und dann ins Kino oder umgekehrt. Legen Sie auf dem Heimweg den Arm um ihre Schultern. Küssen Sie sie auf den Mund. Machen Sie ihr ein gewagtes Kompliment über ihr herrliches Haar. Erzählen Sie ihr von einem Kleid, das Ihnen in einem Schaufenster aufgefallen ist. Und vor allem, schlafen Sie an diesem Abend. Nichts anderes. Das Ganze soll einzig und allein dazu dienen, ihr Freude zu machen, ihre Neugierde zu wecken und ihre Gedanken und ihre sinnliche Phantasie auf Ihre Person zu lenken."

„Und wenn sie mich ... wütend zurückstößt?"

„Dann werden Sie wissen, welche Entwicklung Ihre Frau durchgemacht hat, während Sie geschlafen haben! Aber Sie werden mit ihr reden, Sie werden ihr alles erklären. Bei mir haben Sie doch auch die richtigen Worte gefunden. Sie wird offen zu Ihnen sein. Sie werden wissen, woran Sie sind. Sie werden Sie genauso überzeugen wie vor fünfzehn Jahren. Dann werden Sie Bilanz ziehen. Sie werden gemeinsam über ihre Neigungen und ihre Frustrationen reden. Ein offenes Gespräch ist selbst dann, wenn es ein wenig bitter wird, besser als Schweigen."

„Ich bin niemals ein großer Verführer gewesen, auf keinem Gebiet."

„Sie erwartet ja nicht, daß Sie Ihr Naturell völlig verändern! Sie hat sogar schon seit langer Zeit darauf verzichtet. Das Wenige, das Sie tun, wird eine wohltuende Überraschung für sie sein."

„Und meine Kolitis?"

„Essen Sie weniger Fleisch; essen Sie eher Fisch und grünes Gemüse und trinken Sie Tee aus Sternanis. Gehen Sie viel in frischer Luft spazieren. Trinken Sie keinen Alkohol. Lassen Sie sich Zeit bei allem, was Sie tun. Merken Sie sich eines: Die beste Diät ist, sich Zeit zu lassen."

Auch die Männer müssen geleitet werden. Sie beurteilen die Dinge so falsch, daß man es kaum für möglich hält. Dabei sind es Ingenieure, Wissenschaftler, Intellektuelle und Handwerker, die täglich mit der Realität des Lebens konfrontiert werden. Sie sind immer bereit, die verrückten Ernährungsgewohnheiten ihrer Gattin und den Verfall ihrer Familie zu kritisieren, und dabei können sie unerträglich sein und voller Vorurteile stekken. Sie neigen zu kindischen Ängsten und haben Primadonna-Allüren. Sie sorgen sich ununterbrochen um ihre Männlichkeit und um ihr Alter, und es macht sie wütend, daß sie Anstrengungen auf sich nehmen müssen, um sich zu ändern. Sie möchten lieber die Fassade und nicht das Wesentliche retten.

Bei allen Eheproblemen ist es also das beste, beide, den Mann und die Frau, zusammenzubringen und auf irgendeine Weise ein Gespräch herbeizuführen.

Um wieder auf die verrückten Schlankheitskuren zurückzukommen, die wie eine Krankheit früher oder später traumatisierend wirken, den Sinn für Realität und auch die Gesundheit untergraben und das Interesse an der Sexualität vermindern, möchte ich sagen, daß sie aus dem Leben der Paare verbannt werden sollten. An ihre Stelle muß eine gesunde, vernünftige Küche treten, die die Sinne belebt. Ich rede natürlich nicht von jenen Menschen, die eine ärztliche Diät einhalten müssen ...

Jeder Entschluß zu einer vernünftigen Schlankheitskur sollte mit der Familie besprochen werden. Jeder könnte Vorschläge bringen, Einwände machen, jeder würde helfen, und alle würden davon profitieren. Ich stelle mir vor, wie in einer idealen Partnerschaft der eine die Lebensmittel prüft und der andere sich ein Rezept für eine gute, natürliche Mahlzeit ausdenkt. Ich stelle mir die Übereinstimmung dieses Paares vor, sein Lächeln, seinen Humor. Ich fühle mich wie ein echter Jean Jacques Rousseau! Die Ehe ist an sich gut, doch das moderne Leben hat sie verdorben ... Die Lösung: Leben Sie in jeder Hinsicht so natürlich wie nur möglich, und zeigen Sie Ihre Liebe mit Worten und mit Taten.

Mit dieser Philosophie, die allen Eierköpfen banal erscheinen mag, könnte ich dieses Kapitel abschließen, doch ich will noch einige Gedanken über die berühmte „Pille" niederschreiben. Jawohl, ich mische mich in etwas ein, was mich anscheinend nichts angeht. Denn die Frauen wollen mir manchmal unbedingt das in den Mund legen, was sie selbst hören möchten. Und sie greifen mich an meiner verwundbaren Stelle an.

„Monsieur Mességué, erzählen Sie mir nicht, daß Sie, ein Anhänger der Natur und der Pflanzen, für die ‚Pille' sind."

„Ich bin dafür, die Probleme der Menschen mit allen vorhandenen Mitteln zu verringern. Ich bin Realist. Außerdem kenne ich keine empfängnisverhütenden Pflanzen ..."

„Aber Sie entrüsten sich doch darüber, wie viele kriminelle Medikamente es gibt, die . . ."

„Meine Liebe, ich habe gelernt, Probleme nach ihrer Wichtigkeit einzustufen. Meiner Meinung nach ist etwa eine Abtreibung schlimmer als die Einnahme dieser notwendigen Chemikalien, auch wenn in dieser Angelegenheit wieder einmal mit Kanonen auf Mücken geschossen wird. Und die Antibabypille führt oft zum Glück. Es gibt unglaublich viele Frauen, die wegen ihrer Angst vor einer Schwangerschaft vom Glück buchstäblich abgeschnitten sind. Ich weiß, die ‚Pille' ist rezeptpflichtig, und damit besteht nicht die Gefahr, daß die Frauen sie ohne ärztliche Kontrolle einnehmen, wenn sie in einer Notsituation versuchen sollten, sie sich mit allen Mitteln zu beschaffen. Dennoch erlaube ich mir nur selten, den Frauen dieses Mittel vorzuschlagen. Doch wenn eine Frau, die die ‚Pille' nimmt, mich um Rat fragen kommt, dann versuche ich mich in ihren seelischen Zustand hineinzuversetzen. Oft hat sie sich eine Unzahl kleiner Beschwerden ausgedacht, denn innerlich lehnt sie sich gegen diese vielen Hormongaben auf. Weder sie noch ihr Mann haben es verstanden, das Glück auszunützen, das aus dieser Befreiung hätte entstehen können. Sie kommt nicht davon los, die ‚Pille' als Arzneimittel zu betrachten."

So war es bei einer noch jungen Ehefrau, die dennoch unbedingt glücklich sein wollte. Nachdem sie hintereinander zwei Kinder bekommen hatte, nimmt sie heute die „Pille".

„Was nützt es mir?" sagt sie. „Ich habe das Gefühl, daß ich mich für nichts und wieder nichts mit Hormonen vollstopfe und vergifte. Ich habe genausowenig Freude an der Liebe wie früher, als ich pausenlos davor zitterte, noch ein drittes Kind zu bekommen."

„Und Ihr Mann?"

„Nicht mehr und nicht weniger als zuvor. Außer daß er seinen Forderungen ein weiteres Argument hinzufügen kann: ‚Diesmal kannst du mir nicht erzählen, daß der Zeitpunkt gefährlich ist!' So wirkt das Ganze wie eine Verpflichtung . . ."

Sie macht ein saures Gesicht und nestelt an ihren krausen Löckchen. Ihre schönen Augen sind sehr klar und sehr traurig.

Sie hat einen resignierten Charme. Ich betrachte sie weiter: Sie trägt einen Faltenrock, eine geblumte Bluse unter einem Pullover und Mokkasins. Sie ist überhaupt nicht geschminkt.

„Haben Sie je daran gedacht, Brigitte Bardot zu sein?"

„Was?"

Mit meiner Frage habe ich sie verwirrt. Ich glaube sogar, daß sie beinahe an meinem Verstand gezweifelt hat.

„Sie haben jetzt die Möglichkeit, ohne Angst mit Ihrem Mann zu schlafen. Doch für Sie ist das nur etwas Negatives: ‚Wenigstens werde ich nicht mehr schwanger.' Und Sie fügen niemals den positiven Aspekt hinzu: ‚Ich kann die Liebe mit meinem Mann sorgloser genießen.' Sie kleiden sich wie eine brave Internatsschülerin. Und dabei ist fünfundzwanzig ein Alter, in dem man in Hochform ist. Ihr Anblick sollte Freude machen."

„Dabei liebe ich meinen Mann, und er liebt mich", gibt sie etwas kühl von sich.

„Aber Sie wollen von mir wissen, warum Sie wie aus Eis sind . . ."

„Eigentlich bin ich nur gekommen, weil meine Mutter es mir geraten hat. Sie fand, daß ich depressiv bin und dachte, daß die Pflanzen vielleicht . . . Ich weiß nicht, wie ich dazu gekommen bin, Ihnen von meinem Eheleben zu erzählen!"

„Weil das zweifellos der Grund für Ihre seelische und körperliche Erschöpfung ist."

„Kurz, Sie finden, daß ich auf meinen Mann nicht sehr . . . anziehend wirke."

„Warum wollen Sie Ihre alten Gewohnheiten beibehalten, die Sie vor dem Begehren Ihres Mannes schützen sollen? Warum sind Ihre Beine so unauffällig, warum ist Ihre Brust so versteckt, Ihre Silhouette so unförmig, Ihre Garderobe so langweilig? Jetzt könnten Sie endlich Sie selbst sein . . . Wie waren Sie vor Ihrer Ehe?"

„Wie ein amerikanisches College-Girl. Ich glaube, ich habe ziemlich lustig ausgesehen."

„Das ist aber schon lange her!"

Meine Ehrlichkeit machte sie plötzlich locker.

„Ich kann mich doch heute nicht mehr als kleines Mädchen mit Kniestrümpfen verkleiden!"

„Ziehen Sie enge T-Shirts an, Jeans, Miniröcke, was weiß ich. Ich habe den Eindruck, daß Sie sich alles erlauben können. Nehmen Sie Ballettunterricht, zum Beispiel. Entfalten Sie sich. Lernen Sie wieder, sich zu bewegen. Ich wette, Sie haben auch die Freude am Rhythmus, an der Musik verloren. Sie sind wie festgefroren im Leben."

„Wozu das alles? Damit François mich begehrt? Die Zeiten sind vorbei, in denen man die Frauen als Lustobjekte betrachtet hat . . ."

„Aber nein, Sie dumme Gans, damit Sie wieder zu sich zurückfinden, damit Sie Ihres Lebens wieder froh werden! Daß das Ihren François verführen wird, das steht fest! Haben Sie etwas dagegen?"

„Nein, es wäre herrlich, wenn auch er den alten Liebeszauber wiederfinden könnte."

„Sie sind es jetzt, die das Mittel dazu in der Hand hat; es heißt: frei und voll Vertrauen lieben."

Ich hatte den Eindruck, daß sie ein wenig hoffnungsfroher war, als sie mich verließ. Ihre blauen Augen hatten einige Male aufgeleuchtet. Ich begann über alle jene Frauen nachzudenken, die, weil es nichts Besseres gibt, die ‚Pille' nehmen.

Wenn sich beide Partner gemeinsam dazu entschlossen haben, dann ist dieser Entschluß ein Zeichen der Liebe. Diese beiden werden ganz langsam lernen, die Unbekümmertheit in ihrer Ehe gemeinsam zu genießen.

Wenn der Ehemann sich seiner Verantwortung entledigen wollte und es ihm auf diese Art gelungen ist, seinen Standpunkt durchzusetzen: „Du brauchst ja nur die ‚Pille' zu nehmen . . .", dann bedeutet das einen Angriff auf seine Frau. Damit schiebt er egoistisch ein Problem beiseite, das auch ihn sehr wohl angeht. Die Frau nimmt die „Pille“ und sieht darin nicht eine Befreiung, die zu einem gewissen Glück führen kann, sondern eine Pflicht, die von der Lieblosigkeit diktiert wurde. Sie hat das Gefühl, Medikamente einzunehmen, die sie in ihrer Vorstellung zu einer Frau machen, deren Natur gestört ist, weil sie ihm nicht wie früher die gefährliche und geheimnisvolle Welt des natürlichen Zyklus erklären kann.

Wenn sie sich selbständig zur „Pille“ entschließt, dann wird man sagen, daß sie eine verantwortungsbewußte Frau ist. Ja. Doch sie ist nicht unbedingt besser dran, wenn der beleidigte Ehemann diese Maßnahme nur unwillig akzeptiert. Es könnte geschehen, daß er von den Annäherungsversuchen seiner Frau nichts wissen will und ätzende Bemerkungen macht: „Du bist anscheinend fest entschlossen, diese verdammte ‚Pille‘ zu amortisieren . . .“

Diese Beispiele stammen aus meinen persönlichen Statistiken. Sie beweisen mir noch einmal, wie wichtig es ist, jeden Entschluß, der die sexuelle Sphäre eines Paares berührt, gemeinsam zu fassen.

Wenn das der Fall ist, dann – so glaube ich – verdanken wir der „Pille“ eine neue Einstellung zur Liebe. Ich glaube, daß die Ehefrauen dann von Angst befreit zur Erotik zurückfinden werden: Die meisten von ihnen haben diese Erotik im Laufe der Jahre verloren. Das aber ist keine Frage des Alters.

Die zitronenhafte Frische eines jungen Mädchens mit langem Haar und schwingendem Rock kann durch und durch erotisch sein. Doch die Frau, an der die Zeit schon da und dort ihre Spuren hinterlassen hat, eine Frau, deren Bewegungen ihre Ungezwungenheit verraten, deren Augen im Laufe der Jahre ausdrucksvoll geworden sind, diese Frau ist wie keine andere dazu geschaffen, begehrt zu werden.

Ich kann jeden Beweis dafür bringen, daß sie auch in späteren Jahren immer noch zum Träumen verleiten kann. Wenn die Liebe sie glücklich macht, dann sind ihre Augen ein Garten, in dem man sich von Erinnerungen verzaubern lassen kann. Sie denkt nicht mehr an sich selbst, sondern an den anderen. Ihre Ausstrahlung geht auf ihn über. Sie hat es nicht eilig. Sie gibt der Zeit eine andere Dimension. Plötzlich erweckt sie, wie mit einem Schlag, den Eindruck unglaublicher Jugend. Oft geschieht es, daß Damen über fünfzig mit einer einzigen Bewegung die Anmut eines jungen Mädchens wiederfinden. Glauben Sie nur nicht, daß ich romantische Vorstellungen habe. Ich kenne solche Frauen . . .

Gerade kommt mir eine Reiseerinnerung wieder ins Gedächtnis. Ich bin in Deutschland. Ich öffne die Läden an meinem Fenster, und mein Blick bleibt an einer Bewohnerin des Hotels hängen, die im strömenden Regen zu ihrem Wagen läuft. Sie hatte wohl angenommen, daß zu dieser frühen Stunde sie niemand sehen würde, und daher trägt sie nichts als ihren orangefarbenen Schlafrock, und ihr Haar hat sie sichtlich in aller Eile mit einer einzigen Nadel aufgesteckt. Sie ist barfuß und hebt im Laufen einen Arm, um ihren Haarknoten festzuhalten. Sie ist ein bißchen mollig, gerade nur eine Spur. Als sie sich umdreht, sehe ich in ihr regennasses Gesicht. Sie hat den Kopf gehoben, um den Himmel zu betrachten. Ihr Schlafrock klafft ein wenig auseinander. Der Sommerregen macht ihr keine Angst. Sie blüht wie eine Blume. All dies ist wie ein ergreifendes Morgengedicht. Doch mit dieser Vision bin ich plötzlich sehr weit von der „Pille“ abgeschweift!

Ich sprach davon, daß die Männer und die Frauen jetzt in voller Freiheit eine neue Form der Erotik erfinden könnten. Denn ich bin bestürzt, wenn ich sie alle höre: Welch ein Mangel an Phantasie! Sie schlafen nur abends miteinander, notfalls in den Ferien während der Siesta, manchmal heimlich am Morgen, doch im allgemeinen einigen sie sich stillschweigend auf einen bestimmten, der Liebe geweihten Tag. Es wird nicht mehr improvisiert, die Begeisterung ist verschwunden. Wenn zufällig ein kleiner Funken aufglimmt, dann unterdrückt man ihn bis zum Abend. Und das, obwohl Maria einkaufen gegangen ist, obwohl die Kinder in der Schule sitzen, obwohl es noch lange nicht Zeit fürs Büro ist und obwohl die Mutter Besuche macht. Sie werfen das Glück aus dem Fenster. Du wirst mir noch die Frisur zerstören ...

Jetzt sind wir auch weit von meinem ursprünglichen Thema, den gefährlichen Schlankheitskuren, abgeschweift. Doch irgendwie hängt alles zusammen.

Die Gewohnheit, unsinnige Schlankheitskuren durchzuführen, zerstört im wahrsten Sinn des Wortes die Liebe auf gefährliche Weise. Es ist an der Zeit, wieder gesund zu werden. Auf allen Gebieten. Es ist hoch an der Zeit, die Worte, die Gesten und den langsamen Rhythmus eines Herzens wiederzufinden, das von der Liebe genährt wird. Es ist höchste Zeit, wieder lieben zu lernen.

Angst: Eine weitere Krankheit unseres Jahrhunderts

Angst kann kein Aphrodisiakum sein! Fürchten Sie, das Glück zu versäumen? Dann werden Sie sicherlich daran vorbeigehen. Haben Sie unbestimmte Ängste vor der Empfängnisverhütung? Dann wird sie schiefgehen oder in eine mühsame Formalität ausarten, gewissermaßen eine lästige Zollverhandlung sein, die man über sich ergehen lassen muß, bevor man zum Abenteuer der Liebe aufbrechen kann. Quält Sie das Gefühl, daß Sie niemals so schön werden, wie Sie es gerne möchten, oder fürchten Sie, Ihre Schönheit zu verlieren? Dann werden Sie wirklich vorhandene Schönheit nicht bemerken. Angst verleitet zu den größten Dummheiten, die man nur machen kann. Sie wird zur Manie und zum Dauerzustand. Ich habe gehört, wie manche Leute sagten, daß sie sich davor fürchten, älter zu werden; die einen erschrecken, wenn sie an ihre Steuerzahlung denken, andere wiederum zittern bei dem Gedanken, eines Tages vielleicht an Krebs zu erkranken, und manche quält die Vorstellung, sich zu verspäten. Die Ängste werden nicht mehr nach ihrer Dringlichkeit eingestuft. Diese Einstufung nannte man zur Zeit meines Großvaters Vernunft. Sie ist verschwunden. Heute wirft man alles in einen Topf. Wahllos wie Kinder oder Kranke, die den Sinn für die Realität verloren haben, verwendet man überall dieselben Ausdrücke. Um uns herrscht die größte Verwirrung. Wir erhalten „Botschaften" aller Art und verwickeln uns dabei in ungeheuerliche Widersprüche.

Eltern können nicht einschlafen, weil ihr Sohn Rauschgift nimmt. Sie gehen zum Arzt, und dieser verschreibt ihnen Schlafmittel. So entstehen vielleicht zwei Rauschgiftsüchtige anderer Art. Und anstatt selbst in der Nacht – warum auch nicht? – über ein wirklich schwerwiegendes Problem nachzudenken, das sie sehr viel angeht, nehmen sie Barbiturate und legen sich schlafen. Und ich gebe ihnen höchstens drei Wochen, bis auch sie beginnen, die Dosis zu erhöhen. Aber sie, sie haben allen Grund dazu, wie sie glauben.

Sie können sich vorstellen, daß ich dieses Beispiel nicht zufällig gewählt habe. Ich war wirklich bestürzt über die Ungereimtheiten dieser Geschichte. Nachdem diese Eltern von mir weggegangen waren, begann ich bestürzt darüber nachzudenken. Ich war überzeugt, daß der Sohn nicht mehr und nicht weniger Heroin genommen hätte, wenn dieser Vater und diese Mutter abends, wenn sie noch nicht zu müde waren – ich habe den Mut, das auszusprechen –, miteinander geschlafen hätten; so hätten sie das Unglück gemeinsam zurückgewiesen und sich dem Problem am nächsten Morgen mit ruhigen Nerven stellen können. Doch angesichts der Katastrophe schlossen sie sich nicht etwa zusammen, sondern machten einander Vorwürfe. Bei wem lag die Schuld, daß es mit Marc so weit gekommen war? Es kam zum Ehekrach. Dann nahmen sie zur Beruhigung jeder zwei Schlaftabletten. Sie verhielten sich genau so, wie „man sich zu verhalten hat". „Ach dieser Marc! Seinetwegen haben wir heute kein Auge zugemacht!" Ich möchte wetten, daß die Nachbarin diesen Satz mitbekommen hat. Unvorstellbar, daß eine gute Mutter, die sich Sorgen um ihr Kind macht, etwas anderes tut. „In solchen Fällen denkt man nicht an so etwas!" Und warum nicht? Liebe, wirkliche Liebe, muß die Fähigkeit haben, einen von den drückenden Sorgen des Lebens zu befreien, denn diese Liebe findet immer für alles eine Lösung.

Ich weiß, daß ich damit viele Leute schockieren werde ...

Möglicherweise schockiere ich auch gewisse Laboratoriumsbesitzer. Obwohl ich um nichts auf der Welt ihr Komplize sein möchte, gestehe ich, daß ich dennoch einige Freunde unter ihnen habe. Sie lachen, wenn ich ihnen sage, daß sie mit ihren Beruhigungsmitteln, ihren Schlafmitteln und ihren anderen Barbituraten, die man nur Kranken verabreichen dürfte, die größten Rauschgifthändler sind. Es scheint, daß in Paris ein Drittel aller Leute „irgend etwas" einnimmt, um zu schlafen. Diese Ehepaare tun mir leid.

Ich habe einmal zu einem Freund, der ein großes pharmazeutisches Laboratorium besitzt, gesagt: „Es ist sinnlos, die Schlafmittel beim Verkauf mit diesen farbigen Etiketten und mit diesen Zeichen zu versehen, die anzeigen sollen: stark, schwach, gefährlich, rezeptpflichtig oder nicht. Das dient nur dazu, sich in den Regalen einer Apotheke zurechtzufinden! In Wirklichkeit müßte man mit großen Buchstaben draufschreiben: ‚Anti-Glückspille'." Etwas gereizt anwortete er mir: „Aber ... ich würde doch kein einziges Stück davon verkaufen, wenn ich auf die Idee käme, solche Sachen draufzuschreiben."

Und genau das ist es: Wenn die Leute gewarnt wären, dann würden sie vielleicht zögern, sich auf diese Barbituratkuren einzulassen. All diese Schlafmittelchen machen impotent und frigid.

Nicht Mességué hat das erfunden. Die Ärzte und die Psychiater geben es sogar manchmal offen zu.

Wenn auf der Packung Ihres Schlafmittels steht: „Es wird davon abgeraten, nach Einnahme des Mittels Ihr Auto zu lenken, dann können Sie sicher sein, daß genau dasselbe für das Bett gilt! Wie können Sie es ertragen, sich ohne Ihr Wissen unmittelbar an der Quelle Ihres Lebens verändern zu lassen? O ja, man schläfert Sie ein, glauben Sie mir! Und all das, um Ihnen einen sehr kümmerlichen Ersatz zu bieten: einen normalen

Schlaf. Sie glauben, daß Sie sich dabei erholen. Ja, Sie erholen sich: bei einem guten, kleinen chemischen Schlaf, der unterdessen Ihre innere Uhr zerstört!

Auch darüber steht sehr viel in meinen Aufzeichnungen! Ich muß nur ein wenig umblättern, und schon tauchen Gesichter und Geschichten aus den Tiefen meiner Erinnerung ... Diese geschickt aufgemachte Frau zum Beispiel, die eines Morgens hier in meinem Zimmer auf diesem blauen Lehnstuhl Platz nimmt. Sie hat eine gewisse Ähnlichkeit mit Gina Lollobrigida, und darum hat sich ihr Gesicht mir um so besser eingeprägt.

„Ich komme nicht meinetwegen", beginnt sie, „sondern wegen meines Mannes. Nach einer schweren Zahnoperation hat er begonnen, Schlafmittel zu nehmen. Eine Woche lang, gut, das wäre normal. Doch jetzt kann er schon seit acht Monaten nicht mehr darauf verzichten. Ich habe mir gedacht, daß Sie ihm vielleicht Pflanzen verschreiben können. Er selbst findet sich nämlich ganz in Ordnung, so wie er ist ..."

„Wollen Sie damit sagen, daß sich die Schlafmittel auf seine Gesundheit nicht auswirken?"

„Er sagt, daß er sich morgens meist zerschlagen fühlt. Daß er kaum ‚aus den Augen schauen' kann, wenn er sich ans Steuer setzt. Seit einiger Zeit frühstückt er praktisch gar nicht mehr. Aber er trinkt immer mehr starken Kaffee, ‚um sich aufzupulvern', wie er sagt."

„Hat er die Dosis erhöht, seitdem er Schlafmittel nimmt?"

„Das ist es ja gerade. Deswegen habe ich den Mut gefunden, Sie aufzusuchen. Er nimmt fast regelmäßig ungefähr jeden Monat eine halbe Pille mehr. Er hat mir erklärt, daß es sonst nicht wirkt."

„Hat er vor der Zahnoperation ohne Medikamente geschlafen?"

„Ja. Doch er litt unter Schlaflosigkeit. Ab und zu sprach er davon: ‚Ich habe schlecht geschlafen, so kann es nicht weitergehen ...' Ich habe das allerdings nicht so sehr bemerkt, denn wenn ich schlafen will, dann schlafe ich eben. Manchmal hörte ich im Unterbewußtsein, wie er aufstand und umherging, doch das störte mich nicht."

„Schlief er abends nie zur selben Zeit ein wie Sie?"

„Meiner Meinung nach schon. Um ehrlich zu sein, habe ich damals nicht sehr darauf geachtet. Doch wir haben oft noch miteinander geplaudert . . ."

Sie schweigt eine Weile. Ich habe den Eindruck, daß sie gerne etwas Bestimmtes sagen würde. Sie fragt sich gerade, ob sie es wagen wird. Ich lasse sie in aller Ruhe entscheiden. Sie gibt sich einen Ruck, ihr Gesicht ist etwas mitgenommen, als sie leidenschaftlich sagt:

„Damals waren noch goldene Zeiten. Heute haben seine Medikamente ihn verwüstet. Er denkt nur noch daran, wann er sie einnehmen wird. Er schluckt sie mit einer Art wütender Genugtuung, als könnte er mit ihrer Hilfe einen Feind besiegen, den ich nicht kenne. Das einzige, was aus seiner Konversation klar hervorgeht, ist: ‚Gut, also entschuldige mich bitte, Liebling, aber ich lösche jetzt meine Lampe und drehe mich um, denn sonst versäume ich den richtigen Zeitpunkt zum Einschlafen, und dann bekomme ich Alpträume.' Keine Liebe mehr. Nichts."

Sie trocknet eine Träne, die langsam über ihre sorgfältig geschminkte Wange rinnt.

„Wie alt ist Ihr Mann, Madame?"

„Genauso alt wie ich, fünfunddreißig. Ich wollte auch sagen, daß ich jetzt diejenige bin, die nicht mehr schläft. Manchmal betrachte ich ihn sogar in seinem Schlaf, um ihn endlich zu verstehen. Es ist schrecklich: Ich habe den Eindruck, daß er unruhig schläft. Oft gibt es ihm einen Ruck, so als wollte er alle paar Minuten aufwachen, doch das geschieht nie, und er bemerkt nicht einmal meine Schlaflosigkeit . . ."

„Hat Ihr Mann jemals versucht, mit seinen Schlaftabletten aufzuhören!"

„Nein. Aber als wir einmal übers Wochenende wegfuhren, hatte er sie vergessen. Beinahe wären wir sofort wieder umgekehrt. Ich habe ihn davon überzeugt, daß ein ausgiebiger Spaziergang durch den Wald alles in Ordnung bringen würde. Er gab schließlich nach, doch sagte er mir freundlich, aber hartnäckig immer wieder: ‚Weh dir, wenn es nicht klappt', so daß ich furchtbar schlechte Laune bekam. Die ganze Nacht hindurch hatte er Alpträume. Er weckte mich auf, er beschimpfte mich. Wir sind in aller Früh wieder nach Hause gefahren, und es hat mir wirklich Angst gemacht, wie er den Wagen lenkte: er war deprimiert, nervös, sehr blaß. Seither vergißt er seine Schlafmittel nie, und es fehlt nur wenig, daß ich ihn selber darauf aufmerksam mache . . ."

„Dieses Medikament ist rezeptpflichtig, und der Zahnarzt verschreibt es ihm sicher nicht mehr. Wer ist es dann?"

„Sein Betriebsarzt. Mein Mann hat ihm erklärt, daß er seinen Schlaf braucht, wenn er seine Arbeit anständig erledigen soll, und daß dieses Mittel ihm zu helfen scheint. Der Arzt hat ihm nur eine minimale Dosis verschrieben, aber da er ihm erlaubt hat, es beliebig oft einzunehmen, kann er machen, was er will . . ."

„Würden Sie nicht gern auch welche nehmen, jetzt wo sie ebenfalls unter Schlaflosigkeit leiden?"

„Komischerweise überhaupt nicht. Wenn ich Jacques so sehe, bekomme ich Angst. Ach, Monsieur, ich bin unglücklich, in großer Sorge, frustriert. Das ist keine Ehe mehr. Manchmal sage ich mir, daß ich mit jemandem zusammenlebe, der eine Art Alkoholiker ist oder ein Rauschgiftsüchtiger, was weiß ich . . ."

Sie weint; ich verstehe sie. Sie sieht die Dinge sehr klar. Ich fürchte, daß dieser kranke Herr von meinen Pflanzen nichts wird wissen wollen. Er glaubt, daß er ein Heilmittel für seine Ängste gefunden hat, und da wird er auf niemanden hören wollen und sich an sein Gift klammern. Eines Tages wird seine Gina Lollobrigida die Scheidung einreichen, und er wird überzeugt sein, daß die Frauen gemein und ungerecht sind.

Plötzlich kommt mir ein Gedanke. Die Akupunktur ist nicht mein Fach, doch ich habe neulich einen Professor kennengelernt, der mir von den Wohltaten dieser chemiefreien Wissenschaft erzählt hat, und nach dieser Unterhaltung habe ich mir gedacht, daß es in vielen Fällen wahre Wunder wirken könnte, Akupunktur mit Pflanzenbehandlung zu koppeln.

„Könnten Sie Ihren Mann nicht dazu überreden, zu einem Akupunkteur zu gehen? Als Vorwand könnten Sie eine Stirnhöhleneiterung, Rheumatismus, Kolitis oder was weiß ich angeben."

Sie trocknet ihre Augen. Nachdenklich öffnet sie eine winzige runde Puderdose und betupft einige Sekunden lang ihr Gesicht.

„Ich habe schon darüber nachgedacht", sagt sie. „Freunde haben uns erzählt, wie wohltuend Akupunktur bei Rückenschmerzen wirkt. Mein Mann war sehr interessiert, denn bei seinem Beruf muß er den ganzen Tag lang sitzen und klagt oft über Schmerzen in der Wirbelsäule."

„Geben Sie dem Akupunkteur einen Hinweis auf die Schlaflosigkeit und die Schlaftabletten Ihres Mannes. Oft stellt sich schon nach wenigen Sitzungen ein beachtlicher und dauerhafter Erfolg ein. Der Akupunkteur wird übrigens von Ihrem Mann verlangen, seinen Schlafmittelkonsum einzustellen, denn die Akupunktur läßt sich mit Drogen dieser Art nicht vereinbaren. Er wird alles Nötige zu unternehmen wissen, damit der Entgiftungsprozeß nicht wie eine brutale Entwöhnungskur abläuft. Und wenn Ihr Mann abends sein Bad nimmt, versuchen Sie, Lindenblüten in sein Badewasser zu streuen. Auf einen Liter Wasser kommen fünfhundert Gramm Lindenblüten. Doch vielleicht wird es ihm nicht gefallen, wie an den Ufern eines etwas überfüllten Sees zu schwimmen. In diesem Fall kochen Sie einen starken Absud aus den Pflanzen, seihen ihn ab und schütten ihn ins Badewasser. Wenn Ihre Wanne groß genug ist, dann baden Sie mit ihm. Oder steigen Sie zuerst hinein und bitten Sie ihn dann, Ihr Bad mit Ihnen zu teilen. Hierbei ergibt sich eine Gelegenheit, die Entfremdung zwischen Ihnen ganz zwanglos zu überwinden ..."

Meine kleine Dame ist ganz Ohr. Sie hat gerade in Betracht gezogen, daß vielleicht noch nicht alles verloren ist ... Ich fahre fort:

„Und ich bin sicher, Sie werden schon wissen, wie Sie es anstellen müssen, um diese Gesundheitsmaßnahmen in eine vergnügliche Liebesszene zu verwandeln, sei es auch nur, weil Sie nach diesem Bad einer im Arm des anderen so tief schlafen werden wie zwei Kinder!"

Sie lächelt ein wenig.

„Und wenn Sie sich dann stark genug dazu fühlen, aus der Zeit vor dem Schlafengehen ein echtes sinnliches Ritual zu machen, dann bringen Sie etwas Abwechslung in das Heilverfahren. Ich rate Ihnen zu leichtem Lindenblütentee mit Honig. Geben Sie zwei Tropfen Rum dazu, und der Duft wird Ihren Mann herbeilocken. Servieren Sie das Getränk in den Tassen vom Sonntagsgeschirr, und auf einem Tablett mit einem bestickten Deckchen. Legen Sie eine Schallplatte auf und fliegen Sie bei leiser Musik davon ... Bereiten Sie an einem anderen Abend ein Handbad für Sie beide. Dieses Bad ist sehr raffiniert und sehr wirkungsvoll: werfen Sie eine Handvoll Weißdornblüten, eine Handvoll Klatschmohnblüten, deren Kapseln zerrieben wurden, eine Handvoll Minzeblätter und zuletzt eine Handvoll Lindenblüten in kochendes Wasser.

Baden Sie Ihre Hände gemeinsam darin. Es liegt nur an Ihnen, ob man dabei eher an Wäschewaschen oder eher an Liebe denkt. Ihr Mann hat in seinen Schlaftabletten ein kümmerliches Mittel entdeckt, um seine Ängste zu beschwichtigen. Jetzt liegt es an Ihnen, ihm eine andere Methode schmackhaft zu machen. Sie heißt Glück."

Ich erinnere mich heute an einen Ausspruch, der an jenem Tag meine Schlußfolgerung hätte sein können. Er stammt von Aldous Huxley: „Das Glück ist ein anspruchsvoller Herr, vor allem das Glück der anderen ..."

Die Schlaflosigkeit und die verrückten Methoden, mit denen die Leute sie kurieren wollen, haben auf mich, der ich gut schlafe – und wenn ich einmal schlecht schlafe, mich sehr gut damit abfinden kann –, immer eine Art von Faszination ausgeübt.

Schwere Schlaflosigkeit könnte zweifellos ein Zeichen für ernstere Störungen sein, doch man wird sie nicht dadurch heilen, daß man seinen inneren Mechanismus mit Schlafmitteln noch ein wenig mehr zerstört.

Gewöhnliche Schlaflosigkeit, jene, von der die Leute schon genausooft reden, wie sie guten Tag oder guten Abend sagen, resultiert aus all den Aggressionen, die im modernen Leben entstehen. Die Bauern litten kaum unter Schlaflosigkeit, glauben Sie mir. Heute geht man, selbst in den Ferien, nicht mehr mit den Hühnern schlafen, und man steht auch nicht mehr bei Sonnenaufgang auf. Der Fortschritt hat verlangt, daß man sich einem künstlichen Rhythmus anpaßt. Wir müssen das nicht beklagen ... Doch was mich erstaunt, ist dieses plötzlich aufgetauchte „Bewußtsein" des Schlafs. Als wäre der Schlaf nicht eine natürliche Funktion, sondern ein Feind, dem man auflauern, den man besiegen und zähmen muß.

So lauern die Männer und die Frauen auf ihre Beute, den Schlaf, und verlieren die Lust an der Liebe. Um zehn Uhr abends beginnt eine seltsame, mühselige Arbeit: man „muß" schlafen.

Stellen wir uns ein Paar vor, das sich liebt und dem die aus der Kindheit stammende Auffassung vom Schlaf als eine Pflichtübung für gute Gesundheit ziemlich gleichgültig ist. Denn sie haben die Zeit des Heranwachsens und das Alter, in dem man vorgenormten Regeln gehorchen muß, hinter sich gelassen. Ich würde sagen, daß sie, so wie sie sind, wohl kaum Einschlafschwierigkeiten haben werden. Und wenn sie welche haben, dann werden sie sicher nicht auf die Idee kommen, auf die Uhr zu schauen, um sich aufzuregen. Der eine oder der andere wird Licht machen. Vielleicht werden sie lesen. Oder sie werden einander laut vorlesen, nicht aus Prinzip, sondern um den Abend dort fortzusetzen, wo sie ihn vielleicht abgebrochen haben. Er wird sicher ein Fenster öffnen gehen und einige tiefe Atemzüge machen. Sie wird einen Orangensaft trinken. Er wird ihr in die Küche folgen, und da sie hier in ihrem Nachthemd ein wenig frösteln wird, wird er sie eine Weile um die Schultern halten. Sie werden einander vielleicht sagen: „Wie wär's, wenn wir den Rest vom Kalbfleisch aufessen?" Sie wird vorschlagen, die Ratatouille Niçoise aufzuwärmen. Er wird ihren Schlafrock holen. Sie wird erfinderisch sein und – warum nicht? – den Kandelaber aus dem Wohnzimmer in die Küche holen. Über diese Marotte wird er lachen. Und da sitzen sie und soupieren fröhlich bei Kerzenschein um – zwei Uhr morgens. Und auf mein Wort, er findet sie schön mit ihrem Haar bei dieser Beleuchtung und ihrer rechten Wange, die vom Schlaf ein wenig zerknittert ist. Und sie findet ihn rührend und komisch, so zerzaust wie er jetzt dasitzt! Ende der Vorstellung!

Ich kenne ein junges Paar, das mit den Schilderungen seiner schlaflosen Nächte ein lustiges Buch füllen könnte. Sich um zwei Uhr nachts die Haare waschen, um drei Uhr einen Kuchen backen, bis um vier Uhr Domino spielen, um sechs ein Abendkleid anziehen und seinen Mann zu einer Zwiebelsuppe einladen, das sind immerhin ganz besondere Lösungen. Die Lehre daraus ist: Man darf sich auf gar keinen Fall quälen und sich herumwälzen und dabei immer wieder angstvoll auf die Uhr schauen. Sobald Sie sich entspannt haben, werden Sie bald in den besten Schlaf fallen. Um wohltuend zu wirken, muß dieser Schlaf nicht so lange dauern, wie wir denken.

Es ist ein Vergnügen, die Nacht ganz für sich allein zu haben. Wir aber weisen dieses Vergnügen zurück, als müßten wir uns dafür entschuldigen, daß wir vom Beschäftigungszwang des Tages plötzlich frei sind. Dabei beschenkt uns die Nacht mit ganz neuen Eindrücken von der Welt. In der Stille der Nacht sind alle Geräusche so deutlich wie der Kontrast zwischen Schwarz und Weiß. Sie überdecken sich nicht, sie verschmelzen nicht miteinander. Natürlich höre ich den Schrei einer Eule lieber als das unzeitgemäße Hupen eines vorüberfahrenden

Autos, doch ich finde, mit gespitzen Ohren einem Geräusch zu lauschen und es zu identifizieren ist heutzutage auf dem Land wie auch in der Stadt ein Luxus, den man ausnützen muß. Wenn man es sich vielleicht nicht erlauben kann, um ein Uhr morgens Beatlesplatten aufzulegen, dann kann man sich im Radio einige Lieder anhören, wie ein Fernfahrer . . .

Man wird mir sagen, daß ich bei meinen idyllischen Beschreibungen immer von dem Prinzip auszugehen scheine, daß beide Partner gleichzeitig von Schlaflosigkeit geplagt werden! Nun, es ist wahr, in den meisten Fällen ist weder der Rhythmus des Schlafes noch der Rhythmus der Schlaflosigkeit bei beiden Partnern gleich. Doch ich gehe von einem anderen, genauso einfachen Prinzip aus: Wenn diese beiden einander lieben, dann wird, glaube ich, derjenige, der mit einem guten Schlaf gesegnet ist, sich bemühen, auf den anderen einzugehen. Dieser Gedanke gefällt mir – Ihnen nicht? Wie sagte mir doch eine Dame, der ich einmal bei einem Diner meine Theorien darlegte?

„Mességué, Sie wollen immer, daß alles gutgeht! Das wäre zu schön. Ich habe einen wunderbaren Schlaf. Wenn man mich aber aufweckt, dann öffne ich nur ein Auge, brülle und kratze, bin außer mir vor Wut und werde einfach wild."

„Und wenn es Ihrem schlaflosen Mann plötzlich einfiele, Sie zu zähmen?"

„Das fehlte noch!"

Sie überlegt kurz und fährt dann fort:

„Also . . . wenn er wirklich wüßte, wie man eine Löwin streichelt . . . Aber selbst dann . . . nur keine Gespräche. Daß er mir mein nächtliches Universum ja nicht zu sehr stört!"

Das heißt also, die Frauen sind niemals so wild, wie sie sich gerne geben!

Meine Nachbarin zur Rechten war unserem Dialog lächelnd gefolgt und machte uns sehr treffend darauf aufmerksam, daß ein Mann, der an Schlaflosigkeit leidet, wohl voller Ängste steckt und sich ganz und gar nicht für Sex interessiert.

„Aber nein, Madame, aber nein", sagte voll Interesse für

dieses Gespräch der Freund, der uns gegenübersaß. „Ja, er hat viele Ängste, doch er fühlt sich instinktiv zu dieser ganz natürlichen Lösung hingezogen. Er wendet sich nur nicht sofort an seine Frau, weil er meistens davor zittert, sie ‚deswegen' aufzuwecken."

„Wir lieben es nicht, uns im Schlaf überraschen zu lassen, weil wir uns da oft häßlich wähnen. Wenn die Jugendfrische vorbei ist, finden wir, daß wir nicht sehr vorteilhaft wirken, wenn wir so struppig, zerknittert und zerwühlt sind ...", argumentiert meine Nachbarin zur Rechten.

„Könnten Sie Ihre Schönheitssorgen nicht für eine Weile vergessen, meine Damen? Und das warme Bett, das gedämpfte Licht, die zarten Berührungen, die süße Vertrautheit zweier Körper, die schon gemeinsam durch die Nacht geschwommen sind? Ihr Kopf ist da nicht mehr wichtig!"

Ich erinnere mich heute besser an das köstliche Johannisbeersorbett denn an das Ende unserer Unterhaltung. Doch als ich nach Hause kam, hatte mich dieses eher menschliche als mondäne Gespräch inspiriert, und ich machte mir zwei oder drei Notizen. Da steht nun: „An die Zimmereinrichtung denken." Auf den ersten Blick mag das komisch wirken! Ich weiß noch, wie ich an die Leute mit Schlafstörungen dachte und mir dabei sagte: Sie müssen sich freier fühlen, und ihr Zimmer sollte daher weit von dem der Kinder liegen oder aber schalldicht sein, um die Nachbarn auf keinen Fall zu stören. Dann kann man barfuß herumgehen, ohne daß es im ganzen Hause kracht und davon widerhallt. Man kann Musik hören. Man kann vor Ärger oder vor Liebe seufzen. Ein Schlafzimmer muß wirklich ein Zufluchtsort sein, in dem man laute Debatten führen und vor Vergnügen herumspringen kann. Glauben Sie mir, wir müssen auch wieder lernen, unsere Wohnung wohlüberlegt einzurichten.

Weiter unten sehe ich folgende kurze Notiz: „Ihnen nahelegen, nackt zu schlafen?"

Die Frauen lehnen diese Annehmlichkeit, diese Bequemlichkeit oft ab, besonders die Familienmütter, die kleine Kinder haben: sie fürchten, daß die Kinder nachts nach ihnen rufen oder sie morgens überraschen könnten. Viele Männer fühlen sich nicht sicher, wenn sie nicht ihre Pyjamahose anhaben. Das bestätigt nur die tiefen Ängste dieser beiden. Sie leben unter einer ständigen Bedrohung, sogar in der Nacht. Sie sind stets sprungbereit, bereit zu fliehen. Anscheinend wissen sie nicht, daß zwei nackt schlafende Wesen andeuten, daß sie Liebende sind. Sie halten einander beim Schlafen viel eher in den Armen; ich glaube fest an die osmoseartige Wirkung des Schlafs, und dieses Paar wird davon profitieren. Dabei fällt mir ein Vergleich ein: Der eine wird zur Pflanze des anderen! Und dieses Zärtlichkeitsbad ist mindestens so gut wie meine Mohnblütenbäder.

Die Moral dieser Überlegungen wäre: Schlaflose, stopft euren Pyjama unter das Kopfkissen und euer Nachthemd ins Nachtkästchen!

Kokette Frauen, die ihrem Mann gern das Schauspiel ihres luftigen Négligés bieten, müssen auf diesen Spaß durchaus nicht verzichten. Im Gegenteil, ich finde diese Idee sogar sehr lobenswert ... Sobald Sie Ihren Auftritt gehabt haben, ziehen Sie es einfach aus! Ich kenne nichts, was hübscher und auch aufreizender wäre als so eine nächtliche Blüte, die halb offen, halb geschlossen, halb Spitze und halb Schauer, auf dem Teppich liegt. Und am Morgen streifen unsere tastenden Füße an diese vergessenen Blütenblätter aus Nylon.

Ein Freund erzählte mir, wie er für sich und seine Frau eine möblierte Einzimmerwohnung mieten wollte und den Makler jedesmal fragte: „Hat die Wohnung Teppichböden oder Teppiche?" Und wenn er die vorgeschlagenen Wohnungen besichtigte, legte er sich zur großen Überraschung des Vermieters auf den Boden, um – den Teppich auszuprobieren.

„Wissen Sie warum, Maurice? Ich kann nämlich nur dann mit meiner Schlaflosigkeit fertig werden, wenn ich mich zum Schlafen auf den Boden lege. Ich richte mir mit allen Kissen, die ich im Haus auftreiben kann, einen Winkel ein, so wie die Kinder. Annie hat mir eine Decke aus chinesischem Ziegenfell geschenkt. Am liebsten wähle ich mir ein Eckchen, in dem Pflanzen stehen, und dann schlafe ich in meiner Höhle! Ich kuschle mich in meine Kissen, decke mich mit meinem Tierfell zu, und wenn ich die Augen öffne, sehe ich Blätter über mir, wie im Freien. Komisch, aber das beruhigt mich sofort. Gott allein mag wissen, mit welcher unbewußten Erinnerung mein Verhalten zusammenhängt!"

„Und Annie? Wie reagiert sie auf diese Schrulle?"

„Annie ist großartig! Sie findet es lustig. Manchmal häuft sie abends alle Kissen neben dem Philodendron auf und legt die Felldecke schön zusammengefaltet daneben! Und ob Sie es glauben oder auch nicht: diese kleine Vorbereitung vertreibt mir die Schlaflosigkeit."

„Irgendwie macht es einen frei ..."

„Genau das! Es ist eine Geste, die meine Schrullen anerkennt und ihnen ihren Ernst nimmt. Annie hat volles Verständnis dafür. Und wissen Sie, was manchmal geschieht?"

„Ich wette, daß sie zu Ihnen kommt ..."

„Genau. Sie hat ihren Spaß daran!"

Ich habe Ihnen gerade einen glücklichen Mann beschrieben. Und eine Frau, die sicherlich zufrieden ist. Zu wissen, wie man mit kleinen Problemen fertig wird und auf die Schrullen des Partners eingeht, das sind Dinge, mit denen man sich ein glückliches Leben zurechtzimmern kann, besonders wenn es sich um charmante Schrullen handelt. Frauen sind dabei geschickter als Männer. Ihr Instinkt leitet sie mit mehr Feingefühl, und sie haben auch mehr Sinn für Spiele.

Über die Schlaflosigkeit sagte mir einmal ein amerikanischer Arzt, ohne mit der Wimper zu zucken: „Bald wird es möglich sein, jeden von uns mit einem kleinen Apparat auszustatten, der die Gehirnströme mißt und uns anzeigt, wann es Zeit ist, schlafen zu gehen. Und bedenken Sie, Mességué, wenn es dann wirklich für uns Zeit ist, zu schlafen, dann gibt es keine

Schlaflosigkeit mehr! Dann müssen wir nicht mehr befürchten, zuviel oder zuwenig geschlafen zu haben. Dann ist es vorbei mit dieser sinnlosen Zeitverschwendung ...“

Ich sage Ihnen, plötzlich war ich außer mir vor Wut. Arbeiten die Leute denn auf ihr künftiges Verderben hin? Auch die letzten Reste, die von ihren Naturinstinkten blieben, werden noch sterben: Sie werden schließlich Roboter sein. Ich glaube, mein Vater hätte verständnislos die Achseln gezuckt und weiterhin die Glut im Kamin betrachtet: „Hat er dir auch etwas von einem Zähler zum Pissen erzählt, mein Sohn?“

Ich kann nicht von den Schlafdrogen sprechen und davon, wie man sich von ihnen befreit, ohne auch von den Weckdrogen, den Weckaminen, zu reden und warum man nie mehr welche nehmen soll!

Leute, die regelmäßig Schlafmittel nehmen, können den Schädigungen, die aus dieser Gewohnheit entstehen, nicht entgehen, und das erzeugt bei ihnen früher oder später eine andere Manie: sie nehmen Aufputschmittel, um wieder einigermaßen aufzuwachen.

Unter meinen Aufzeichnungen ist auch die Geschichte eines etwa vierzigjährigen Mannes, eines leitenden Angestellten bei einem großen Unternehmen. Als er sich scheiden ließ, begann er Schlafmittel zu nehmen. Seine Frau ist mit den zwei Kindern ins Ausland gegangen. Nun hockt er ganz allein in der Wohnung, in der alles an die Vergangenheit erinnert. Gut: man kann ihn verstehen. Für ihn kann einstweilen weder von dem Wort Glück noch von den heilsamen Spielen der Liebe die Rede sein. Er gewöhnt sich an seine Beruhigungsmittel. Doch am nächsten Morgen schläft er über seinen Akten ein, und sein Amtskollege beginnt spitze Bemerkungen zu machen. Er geht zu seinem Arzt und erklärt ihm seine Lage; dieser glaubt, ihm einen Gefallen zu tun, und verschreibt ihm Aufputschmittel. Eine deutliche Besserung tritt ein. Unser Mann fühlt sich wie ausgewechselt, sagt er. Doch die Dosis der Aufputschmittel für den Tag macht die Dosis der Beruhigungsmittel für die Nacht unwirksam. Und nun beginnt die Tragödie der immer höheren Dosierung. Eines Morgens kommt er zu mir, sein Arzt hat ihn selbst hergeschickt.

„Versuchen Sie es doch mit Pflanzen . . . Sonst gehen Sie noch drauf, wenn Sie so weitermachen. Ich habe Ihnen nur eine vorübergehende Lösung geboten, um Ihnen zu helfen, mein Lieber."

Er wiederholt mir gerade die Worte seines Arztes. Ich muß sagen, dieser junge Mann, der auf der Höhe seines Lebens stehen müßte, bietet einen traurigen Anblick: Er ist kaum noch sauber zu nennen, ist blaß und unrasiert, hat lauter kleine Ticks und spricht in abgehackten Sätzen. Mein Blick verrät ihm zweifellos, was ich denke:

„Ich bin wirklich ein menschliches Wrack, nicht wahr?"

„Wenn Sie dazu bereit sind, dann werden wir gemeinsam überlegen, wie wir Sie da herausholen."

„Ich bin bereit."

Er sagt das mit einem so festen Blick, daß ich sehr um eine Inspiration, um ein Fluidum bete, das er brauchen wird, um den Kampf zu gewinnen.

Ich frage:

„Können Sie sofort Urlaub nehmen? Wenn Sie jetzt auf der Stelle mit Ihrem Büro telephonieren?"

„Ja, sicher, aber . . ."

„Könnten Sie mir helfen, die Pflanzen zu ernten? Sie mit den Köpfen nach unten in einer Scheune aufzuhängen, damit sie gut gelüftet sind und trocknen, ohne zu faulen?"

Er begreift nicht ganz.

Ich spreche schnell weiter und lasse ihm nicht zu viel Zeit zum Nachdenken.

„Ich kann Ihnen in den Nebengebäuden des Hauses ein kleines Zimmer anbieten. Das Fenster geht auf die Wiese . . . Sie werden sich nur in der Stadt einen ländlichen Anzug kaufen müssen. Dieser Aufenthalt ist die Grundbedingung für meine ‚Behandlung'."

Ich habe mir gerade gesagt, daß zur Zeit keinerlei Chance besteht, ihn da herauszuholen, wenn man ihn nicht dauernd unterstützt. Wenn er in Straßburg bliebe, würde er so ohne Glauben und inneren Halt, wie er jetzt ist, meine Pflanzenkur sabotieren und sich auf die letzte Schlafmitteldosis werfen. Jetzt habe ich mich auf ein Abenteuer eingelassen, von dem ich mir noch vor einer Viertelstunde nicht hätte träumen lassen, aber ich weiß, daß ich einer Art Inspiration gehorche, als hörte ich meinen Vater sagen: „Der ist in einem Zustand, in dem du ihn nicht weggehen lassen kannst. Du weißt ..." Ich fürchte so sehr, daß er nein sagen könnte, daß ich so schnell beginne, ihm seine Pflanzen zu verschreiben, als wäre seine Zustimmung für mich überhaupt keine Frage.

„Es ist ein spezielles Heilverfahren, das ein Junggeselle vielleicht nur schwer ausführen kann. Hier aber wird man Ihnen Ihre Bäder und Ihren Kräutertee bringen. Sie nehmen natürlich kein einziges Medikament mehr. Haben Sie nichts als Ihre Beruhigungsmittel und Ihre Aufputschmittel genommen? Nein? Also: Sie schlucken nichts, gar nichts. Abends: ein Schlafmenü, Kochsalat, Eigelb, Joghurt mit Weizenkeimen und Hefe. Handbäder mit Klatschmohn. Kräutertee aus Lindenblüten und Orangenblättern. Nach dem Abendessen werden Sie gemächlich über die Felder spazieren. Sie werden bei offenem Fenster schlafen. Wenn Sie aufwachen, werden Sie in die Nacht hinausgehen, ein wenig auf der Wiese herumstapfen und dabei tief einatmen. Dann werden Sie ein wenig von Ihrem Kräutertee aufwärmen und ihn ganz langsam trinken. Wenn Sie Alpträume haben, dann versuchen Sie, sofort diese Vorstellungen weit von sich zu schieben; stehen Sie auf und gehen Sie auf die Wiese. Nehmen Sie eine Decke mit, und machen Sie es sich im Gras bequem. Stehen Sie morgens ruhig zeitig auf, wenn Ihnen danach zumute ist."

Innerlich sagte ich mir: Ich spiele hier den allwissenden

Vater. Und wenn es schiefgeht? Ich werde mir nichts vormachen: Verhielt ich mich nur so planmäßig, um diesen Mann zu retten, den ich nicht kannte? Halb tat ich es aus Menschlichkeit, halb aus Stolz. Ich wollte mir selbst beweisen, daß ich die Stelle der Ärzte übernehmen konnte, indem ich einen Kranken mit nichts als meinen von der Vernunft diktierten Theorien und den Pflanzen meines Vaters von seiner Sucht befreite.

Am Morgen schien mir „mein Kranker" besser auszusehen: vor allem weil er lächelte. Er war tatsächlich wiederholt auf den Feldern spazierengegangen. „Ich habe Eulen gehört", sagte er mir mindestens dreimal, als wäre es etwas Seltenes und Kostbares. Und, beinahe verlegen: „Es ist dumm, nicht? In der Morgendämmerung habe ich einen Strauß Margeriten gepflückt, wie damals, als ich ein Junge war."

Ach, mein Vater, wie freue ich mich über diese zögernde Entfaltung des Lebens, das durch die Berührung mit der Natur wiedergeboren wird! Wir haben heißen Kaffee getrunken, und er ist mit einem meiner Pflücker davongegangen.

Nach dreißig Tagen hatte er drei Kilo zugenommen. Er war frisch rasiert, tadellos in seinem Leinenanzug und, wie er mir sagte, für immer von den Barbituraten des Abends und von den Amphetaminen des Morgens geheilt. Er würde seine Arbeit wieder aufnehmen, das leere Familienappartement aufgeben und sich eine Junggesellenwohnung mieten.

„Vorwärts! Das Leben beginnt wieder", sagte ich.

„Ich habe sogar angefangen, wieder an eine gewisse kleine Sekretärin zu denken. Oh, das liegt noch sehr weit weg ..."

Erst wenn ein Mann beginnt, solche Sachen zu sagen, kann man einen Erfolg richtig einschätzen.

Ach, Mességué, an diesem Morgen warst du nicht bescheiden, was? Ich fühlte mich wie meine Pfaue.

Dieser Tag war es vielleicht, an dem die drei kleinen Worte „wieder leben lernen" begonnen haben, in meinem Kopf herumzuspuken. Und wieder leben lernen bedeutet selbstverständlich wieder lieben lernen.

Die wahren Aphrodisiaka

Die modernen Menschen, Frauen und Männer, schlucken gegen alles und jedes Drogen. Sie nehmen Schlaftabletten, Beruhigungsmittel und Aufputschmittel. Wohlgemerkt, meistens nehmen sie diese Medikamente in völliger Unkenntnis, wenn man so sagen kann. Diese Menschen werden von Ängsten geplagt und leiden unter dem Druck der Umwelt, und ihre ganze Tragödie besteht nur darin, daß sie glauben, sich mit den Mitteln, die die Wissenschaft ihnen vorschlägt, heilen zu können ... Darin liegt eigentlich eine gewissen Logik. Man kann ihnen die Folgen begreiflich machen, sie aufrütteln, und es kann ihnen zweifellos noch geholfen werden, denn wenn sie auch oft lange Zeit hindurch blind und in ihren schlechten Gewohnheiten befangen sind, so sind sie doch auch für andere Heilmethoden sehr aufgeschlossen. Falls ihr Lebensinstinkt nicht zutiefst gestört ist, befiehlt er ihnen, nach anderen Lösungen zu suchen und sich natürlicheren Methoden zuzuwenden. Die Vorstellung, unter Drogeneinfluß zu stehen, sich zu vergiften und Gefangene des wechselnden Rhythmus ihrer Medikamente zu sein, verlockt sie nicht. Sie sind bestürzt, sobald man ihnen enthüllt, wie es um sie steht.

Aber es gibt andere, die ich nicht so einfach übergehen kann.

Jene, die mit voller Absicht alle möglichen Medikamente schlucken. Sie suchen nach seltsamen Zuständen, nach einer Flucht, nach Reisen, nach besonderen Empfindungen und nach einer Steigerung des sexuellen Erlebens. Oft treibt der Anreiz extravaganter Versprechungen sie dazu. Das geht von: „Sie werden sehen, das peitscht einen Mann richtig auf", bis „Mein Lieber, es ist einfach himmlisch." Oder: „Die Nacht ist mir zu kurz geworden! So was hab' ich noch nie erlebt!" oder, wie die jungen Leute mit ihrem Vokabular für Eingeweihte sagen: „Das flippt dich wirklich aus."

Man bittet mich viel öfter um aphrodisierende Rezepte, als Sie sich vorstellen können.

Man legt mir sogar völlig absurde Rezepte vor und fragt mich: „Was halten Sie davon, ist es stark?" Ich erwarte fast, daß man mir Rezepte bringt, die geradewegs aus den Büchern von Albertus Magnus kommen könnten, eine Mischung aus Pferdeäpfelextrakt und Branntwein zum Beispiel. Und da könnte ich nur noch ausrufen wie Luther: „Staunen befällt mich, zu sehen, welch erhabenes Heilmittel der Herr in die Sch . . . getan hat!"

Ach, der Liebestrank von Tristan und Isolde! Dieser berühmte, magische Kräuterwein, der die Leidenschaft drei Jahre lang lodern läßt . . . Selbst mitten im zwanzigsten Jahrhundert würde man ihn nicht zurückweisen, glauben Sie mir! Würde ich sagen: „Setzen Sie doch grünen Anis und Koriander in einem guten Corbièreswein an, geben Sie das Ganze in einen Silberflakon mit schönem, mittelalterlichem Etikett und trinken Sie das drei Monde später auf einem Schiff mit weißen Segeln!", so würden sich, glauben Sie mir, Anhänger finden. Wir Menschen sind immer bereit, uns für ewig verliebt zu halten. Wir brauchen den Glauben an die Magie: Das liefert uns eine Entschuldigung für unsere Leidenschaften . . . Niemand scheint zu glauben, daß das beste Aphrodisiakum, der stärkste Liebestrank, der erotischste Kräutertee ganz einfach und ganz naheliegend „Liebe" heißt.

Aber ... so wie das Glück ist auch die Liebe auf der Wiese, lauf hin geschwind, geschwind.

Und jetzt sind wir hingelaufen, und es ist weg.

Die Liebe ist wie ein Widerschein der Sonne auf einer Bucht. Man muß diesen Widerschein so intensiv in sich aufnehmen, daß die Erinnerung an das Licht allein schon genügt, um wieder und wieder neues Licht zu erzeugen. Man darf seinen Gewohnheiten und Sorgen nicht erlauben, Schatten darauf zu werfen, in dem Glauben, daß der Glanz später, wenn man es will, wieder da sein wird. Nein: dann ist er verloren ... erloschen. Nur die Schatten bleiben und werden größer und größer.

Es gibt gute Rezepte, mit denen man die Liebe erhalten kann, und man darf die kleinen Mittel nicht verachten. Zu diesen Rezepten zähle ich auch meine Kräuter, und ich rate zu allen jenen Pflanzen, die die Gesundheit und damit die Liebe erhalten. Bohnenkraut kann das Begehren schüren. Lange vor meinem Großvater hat schon Ovid davon gesprochen! Es ist nicht verboten, die eigene Spannkraft zu erhöhen und die sinnlichen Fähigkeiten zu stärken. Oder die Vorstellungskraft (in diesem Fall gebe ich Thymian dazu, der den Geist stimuliert). Anis und Minze wirken zusammen, um nach einer guten Mahlzeit auf die Liebe vorzubereiten. Wenn mir sehr intelligente Leute sagen, daß sie, seit sie sich ein wenig alt fühlen, Produkte kaufen, die vor allem aus Ginseng bestehen, einer ungeheuer wirksamen, aus China stammenden Pflanze, dann denke ich mir, daß wir auch hier bei uns niemanden beneiden müssen. Wir kennen hier in Frankreich eine Pflanze, die natürlich nicht so angesehen ist und sich auf den frischen Feldern oder sogar auf unbebautem Land versteckt ... Sie heißt Bärenklau oder wilder Engelwurz, und ihre Wurzeln und Samen enthalten eine Substanz, die einem gewissen Hormon sehr ähnlich ist: dem Testosteron. Man erzählt mir von Ginsengprodukten, der Bärenklau aber interessiert die Menschen viel zuwenig, und soviel ich weiß, hat man diese Pflanze auch nicht für die Arzneibücher erschlossen.

Man trifft also in jeder Hinsicht gute Maßnahmen für sein Glück, wenn man die Liebe mit wohltuenden Pflanzen nährt. Und man würzt die Liebe noch mit Erotik, bravo.

Ich glaube aber, daß man für sein Glück eine schlechte Maßnahme trifft, wenn man ohne jede Liebe aus rein erotischen Gründen zu den verschiedensten Aufputschmitteln greift; das führt zu Unbefriedigtheit und zu „Immer-mehr-Wollen".

Denken Sie sich meinetwegen, daß ich nichts als ein zwar gutwilliger, aber doch einfältiger Philosoph bin, der an einem Frühlingsmorgen die Tauben auf seinem Dach betrachtet und meditiert. Ich werde das Gesicht der Welt nicht mit Klatschmohn und Engelwurz verändern. Doch ich würde mich glücklich schätzen, wenn es mir gelänge, den einen oder anderen Leser mit einem kurzen Blick bei einem Baum, einer Wolke, einem Gesicht verweilen zu lassen, nur für einen Augenblick, der so kurz ist wie der Flug einer Taube oder wie die Zeit, die man braucht, um seinem Lebensgefährten oder seiner Lebensgefährtin einen Kuß zu rauben. Denn auf diese Weise wird man sich seines Glücks und seines Lebens bewußt, und ich weiß auch, daß man gewinnen will und nicht verlieren.

Warum muß ich denn vom Unglück reden, um die Existenz des Glücks zu beweisen? Weil ich, im Gegensatz zu einem alten Sprichwort – „Jeder muß seine eigenen Erfahrungen machen" –, glaube, daß man immer bereit ist, aus den Erfahrungen der anderen zu lernen.

Obwohl es mir an diesem schönen Morgen eigentlich widerstrebt, erzähle ich Ihnen die Geschichte einer Ehe, die durch bewußten Drogengebrauch zerstört worden ist.

An einem Nachmittag im Herbst kommt eine kaum vierzigjährige Frau zu mir. Blühend, wohlgeformt und strahlend steht sie an der Schwelle zum Alter. Sie hat ein hübsches Gesicht, voller Sommersprossen wie ein kleines Mädchen, und runde Bewegungen. Ich weiß nicht warum, doch ihr Anblick erinnert mich an Marilyn Monroe. (Es ist eine Marotte von mir, mich auf Künstler zu beziehen, um ein möglichst anschauliches Bild zu vermitteln). Sie will schnell, doch „auf natürliche Art“ abnehmen und bittet mich um eine Behandlung. Sie erzählt, daß sie große Zellulitisprobleme hat. Da ich dies nicht allzu ernst zu nehmen scheine, erklärt sie mir, warum sie es so eilig hat.

„Ich möchte kämpfen, um meinen Mann wiederzugewinnen. Wir haben vier Kinder im Alter von sechs bis fünfzehn Jahren, und ich fühle, daß er bald die Scheidung verlangen wird.“

„Liebt er Sie nicht mehr?“

„Das weiß ich schon seit langem nicht ... Monsieur, hätten Sie wohl Zeit, mir zuzuhören? Ich glaube, ich könnte mich selbst besser auskennen, wenn ich versuchte, es jemand anderem zu erklären.“

Sie erzählt mir also, daß ihr Mann Arzt ist. Daß er sich schon von seiner ersten Frau hat scheiden lassen, so frenetisch hatte er gewünscht, sein Leben mit ihr neu anzufangen. Drei Jahre lang trübt keine Wolke ihre große Liebe. Zwillinge werden geboren. Es ist alles in Ordnung. Dann scheint das Begehren allmählich abzuflauen. Der Ehemann ist sich des Problems bewußt und will retten, was er „ihre Leidenschaft“ nennt. Mit Wissen seiner nachsichtigen und lebensfrohen Frau beginnt er, ein wenig sonderbare Zeitschriften zu kaufen, um sich „in Schwung zu bringen“. Von Zeit zu Zeit führt er sie nicht ungern in einen sehr, sehr erotischen Film. Nachher muß sie ihm diesen Film erzählen. Das belustigt sie eher, denn all diese kleinen Schrullen geschehen in einer Atmosphäre der Liebe, der Zärtlichkeit, der gegenseitigen Achtung. Ein drittes Kind kommt auf die Welt. Dann ein viertes. Der Mann arbeitet viel. Abends kommt er nervös nach Hause und sagt, er habe das starke Gefühl, daß die Liebe nicht ewig neu und erregend sein könne. Er beginnt, abends seltsame Getränkemischungen zu trinken. „Um auf der Höhe zu sein“, wie er sich ausdrückt. Diese Drogen machen ihn sonderbar. Bald schläft er, der sonst so müde ist, zweimal hintereinander mit ihr. Dann wieder fällt er in einen an Bewußtlosigkeit grenzenden Schlaf.

„Von einem bestimmten Zeitpunkt an habe ich gesagt, daß ich auf jegliche Liebesbezeigungen verzichte, wenn er seine Mittelchen nimmt. Wir hatten oft schrecklichen Ehekrach. Er fing an, einer meiner Freundinnen offen den Hof zu machen, und sagte, daß ich sie in unserem Intimleben akzeptieren sollte. Ich habe mich gewehrt. Er hat diesen Plan aufgegeben, doch er hat diese Frau zu seiner Geliebten gemacht. (Seitdem habe ich übrigens sehr viel zugenommen.) Ich dachte, daß er sich mit der Zeit wieder ein wenig beruhigen würde. Doch jetzt sehe ich, daß ich ihn mit der Zeit nur immer mehr verlor. Seine Medikamentenmischung ist so kompliziert geworden, daß er mir nicht mehr zuzusehen erlaubt, wenn er sie nimmt. Er sagt: ‚Ich mag deine vorwurfsvolle Miene nicht', und schließt sich im Badezimmer ein. Er versucht wieder, mit mir zu schlafen, doch er ist praktisch impotent geworden. Da höre ich ihn sagen: ‚Ich hätte das alles besser dosieren sollen.' Er hat sich das Haar auf eine für unsere kleine Stadt so provokante Art wachsen lassen, daß er seine Patienten praktisch verloren hat. Von einer gewissen Zeit an hatte ich den Eindruck, daß man mich seltsam ansah. Ich habe erfahren, daß er oft mit einer Bande junger Leute zusammen war, die Rauschgift nahmen. Ich wollte mich mit ihm aussprechen. Er sagte mir: ‚Ich probiere alle erotischen Vergnügungen aus.' Ich habe ihn angeschrien: ‚Ich könnte dich noch verstehen, wenn du einer dieser infantilen, völlig haltlosen jungen Leute wärst, die keine Familie und keinen Beruf haben. Aber bei dir?' ‚Ich bin haltlos und infantil!' Er hat mich voller Haß angesehen: ‚Schau dich an, begreife endlich, du wiegst in jeder Hinsicht hundert Kilo! Ich, ich bin leicht, ich bin alterslos, ich habe alle Rechte, und übrigens habe ich für uns alle wohl genug Geld verdient. Ich werde wieder anfangen zu studieren, ich werde mich mit Psychologie beschäftigen und eine Arbeit über Drogen schreiben.'"

Ihr Bericht hat mich niedergeschmettert. Wie kann sie nur glauben, daß sie den Kampf um ihre Ehe gewinnen könnte, wenn sie ihre Zellulitis bekämpft?

„Ich hätte ihm nachgeben sollen: dann wäre es nicht soweit mit ihm gekommen."

„Dann wäre es mit Ihnen beiden soweit gekommen!"

„Wenn ich nicht so viel zugenommen hätte . . ."

„Aber Ihre Ehe hat sich doch schon aufzulösen begonnen, bevor Sie Zellulitis bekamen. Übrigens wissen Sie sehr gut, daß Sie auch so noch sehr anziehend sind. Nein, er hat große Probleme. Lassen Sie ihn selbst damit fertig werden. Mit vierzig Jahren macht er eine Krise durch, doch die Voraussetzungen dafür waren schon vorhanden, als er zwanzig war! Wenn er nach dieser Krise nicht zu Ihnen zurückkommt, dann sind vielleicht Sie diejenige, die die Scheidung einreichen sollten. Ich werde Ihnen eine Antizellulitiscreme geben, die vor allem aus Efeu besteht, einige Spezialbäder, ebenfalls mit Efeu, leichte harntreibende Mittel und eine ganz sanfte Diät. Sie werden sich beruhigen und entspannen und eine Arbeit annehmen. Kommen Sie in zwei Monaten wieder zu mir."

Zwei Monate später ist sie wieder bei mir. Sie ist immer noch so blond, immer noch so strotzend wie eine runde Frucht: im Grunde ist sie eine stattliche Frau. Sie hat mindestens fünf Kilo abgenommen und erklärt mir, daß sie wahrscheinlich die Geschäftsführung einer Bildergalerie übernehmen wird. Im großen und ganzen hat sie ihr Leben gemeistert und fest in der Hand. Und er? Er ist in Paris. Er treibt sich in der Gegend um die Place de la Contrescarpe herum. Keine Rede von Studien oder von wissenschaftlichen Arbeiten. Er lebt mit einer hoffnungslosen jungen Heroinsüchtigen zusammen und behauptet, sie „medizinisch zu überwachen". Er sieht aus wie ein Clochard und „fixt" ebenfalls. Man sieht sie Stunden und Stunden an der Sonne oder im Kaffeehaus sitzen . . . gerade nur mit einigen Unterbrechungen, die den „Pflegemaßnahmen" für die Kleine gewidmet sind: schnell ins Untergeschoß und eine kleine Spritze setzen . . .

Sie ist tapfer und weint nicht, als sie mir von ihrem letzten Versuch erzählt, sich mit ihm auszusprechen. Sie sagt ganz ruhig: „Ich habe nicht mit ihm geredet. Ich habe diese beiden verlorenen Geschöpfe nur immer wieder angeschaut. Sie haben sich meinem Gedächtnis unauslöschlich eingeprägt. Ich versuche jetzt herauszufinden, wann sich der Mechanismus der Liebe verborgen hat und zu einer lächerlichen Jagd auf das Vergnügen geworden ist. Mein ganzes Leben wird nicht dazu ausreichen ...“

Vernünftige Männer und Frauen dürfen nicht mit dem Feuer spielen, denn letzten Endes weckt man damit den kleinen neurotischen Keim, der mehr oder weniger in jedem von uns steckt.

Deshalb möchte ich die Menschen, die in ihren Gewohnheiten ersticken, gern dazu bringen, endlich aufzuwachen. Die allzu ruhigen Menschen möchte ich dazu veranlassen, sich mit dem Balsam massieren zu lassen, den mir mein Vater vererbt hat. Doch wenn man zu mir kommt wie zu einem Zauberer aus dem Mittelalter und wenn man hofft, daß ich Leuten, die von ihrer Jagd nach Vergnügungen und Ausschweifungen erschöpft sind, irgendeinen Quatsch anbieten werde, dann sage ich nein.

Ich halte es für natürlicher, alten Ehemännern zu Trüffeln, Sellerie oder Fenchel zu raten als zu spanischer Fliege, diesem Maikäfer, der zu einem abscheulichen schwarzen Pulver zerrieben wird und zu tödlichen Nierenschädigungen führt (das war übrigens das Lieblingsgift der Borgia!).

Ich „verschreibe“ lieber solche Aphrodisiaka wie Meeresfrüchte oder Krebssuppe, und ich möchte Sie nicht dazu zwingen, einen Meereswurm zu kochen, zu trocknen und zu zermahlen.

Eine junge Frau erzählte mir einmal lachend, daß sie die modernen Drogen nicht braucht!

„In meiner Küche habe ich alle Aphrodisiaka, die es gibt! Wissen Sie, ich liebe es, mit tiefen Zügen den Duft der Vanille einzuatmen, bevor ich damit meinen Reis würze: das ist köstlich! Wenn ich Teig bereite, zerreibe ich mit großem Genuß frische Basilikumblätter zwischen den Handflächen: welch ein

Aroma! Und der Majoran, bevor ich ihn in den Salat tue! Und meine Geranien vor dem Fenster!"

All das erzählte sie mir voller Naivität. Sie hatte keine Ahnung, daß sie mir mit dem sinnlichen Instinkt einer guten Köchin eine ganze Reihe wirklicher Aphrodisiaka aufgezählt hatte.

Anderseits glaube ich, daß alles aphrodisische Wirkungen haben kann. Oder nichts. Unsere Sinne gehorchen derart wunderlichen und geheimnisvollen Gesetzen, daß das Gefühlsklima mehr zählt als alle Getränke. Was man wirklich braucht, um die Liebe aufleben zu lassen, ist eine festliche Stimmung. Eine innere Hochstimmung mit all der Zärtlichkeit, mit all den richtigen Worten und Gesten, die dazugehören.

Wenn Sie eine Küche für Verliebte führen wollen, rate ich Ihnen natürlich eher zu Kaviar – seine Wirkung scheint unübertrefflich zu sein – oder sogar zu Tulpenzwiebelsalat als zu Lattich und zu geschmorten Seerosen, die so beruhigend sind, daß man sie im Kloster zu den Speisen servierte! Greifen Sie an dem Abend, der der Liebe geweiht sein soll, lieber zu Wild als zu Hühnerbrust. Geizen Sie nicht mit Bohnenkraut, und seien Sie sparsam mit dem guten Wein: allzuviel ist ungesund.

Ich werde bestimmt nicht davon abraten, gewisse Aromastoffe ins Badewasser zu tun. Man kann sich mit den geeigneten Pflanzen ganz einfach ein Bad bereiten und einige Zweigchen Rosmarin, Bohnenkraut und Basilikum sowie Geranienblütenblätter im Wasser herumschwimmen lassen. Die Frauen werden es romantisch finden und mit Vergnügen darin baden. Die Männer werden finden, daß es wie eine Gemüsesuppe aussieht! Ich rate ihnen, ein wenig zu schwindeln und fertige Kräuterteebeutel zu kaufen.

Gerüche haben ihre eigene Macht. An manchen Stellen ist der Duft der Haut das beste Aphrodisiakum: in einer Armbeuge, im Nacken, in den Handflächen und im Haar. Es ist allgemein bekannt, daß in der Literatur die Macht der Gerüche besungen wird. Und man weiß, daß gewisse Traditionen schon viele Jahrhunderte alt sind. Moschus, der aus den Drüsen eines Nagetiers aus dem Himalayagebiet gewonnen wird, hat man schon immer für gewisse Parfüms verwendet.

Frauen nehmen auch weiterhin Parfüm. Den Männern gefällt es, oder auch nicht ... Ein bestimmter Parfümtyp zieht einen bestimmten Männertyp an: Hier eröffnet sich ein weites Feld, auf dem die Wissenschaft zweifellos noch einiges entdecken könnte. Doch diese unwichtige Angelegenheit kann nur die Forscherteams der kosmetischen Labors aus Geldgründen anlocken: schade.

Wenn man also im Rahmen der Vernunft bleibt, sind alle Mittel für die Festlichkeit recht und erlaubt.

An dieser Stelle werden die jungen Leute voll Abscheu fragen: Wie kann allein schon der Ausdruck „Fest" in einem Atemzug mit der Vernunft genannt werden? Sie finden, daß darin ein Widerspruch liegt. Sie brauchen zumindest wollüstiges Haschisch und eine bestimmte Art von Musik. Und dann wird selbst dieses Verlangen wertlos, und man will noch mehr haben: etwas, was noch exotischer, außergewöhnlicher, schneller, stärker, bunter und tiefer ist, etwas, was für noch längere Zeit zu noch mehr Ängsten führt. Sie sagen, daß die Festlichkeit ihnen auch die tiefen und unendlichen Welten erschließen muß. Sie zahlen ihren Preis dafür: Oft begeben sie sich damit in die Gefahr, von ihren Reisen nicht mehr zurückzukommen! Und obendrein müssen sie, sobald sie sich mit diesen unaussprechlichen Tauchfahrten vertraut gemacht haben, wieder hinauffinden und in der Realität aufwachen. Wenn sie von ihren Jagden nach dem Vergnügen wieder zurückkommen, sind ihre Augen voll Hoffnungslosigkeit. Um der Gegenwart zu entfliehen, werden sie in Zukunft wieder damit anfangen. Doch ein abgenütztes Vergnügen ist wie ein lächerlicher, alter Clown.

Ein drogensüchtiger junger Mann sagte mir eines Tages, um mich in meine Schranken zu weisen: „Schließlich werden unsere Drogen ja aus Ihren geliebten Pflanzen gewonnen." Es wäre sinnlos gewesen, ihm zu sagen, daß es gute und schlechte Pflanzen gibt. Daß wir weder wie die großen Priester der Vergangenheit sind, die halluzinogene Pflanzen aßen, noch wie Sokrates, der sich eine Schierlingssuppe bereitete. Und daß im Departement Gers kein indischer Hanf angebaut wird. An diesem Tag habe ich einen traurigen Spaziergang gemacht. Ich habe den Mohn, der meinen Garten ziert, mit anderen Augen betrachtet und habe dem einzigen Belladonnastrauch, der neben dem Hühnerstall wächst, einen Fußtritt versetzt. Ich war böse auf die schlechten Pflanzen.

Doch kommen wir wieder auf meinen altmodischen Ausdruck „gesunder Menschenverstand" zurück, auch wenn er den jungen Leuten mißfällt. Dieser Begriff enthält alles Gute, was die Menschheit nur bieten kann: Und glauben Sie mir, gemeinsam mit dem Wort „Liebe" bedeutet dieser Ausdruck ein niemals endendes, großes Fest. Von Pflanzen verstehe ich mehr als von Worten, doch manchmal sehe ich auch die Worte wachsen, und das entzückt mich, als wären es Pflanzen, die mein Großvater gesetzt hat! Ich spüre sehr deutlich, daß unser Gehirn alle Fähigkeiten hat. Doch ich verstehe nicht ganz, warum die Menschen nicht einen ganz einfachen Weg nehmen, um diese Fähigkeiten auszubauen. Sie überspringen wichtige Etappen und glauben, daß die Dinge, die sie in Wirklichkeit noch kaum gestreift haben, bereits abgenutzt sind.

Ich erinnere mich an eine Szene, die sehr deutlich zeigt, wie wenig wir über scheinbar alltägliche Dinge wissen.

Ich war einmal mit einem jungen Paar befreundet. Er brachte oft Arbeitskollegen mit zum Abendessen. Sie hatte den ganzen Tag über nichts zu tun und freute sich über diese Einladungen. Sie verstand es, diesen Abenden eine frische und bohemienhafte Note zu verleihen. Sie zündete Kerzen in der Küche an – es gab kein Speisezimmer – und servierte Pot-au-feu im Zigeunerkleid. Rundherum war alles aus Nußholz, und große getrocknete Gräser vom Wegrand waren im Raum verteilt – sie hatten wenig Geld.

Eines Abends beschließt sie, aus ich weiß nicht welcher Laune heraus, während der Mahlzeit bei Tisch Milch zu trinken. Zunächst sagt sie uns, daß sie einen milchigen Teint haben will, dann beginnt sie, erstaunlich viel davon zu trinken, und improvisiert eine Art großes Milchgedicht . . . Wir waren sehr amüsiert. Sie wird die Heldin des Abends. Wir ermutigen sie, ihre Milch so zu trinken, als wäre es Wein: „Vorwärts, noch ein Glas, Anuschka!“ Sie beginnt, ihr Leben zu erzählen, so als würde sie langsam besoffen. Wir lachen viel. Sie ist russischer Abstammung. Wir fordern sie auf, ihre Milch zu trinken, als wäre es Wodka. Da wir selbst sie mit Wein begleiten, werden wir rasch ein wenig angeheitert! Wir halten Toasts. Nach jedem Trinkspruch schleudert sie wie ein alter Moskowiter ihr Glas auf den Boden. Um Mitternacht sitzt sie etwas aufgelöst neben ihrer leeren Milchflasche und redet mit schwerer Zunge wirres Zeug. Ihr Mann führt sie zu Bett, wo sie in tiefen Schlaf fällt.

Am nächsten Tag gibt sie selbst den Kommentar zu ihrem Milchabend: „Ich war wirklich besoffen, das ist das richtige Wort. Ich hätte fast einen Kater gekriegt!“ Der Vorfall wurde zu einer guten Geschichte unter Freunden: „Anuschka war stockbesoffen von der Milch!“

Doch ein Arzt, dem ich davon erzählte, sagte mir: „Eigentlich ist das nicht so außergewöhnlich. Es ist bekannt, daß Milch einschläfernde Eigenschaften hat, und bei Schlafstörungen rät man oft zu Milch. Bei Ihrer Anuschka hat die individuelle Chemie ihres Körpers an diesem Tag zufällig die Wirkung der Milch in ihr Gegenteil verwandelt. Es kann vorkommen, daß Lindenblüten bei manchen Leuten eine aufputschende Wirkung haben, und ich kenne wiederum andere, die vor dem Einschlafen einen leichten Tee trinken.“ Diese Geschichte scheint überhaupt nichts mit Aphrodisiaka zu tun zu haben, doch sie zeigt einfach, wieviel Überraschendes in den alltäglichen Dingen stecken kann. Wir aber machen alles so, als dürfte uns niemals etwas überraschen. Darum möchten manche Leute gern anderswo suchen . . . Denn der Mensch braucht das Anderswo.

Wir müssen wieder lernen, die Welt der Sinne zu sehen und zu fühlen: das ist eine ausgezeichnete Vorübung für aphrodisische Ernährung, ein wirkliches – Einatmen von Liebe. Wir müssen wieder lernen, den Taumel, der in den verschiedensten Parfüms liegt, ohne Angst zu genießen. Die heutige Welt lehrt uns, uns selbst aseptisch zu machen und die anderen abstoßend zu finden, wenn sie durch ihren Geruch präsent sind. Heute gehört es zur guten Erziehung, „standardmäßig zu riechen": zur Stunde der Zahnbürste riechen alle nach Chlorophyll, nach der Dusche riechen alle nach Lavendel, und alle riechen sie, vor allem nach fünf Uhr, nach desodorierenden Chemikalien! Man lernt, sich ganz unwillkürlich auf der Straße, in der Eisenbahn oder im Kino ohne eine einzige Bewegung die Nase zuzuhalten. Und wenn man dann einmal den Duft des Abends einatmen will, dann riecht man nichts mehr. Man hat diesen Reflex verloren. Manchmal erinnert man sich wieder an irgendeinen Duft: „Hast du gespürt, wie die Levkojen geduftet haben, als wir vorübergegangen sind?" „Äh . . . ja, vielleicht, glaubst du? Waren es Levkojen? Nicht eher der Jasmintee aus dem Restaurant?"

Ich kenne Leute, die ihren Siamkater unter die Dusche stellen und ihn dann mit Eisenkraut einreiben. Sie haben den guten Heugeruch vergessen, nach dem das Fell eines gesunden Tieres duftet.

Ich kenne andere, die mit ihrer Zeit nichts Besseres anzufangen wissen, als ihr Baby zu desodorieren. Es schwelgt in Cremen, in Talkumpuder, Einreibungen und Bädern, die nach falschem Geißblatt und ich weiß nicht was noch allem duften. Wie sollten sie da wissen, daß die Haut eines zufriedenen, wohlgenährten Säuglings nach frischem Brot riecht?

Die Blumen brauchen unsere Nase nicht mehr: ihre Rassen wurden so vermischt, gepanscht und vergewaltigt, daß sie nicht mehr riechen. Zur Feier des Frühlings kauft man sich einen Primelstrauß, man vergräbt die Nase in diesen seidigen, samtigen Blättern und . . . nichts. Hat es denn je etwas Feineres gegeben als diesen Duft, der an die frühen Stunden des Tages erinnert, an die Morgendämmerung der Welt? Weiß man denn noch, daß Pfingstrosen würzig riechen und daß der Duft der Rosen an phantastische Früchte erinnert? Man ist übrigens so empfindlich geworden, daß wir den Geruch von Mimosen angeblich nicht mehr vertragen können und – nehmt mir diese Hyazinthe von meinem Schreibtisch!

Wenn wir Obst kaufen, dann wählen wir mit den Augen aus. Die Hände sind verboten. Die Nase streikt. Zu meiner Zeit konnte man nicht nur Melonen und Pfirsiche riechen, sondern auch Butter und Camembert. Heute wäre das irgendwie ein wenig vulgär . . .

Ich frage mich manchmal, ob es den Männern beim Heimkommen noch in den Sinn kommt, das Haar ihrer Frau im Nacken hochzuheben und sie an dieser Stelle zärtlich zu küssen. Hier nämlich hat das Haar seine Spuren hinterlassen. Es hat den Duft des parfümierten Wassers vom morgendlichen Bad festgehalten und ihn mit jenem der zarten, versteckten Haut vermischt.

Man kann die Geliebte kaum mehr auf die Augenlider küssen: dort hat sie sich Farbe aufgelegt!

Ich kenne nichts, was so schrecklich antiaphrodisisch ist wie der Atem einer geliebten Person, die sich gerade die Zähne geputzt hat. Statt an süße Liebesworte denken wir an eine Reihe von Reklamemarken. Denken Sie daran: Spülen Sie den Mund so lange, bis auch der letzte Rest vom Zahnpastageruch verschwindet. Danach sollten Sie an einem frischen Minzehalm herumknabbern: dann wird es herrlich sein.

Es ist seltsam, wie wohlriechend manche Landschaften sein können. Manche Häfen sind buchstäblich aphrodisisch. Sie sind überladen von Träumen, von Jod und von – warmen „Häusern". Es gibt noch einige privilegierte Plätze, wo Ihre Sinne, wenn der Fall nicht hoffnungslos ist, wie nach einer langen, langen Ohnmacht wieder erwachen.

Ich erinnere mich an einen Abend in Afrika, an dem ich im

Garten des Hotels ein wenig frische Luft schnappen ging, wenn man das so sagen kann: In einem Winkel war eine Art Dschungel eingerichtet, mit Lianen, Kaffeesträuchern, Colasträuchern, Bananenbäumen, Jasminsträuchern und mit Büschen, auf denen große, fleischige rote Blüten wuchsen, deren Namen ich vergessen habe . . . Ich wälzte wichtige Probleme in meinem Kopf, und die Gerüche des Gartens haben mich dennoch buchstäblich „überfallen“. Plötzlich umhüllte mich der Atem der Nacht. Mir schien, als könnte ich die Düfte plätschern hören, so stark, schwer, bewegt und feucht waren sie. Ich fühlte mich als Teil dieser luxuriösen Sinnlichkeit. Ich fürchtete, sie zum Schweigen zu bringen, wenn ich auch nur einen Schritt machte. Es gelang mir, das Erleben dieser Pflanzenwelt für einige Zeit festzuhalten. Dann hatte sich mein Geruchssinn zweifellos daran gewöhnt, ich verlor die duftende Nacht und merkte nur noch ihre Hitze.

Ich glaube, für uns alle wäre es gut, wieder sinnlich leben zu lernen, denn sonst wird morgen unser Körper und unser Hirn trocken sein wie Reisigbündel. Und es wird kein Aphrodisiakum auf der Welt mehr etwas an unserer traurigen Mutation ändern können.

Das Glück ist auf der Wiese ...

In meinem Dorf mit seinen damals hundert Einwohnern gab es zu meiner Zeit nur eine einzige geschiedene Frau. Jetzt haben wir eher weniger als hundert Einwohner und – drei geschiedene Frauen. Ich werde dieses Zivilisationsphänomen hier nicht behandeln, und nebenbei gesagt ist eine gute Scheidung besser als eine völlig zerrüttete Ehe (besonders für die Kinder). Und eine nicht allzu schlechte Ehe ist besser als eine dramatische Scheidung (besonders für die Kinder).

Ich möchte von der Liebe auf dem Land reden.

Als das Stadtleben noch nicht alle Leute faszinierte und verdarb, waren die Bauern noch am besten für ein glückliches Leben gerüstet. Nicht immer aber wußten sie es. Ich möchte die Verdienste des Fortschritts nicht leugnen, und ich werde nicht – wie ein verirrter Pariser – behaupten, daß die Zeit, als man Petroleumlampen hatte und das Wasser vom Brunnen holte, poetischer war! Doch heute hat unser Wohlstand bereits das richtige Maß überschritten, und wir merken es nicht einmal. Wir schwelgen im Überfluß, in falschem Schein. Nicht genug damit, daß die Leute ohne zu überlegen wie arme Schmetterlinge in die Stadt ziehen, nein, die Stadt kommt ihnen auch noch entgegen. Sie umzingelt sie, sie lockt sie in die Falle und knackt sie auf.

Bäuerinnen, die vor zwanzig Jahren sich selbst und ihren Mann noch verstehen konnten, ohne dazu die ganze heutige Sexologie zu brauchen, beginnen jetzt, sich traumatisiert und verunsichert zu fühlen, und es wird noch so weit kommen, daß es den Handelsvertretern schließlich gelingt, ihnen Freuds gesammelte Werke anzudrehen! Warum auch nicht? Es wäre nichts dagegen einzuwenden, wenn sie wirklich genügend Zeit hätten, sich mit ihren verborgenen seelischen Problemen zu beschäftigen und sich zu ändern. Doch sie sind genauso wie alle anderen: sie können weder ihre Kindheit ändern noch die eigenen Kinder plötzlich umerziehen (und bekanntlich wäre das auf gar keinen Fall gut . . .). Auch können sie ihren Mann nicht gleich um die Ecke zu einem Psychotherapeuten schicken, um zu verstehen, warum es ihn neuerdings weder freut zu pflanzen noch zu – säen!

Früher! Ich persönlich bin der Ansicht, daß es früher auf dem Land nicht solche Schwierigkeiten mit der Liebe gegeben hat wie heute. Ist es das, was man Altern nennt? Wenn man meint, daß „früher" alles in Ordnung war? Also gut, ich bewillige mir 30 Prozent Nostalgie, doch die übrigen 70 Prozent sind reine Objektivität!

Ich glaube, wenn man heute das Landleben von früher zu verstehen sucht, dann bedeutet das gewissermaßen, daß man sich darauf vorbereitet, zu den eigenen Quellen zurückzukehren. Die Städter sind der Zeit schließlich immer ein wenig voraus, und diesmal sind sie es, die auf den Weg ihrer Großväter zurückkehren und versuchen, für die Liebe Zeit zu finden.

Vor vierzig Jahren lebte man nicht nach dem Rhythmus der Stadt, sondern nach dem Rhythmus der Felder. Und die Felder bebaute man mit viel Respekt und Zurückhaltung, und man achtete auf ihre Gesundheit, auf ihren Rhythmus. Man hätte niemals ein Feld „vergewaltigt" und für viele Jahre erschöpft, nur um Geld zu machen. Das wäre kein ehrliches Spiel gewesen. Da baute man eben in dem einen Jahr Weizen an, und in dem anderen ließ man es brachliegen. Wenn man sein Feld bebaute, lebte man mit der Natur und mit der Erde so eng zusammen, daß man den Lebensrhythmus der Städter nur mit Lachen quittiert hätte. Um fünf Uhr früh stand man auf. Um zehn Uhr aß man Speck. Man ging mit den Hühnern schlafen. Und man stieg ganz ruhig zu seiner Bäuerin ins Bett.

Wenn wir in unserer modernen Zeit dieselben Maßstäbe setzen, dann wird heute in den Tag hinein geschlafen. Man hat nicht mehr viel Zeit dazu, um zehn Uhr seine Suppe zu essen. Man hält eher eine Kaffeepause wie in der Fabrik. Die Bäuerin ist zu einem kleinen Generaldirektor in Stiefeln und Blue jeans geworden. Wenn der Tag zu Ende geht, ist sie erschöpft von ihren Sorgen um die elektrische Melkmaschine, um die Rechnungen von der Genossenschaft, um die Bestellung von Kunstdünger und um die Raten des allerletzten Traktormodells. Abends serviert sie Schinken aus dem Plastikbeutel und wärmt auf ihrem Gasherd eine Büchse Erbsen auf. Dann wartet sie. Sie wartet auf dasselbe wie ihre Schwester in der Stadt! Doch der „Herr" ist mit dem Fernsehprogramm beschäftigt.

Zu meiner Zeit schickten die Frauen die Kinder hinaus, damit sie Maulbeeren, Johannisbeeren, Blaubeeren und Himbeeren pflückten und das abgefallene Obst einsammelten. Dann kochten sie daraus Konfitüren und Gelees. Nie hätte man es gewagt, die Konfitüre beim Lebensmittelhändler zu kaufen. So stiegen an manchem Morgen paradiesische Gerüche aus den großen Kupferwannen auf. Die Bäuerin rührte um, schäumte ab und kostete, und wir beobachteten hingerissen, wie die kleinen Zuckerblasen aufstiegen und zerplatzten. Der Ausdruck dieser Frauen verriet, daß diese magische Kochkunst eine Freude war, ein Vergnügen, ein Ritus aus ferner Zeit. Während des ganzen Vormittags hatte sie Früchte berührt, sie hatte sie in kaltes Wasser getaucht, um sie zu waschen, sie hatte sich die süßesten genommen und in den Mund gesteckt.

Ich weiß noch, wie sehr mich die sinnliche Zeremonie des Konfitürekochens beeindruckte, als ich ganz jung war. Von da ist heute nur ein Schritt bis zum beinahe erotischen Gemälde von der Konfitürespielerin. Sie banden sich ein Leinentuch oder einen Schal um das Haar. Dabei enthüllten sie ihren nackten, weißen Hals, und Licht und Schatten tanzten verführerisch darauf, wenn sie sich unter den Feigenbaum setzten, um die Früchte zu schälen. Sie banden auch ihre Schürzenzipfel hoch, oder sie begnügten sich mit ihrem bestickten Leinenmieder, weil es so heiß war, und plötzlich sah man ihre nackten Arme. Vielleicht aber erfinde ich all diese Erinnerungen nur. Die Sonne stieg höher und brannte heiß. Ich höre das Gesumme der Bienen am Morgen, und ich sehe die Bewegungen, die sie vertreiben wollen.

Dann stehen alle Töpfe auf dem Nußholztisch. Etiketten werden geklebt, auf denen in schöner Schulschrift sommerliche Namen stehen. Die Bäuerin beißt in eine letzte Aprikose, ihr Gesicht ist rosig und glänzt ein wenig. Dann verschließt sie mit ruhigen Bewegungen jeden Topf mit geöltem Papier. In ihrem Blick liegt die Zufriedenheit nach getaner Arbeit, einer Arbeit, die liebevoll gemacht wurde und so feierlich wie eine Ode an die Früchte, an den Sommer und an die Lebensfreude.

Das Landleben bestand aus solchen einfachen Freuden. Ich sah, wie man in der Backstube Brot machte. Es war wie ein Fest. Jeder brachte seine Zweige, seine Kräuter und sein Reisigbündel mit. Jeder hatte den Teig in seinen Brotkörben sorgfältig mit einem Leinentuch zugedeckt. Während man darauf wartete, bis die Brote in den Ofen geschoben wurden, plauderte man. Wenn man das fertige Brot und auch einige Briochebrötchen abholen kam, wurde man von einer warmen Duftwelle überflutet. Das süße Brot wurde gleich aufgeteilt, man verbrannte sich die Finger und steckte die Nase in ihr blondes, weiches Fleisch.

Ein Bauer hätte niemals Geflügel gekauft! Er hätte sich sogar niemals vorzustellen gewagt, daß seine Enkelinnen einmal samstags in den Supermarkt gehen würden, um Geflügel zu kaufen! Ich behaupte nicht, daß der Anblick einer Bäuerin, die das Huhn schlachtet, ausnimmt, rupft und brennt, appetitlicher ist als der Anblick einer vornehm gekleideten Frau, die ihr Huhn in den Regalen eines Selbstbedienungsladens auswählt. Doch ich denke, daß so verschiedene Gesten die Denkweise und die Lebensführung dieser beiden Frauen verändern müssen. Die erste ist vom Rhythmus ihrer täglichen Gesten geprägt, ihr wird das gebratene Huhn anders schmecken, sie hat sich angestrengt, damit der Braten saftig auf den Tisch kommt. Die zweite aber wirkt oberflächlich und nicht weiter interessiert. Dieses Huhn geht sie nichts an. Sie hat es bezahlt. Sie hat seinetwegen nur Geld ausgegeben und das Rohr gewärmt. Und die Ausgabe ermächtigt sie ihrer Meinung nach auch zu Kritik. Sie wird eher die Mängel sehen wollen. Für die eine: ein Wunder. Für die andere: eine Lächerlichkeit, die ihr zusteht.

Ich bin versucht, zu denken, daß heute auch schon der geringste Bestandteil des Alltags eher zu Frustration als zu Freude führt. Sagen Sie mir nicht, daß zur Stunde der Liebe nichts davon zurückbleibt.

Was für die Frauen gültig ist, gilt auch für die Männer. Wie kann ein Mann einen Baum pflanzen, respektvoll den Kopf zum Wipfel einer dreihundertjährigen Eiche heben und zugleich auch Bäume fällen? „Früher“ geschah es oft, daß ein Bauer bei der Geburt eines Kindes einen Baum pflanzte, statt ein Fest zu geben. Und von Generation zu Generation erzählte man es sich weiter: „Als Pierre zur Welt kam, hat Onkel Gustave diese Zypresse gesetzt.“ So gehörte die Erde schon zur Familie. Wenn jemand nicht das Glück hatte, eigenes Land zu besitzen, so hatte er doch seinen Lieblingsbaum, glauben Sie mir. Im Leben eines Bauern gibt es immer einen Baum, den er liebt; zum Beispiel jenen, in dessen Stamm er eines Sonntags ein Herz und den Namen seiner Braut eingeritzt hat. Wenn der Sturm irgendeinen alten, bärtigen Waldbewohner gefällt hatte, war man darüber bestürzt wie über den Verlust eines Freundes.

Heute fällen die Menschen Bäume, ohne mit der Wimper zu zucken. Mit ihren schönen Kreissägen ermorden sie innerhalb von fünf Minuten einen Baum, der fünfzig Jahre gebraucht hatte, um zu wachsen. Dann streichen sie ihren Lohn ein, denn sie haben unter dem Vorwand der Flurbereinigung ihre Pflicht erfüllt. Ein wenig später werden sie wieder aufforsten und dafür ebenfalls ihren Lohn kassieren. Währenddessen haben sie einige Kühe verloren, ohne den Grund zu kennen. Sie haben vergessen, daß die Bäume in der Natur ihren Zweck erfüllen. Sie liefern Sauerstoff, sie spenden Schatten, sie schützen vor dem Wind. Sie sind der Zufluchtsort des Viehs und der Veilchen. Man sollte sie stehenlassen, diese Bäume! Aber nein, zuerst schneidet der Mensch, und nachher überlegt er. Und ich behaupte noch mehr: das alles ist bezeichnend.

Die Menschheit in ihrem Wahn kastriert sich selbst.
Sie hat jeden Glauben verloren.
Und doch, wenn das Glück auf der Wiese wäre?
Lauf hin, geschwind, geschwind.

Ach, man möchte es ja gerne tun. Doch man schreckt ein wenig vor der Anstrengung zurück. Man muß wieder dorthin zurückkehren. Schnell! Im Departement Gers hängen jedes Jahr fünfhundert Grundbesitzer ihren Hausschlüssel an einen Nagel und siedeln sich irgendwo anders an. Dann kommt ein Unternehmer und baut Hochhaussiedlungen auf die Felder.

Bald wird es kein Land mehr geben, keine Bäume und kein Vieh. Schon heute läßt man es im Stall. Die frisch gemähte Landschaft wird eintönig und – rationell! Eines Tages wird es heißen, daß wir nicht mehr im Mittelalter leben und daß wir nichts mehr „pflücken" müssen. Weder das Glück noch Butterblumen, noch Maulbeeren, noch irgend etwas anderes. Auch nicht einen Kuß von den Lippen einer Frau, mit der man Haselnüsse sammeln geht.

Eines Tages sagte jemand, der meinen Kampf um die

Erhaltung der Pflanzen um keinen Preis verstehen wollte, spöttisch: „Maurice Mességué? Aber der glaubt doch, daß wir noch in dem Zeitalter leben, in dem man Probleme mit Kräutleinsammeln löst!“ Ich habe das für das schönste Kompliment gehalten, das es gibt. O ja, man kann alle Probleme mit Kräutleinsammeln lösen, nur daß man dazu heute kein Druide mehr sein muß, der nur im heiligen Hain wirkt, und daß man auch etwas von der Landwirtschaft verstehen kann. Ich finde, daß das Zeitalter des Kräutleinpflückens sehr raffiniert sein kann, wenn man es ins zwanzigste Jahrhundert überträgt. Ich weiß noch, wie man Mitte Mai ganze Armvoll Gänseblümchen pflückte. Man verstaute sie in Keramiktöpfe, und die Töpfe stellte man auf den Steinfußboden. Manchmal kam die Hauskatze, und die Köpfe einiger Blumen fielen unter ihren Pfotenhieben auf den Boden. Oder die Gänseblümchen verloren einige Blütenblätter, als hätte die Katze „Er liebt mich, von Herzen, ein wenig ...“ gespielt.

Nach einem Regen ging man Steinpilze suchen. Manchmal legte man sie ein, und manchmal ließ man sie auf Schnüren aufgefädelt trocknen, bevor man die Omeletten damit würzte.

Damals pflückte man noch Weichseln. Anfang März ging man mit einem großen, runden Korb Löwenzahn pflücken.

Man erntete das Leben.

Man erntete die Zeit.

Wir sollten uns nicht auf die Vergangenheit besinnen, um „die gute, alte Zeit“ wiederzuerrichten, sondern um das zu bewahren, was zur Qualität des heutigen Lebens beitragen kann. Nur mit dieser Einstellung kann man wirklich wieder lernen zu lieben. Das Leben zu lieben. Den anderen zu lieben.

Zu meiner Zeit saß man abends nicht vor dem Fernsehapparat. Man hörte den „Vagabunden“ oder den „Compagnon du Tour de France“, die von ihren langen Wanderungen durch die Provinzen Frankreichs erzählten. Sie brachten Neuigkeiten, Geschichten und Lokalnachrichten. Sie sprachen von der Ernte „dort oben“ und vom Wetter „da unten“.

Jedesmal wenn ich es an die Tür klopfen hörte, schwoll mir das Herz vor Freude. Mein Großvater rief mit seiner mächtigen Stimme: „Herein", und der Besucher legte seinen Stock und seine Tasche hinter der Tür nieder. Mein Großvater sagte zu meiner Großmutter: „Richte die Suppe an." Der Träger der kleinen Atemzüge der Welt setzte sich ans Feuer, aß und sprach und sprach. Es war beinahe so schön wie bei Homer. Manchmal sagte er: „Dort legen sie Thymian in Öl ein" oder ähnliche Dinge, und mein Großvater wollte von ihm so viele Einzelheiten über „ihre" Pflanzen wissen, als handelte es sich um Marsbewohner. Das Gespräch roch herrlich nach Ferne und nach Abenteuer. Ihre bedächtige Unterhaltung unterbrachen sie bei jedem sorgfältig gekauten Bissen, denn für sie verlief die Zeit im Wechsel der Jahreszeiten ruhig und ohne Bedrohungen.

Glauben Sie mir, diese Dinge waren es, die zur Weisheit und zum Glück führten. Man erntete. Man blickte in die Flammen und lauschte. Manchmal unterbrach das plötzliche Knacken der Kiefern oder Eichenrinden die Stille. Ein Scheit begann zu knistern und zu murmeln und zu zirpen wie eine Grille. Gebannt lauschten wir seiner Stimme, Träume stiegen aus den Flammen, in den roten Augen der Glut leuchtete Liebe, und wir hielten sie fest.

Die Männer und die Frauen müssen sich Zeit nehmen zum Träumen. Träume gehören auch zur Liebe. Manchmal sind die Menschen mutig genug, um ihre ameisenhafte Betriebsamkeit zu unterbrechen, und wenn sie eines Tages auch noch das Glück haben, sich vor ein Kaminfeuer zu setzen, dann wird sie das zur Sanftheit führen. Zärtlich betrachtet man diesen heutigen Luxus. Vielleicht greift er nach ihrer Hand. Vielleicht hört sie das Lied der Flammen. Vielleicht trinken sie miteinander Glühwein mit Zimt und Koriander. Sie sind wohl in ihrem kleinen, renovierten Bauernhaus, und wenn es hier eine Felldecke und einige Pölster gibt, dann frage ich mich, ob sie wohl daran denken werden, sie vor das Feuer zu legen, um sich wie in einem Film darauf niederzulassen. Ob sie die Gelegenheit vorbeigehen lassen werden, auf poetische Weise unkeusch zu sein.

„Sicher nicht", hätte das Ehepaar geantwortet, das zu mir gekommen war, weil der Mann von mir nichts Einfacheres erfahren wollte, als – das Geheimnis ewiger Jugend! Als sie mir abwechselnd schilderten, wie sie im Namen der Lebensqualität ihr Leben eingerichtet hatten, traute ich meinen Ohren kaum. Es war ihnen gelungen, die Woche in zwei Hälften zu teilen. Dieses Paar arbeitete in der Werbung, und glücklicherweise duldete es ihre Agentur, daß sie Donnerstags schon mittags wegfuhren. In einer Stunde sind sie auf dem Land und leben da bis zum Montag. Und hier sind sie Bauern, die auf nichts verzichten und die nicht schwindeln: sie nehmen alles, was unsere Gesellschaft ihnen bieten kann, und sie spielen auch keine falschen Schäferspiele. Sie haben ein ganz kleines Feld, auf dem sie ihr Gemüse ziehen, drei Obstbäume und eine Himbeerhecke. Sie haben einige Hühner und einige Hasen, die am Montag, am Dienstag, am Mittwoch und am Donnerstagmorgen von einer Nachbarin gefüttert werden. Der Hund und die Katze kommen und gehen mit ihnen. Sie macht ihre Konfitüre selbst, und manchmal auch das Brot. Sie malt naive kleine Bilder, er ist Bastler. Am Montagmorgen fahren sie in die Stadt und leben dort im Hundertstundenkilometertempo. Sie sind eine moderne Ausgabe von Doktor Jekyll und Mister Hyde.

„Aber, sehen Sie, wir haben auch eine Kaschmirdecke, bestickte Pölster, seltene Bücher, Kristallgläser und eine perfekte Stereoanlage in unserem Bauernhof. Da es den Fortschritt nun einmal gibt, sehe ich nicht ein, warum wir nicht von ihm profitieren sollten."

„Und", fügt der Mann hinzu, „in den drei Tagen, die wir in der Stadt verbringen, essen wir wie alle Leute, die es eilig haben, denn wir sagen uns, daß wir nachher vier Tage haben, um unseren Körper zu entgiften! Am Donnerstagmorgen halten wir Diät, um auch wirklich mit der städtischen Lebensweise zu brechen."

„Monsieur Mességué, verraten Sie uns doch Ihre Rezepte zur Erhaltung der Jugend und der Liebe. Wir möchten uns nach Ihren Ratschlägen richten, um uns auf das Alter vorzubereiten."

Ich fand die beiden amüsant und sehr sympathisch. Sie waren ungefähr um die Dreißig, und sie versuchten, aus ihrem Leben das Beste herauszuholen. Sie hatten wirklich Glück. Ich sagte ihnen, daß sie ein Stückchen von ihrem Land abgrenzen und darauf nicht nur Knoblauch, Zwiebel, Kamille, Salbei, Thymian, Rosmarin, Minze, Bohnenkraut, Lavendel und Malven, sondern auch Weißdorn und einen wilden Rosenstock pflanzen sollten. Sie schrieben alles sorgfältig auf. Ich fragte sie, ob sie außer dem Wunsch nach Gesundheit noch ein anderes Problem hätten, und da lachte sie: „Nein, mein Mann und ich, wir verstehen uns gut, und unser Liebesleben hat sich unwillkürlich unserem Lebensrhythmus angepaßt. In der Stadt gehen wir viel aus, wir treffen unsere Freunde, wir unterhalten uns mit ihnen, und zu Hause schlafen wir. Aber auf dem Land lieben wir einander auf ganz andere Weise. Es ist so schön, vor einem Holzfeuer miteinander zu schlafen! Oder, ich hoffe, daß wir Sie nicht schockieren: im Garten . . ."

Ich war nicht schockiert: Wenn das Glück auf der Wiese ist, dann vielleicht auch in dieser Form! Ich komme noch darauf zurück . . .

Plötzlich sagt mir die junge Frau:

„Wissen Sie, wir haben dort lauter kleine Freuden entdeckt. Zum Beispiel im Sommer, wenn die Sonne aufgeht, im Freien weichgekochte Eier zu essen. Ich richte die Tafel auf ganz raffinierte Weise her: die Tellerdeckchen sind aus Leinen, die Eierbecher aus Olivenholz, die gesalzene Butter richte ich in einem kleinen Steinguttopf an, dazu gibt es Obst aus unserem Garten und guten Kaffee. Wir lassen uns Zeit. Wir unterhalten uns gemütlich miteinander. Dann machen wir – manchmal barfuß und noch im Pyjama – die Runde um unseren Besitz, er ist nicht ganz einen Hektar groß. Am Abend machen wir ein

Feuer, sogar im Sommer, nur zum Vergnügen. Wir werfen duftende Kräuter hinein: das erfrischt. Wir schauen in die Flammen und philosophieren."

Und der Gatte sagt liebenswürdig:

„Das luxuriöse Landleben macht die Frauen schön."

Ich bin überzeugt, daß man von diesen beiden Menschen lernen kann, richtig zu leben. Nicht jeder kann so privilegiert sein, außer man stellt alles auf den Kopf und organisiert eine Lebensweise, bei der man zur Hälfte in der Stadt und zur Hälfte auf dem Land wohnt! Doch man kann diese rousseauhafte Lebensauffassung zweifellos ins zwanzigste Jahrhundert übertragen und sich danach richten. Man müßte herausfinden, wie man das Beste aus der Vergangenheit mit dem Besten von heute verbindet.

Lassen Sie mich noch ein wenig von den guten Dingen aus der Vergangenheit erzählen.

Ich denke an die „Gesten", die man verloren hat. Denn heute hat man es eilig, und es ist einem so ziemlich alles gleichgültig. Zum Beispiel banden sich die jungen Männer aus dem Dorf ihr schönstes Halstuch um, wenn sie zum Mähen auf die Wiese gingen. Das war noch eine festliche Angelegenheit. Die Juniluft war voller Liebe. Daneben harkten junge Mädchen die Felder und warfen ihnen Blicke zu. Die Mädchen trugen hübsche, helle Baumwollkleider. Die Burschen hätten sich gerne mit ihnen ins Gras gelegt. Man teilte sich Most und Apfelwein, und dann war der Korb an der Reihe, der im Schatten eines Baumes stand.

Heute wird vor dem Regen alles Notwendige schnell von der Mähmaschine erledigt. Die Mädchen kommen nicht mehr auf die Felder, alles ist eine mechanische Angelegenheit geworden. Mittags wird kein Korb mehr zu den Schnittern getragen. Die Juniluft verströmt ihren Duft ganz vergeblich, Motorenlärm und Benzingeruch töten sie, und es kommen keine Verliebten mehr, die die großen Margeriten pflücken und ihre Blätter zählen!

Eine andere Geste, die man heute praktisch nicht mehr kennt: Wenn die Maurer beim Dachfirst angelangt waren, hängten sie einen Blumenstrauß auf den Kamin. Das bedeutete: Wir haben unsere Arbeit bald beendet. Wir sind oben, in der Nähe des Himmels, und wir verkünden allen: In diesem Haus wird das Glück wohnen. Sie schämten sich nicht, nach den alten Traditionen zu handeln, in denen so viel Sinn und Hoffnung liegt. Und wenn das Haus fertig war, kam ein Priester und segnete es. Heute bezieht man „schlüsselfertige" Wohntürme!

Es wird wohl auch kaum mehr junge Ehemänner geben, die ihre Frauen über die Hausschwelle tragen!

Wenn ich an die verlorengegangenen Gesten denke, denke ich auch an folgende Kleinigkeit: Man ließ sich viel Zeit, um eine schöne „Lou-Moussu"-Handschrift zu haben. „Lou Moussu", le Monsieur, das heißt der Lehrer, hatte uns gelehrt, welche Buchstaben voll und welche schlank waren, er hatte unserer Hand eine Art ruhigen und nuancierten Rhythmus gegeben. Heute hat jeder eine Ärztehandschrift, sogar auf dem Land, und statt der Liebesbriefe gibt es das Telephon!

Die Gesten, die Schritte . . . „Zu meiner Zeit", wie man so schön sagt, gingen die Bauern ruhig von einem Punkt zum anderen. Sie hetzten sich noch nicht so ab wie die Raser aus der Stadt. Man hätte sie sehen sollen mit ihren schweren Schritten; sie blieben stehen, um ein Wiesel zu betrachten, das den Weg überquerte, um herauszufinden, wo die Elstern nisteten und um zu orten, woher die Kuckucksrufe kamen. Am Sonntag sangen sie in der Messe. Sie sangen! Stellen Sie sich das vor! Heute ist das nur mehr für die Frauen gut genug. Vielleicht verallgemeinere ich zu sehr? Ich glaube kaum . . .

Am Abend sitzt man nicht mehr lange beim Essen, nein, man macht sich Sorgen um das große Pferderennen.

Am Abend saß man noch lange beisammen. Man erzählte sich Geschichten über die Heldentaten des Großvaters. Man machte Bemerkungen über die Weisheit der Alten. Heute wirft man ihre Photos weg und verfolgt auf dem Fernsehschirm die

Eroberung des Mondes. Die Menschen suchen das Glück, aber wie sollten sie glücklich sein, sich in ihrem Körper und in ihrer Seele wohl fühlen?

Und wie sollten sie da auch in der Liebe glücklich sein? Alles muß wieder erlernt werden.

Ich glaube, daß die Urlaubszeit für alle eine gute Gelegenheit bietet, wieder in die Lehre zu gehen. Landbewohner und Stadtleute leben plötzlich miteinander, und wenn die Städter beginnen, sich nach dem Landleben zu sehnen, dann fragen sich die Leute auf dem Land, ob diese Städter sie nicht eigentlich zu Recht beneiden, sie, denen man noch nicht ganz das Bewußtsein genommen hat, daß sie, wie wir, dabei sind, ihr Lebensglück zu verlieren.

Im Frühling und im Sommer ist die Stimme der Natur so laut, daß die guten Instinkte jedes Hindernis überwinden und sich wieder regen: Das ist die Gelegenheit, bei der man versuchen sollte, Bilanz zu ziehen, das Dringendste zu ändern, mit dem Partner zu reden, große Spaziergänge zu machen und sich in einer passenden Landschaft in den Schatten einer Pinie oder eines Olivenbaums zu setzen und einander alles zu sagen, was man auf dem Herzen hat.

Wenn Sie Ihre Liebespflanzen pflücken gehen, müssen Sie auf jeden Fall sehr früh am Morgen aufbrechen, denn sonst wird Ihnen die Sonne zu heiß. Bei der Auswahl der Plätze müssen Sie sehr heikel sein. Um gesunde Pflanzen anzutreffen, sollten Sie an den unberührtesten Flecken suchen. Der Wegesrand ist voll Staub und Schmutz und neben einem bebauten, sicherlich mit Chemikalien behandelten Feld manchmal auch voller Unkrautvertilgungsmittel. Daraus können Sie schon ersehen, welch ein Abenteuer das Pflücken ist! Ihr Korb sollte einen Deckel haben, damit die Pflanzen geschützt sind. Wenn Sie nach Hause kommen, waschen Sie Ihre Pflanzen fünf- oder sechsmal mit sehr viel Wasser, damit sie von eventuellen Verschmutzungen befreit werden: der Regen schadet ihnen ja auch nicht, oder? Legen Sie sie dann einzeln an einem kühlen und gleichzeitig auch gutgelüfteten Ort auf einen Rost. Geben Sie Ihre Vorräte danach in Säckchen aus feiner Baumwolle. Das Gewebe dieser Säckchen sollte so duftig sein, daß es möglichst viel frische Luft hindurchläßt, gleichzeitig aber auch vor Staub schützt. Wenn ich mich in Hausfrauenangelegenheiten mischen darf, dann würde ich vorschlagen, gebrauchte Geschirrtücher oder Bettlaken aus guter, alter Baumwolle dafür zu verwenden.

Die Vorbereitungen eines Amateurbotanikerehepaares sind kleine Boten guter Laune. Stecken Sie ein Botanikbuch in ihre Tasche, damit Sie das, was Sie pflücken wollen oder können, auch wirklich gut erkennen. Manchmal ist eine Schere besser als ein Messer: nehmen Sie beides mit. Bereiten Sie auch einige viereckige Tücher aus gebrauchter Wäsche vor, um die Pflanzensorten voneinander zu trennen. So werden auch Sie sich besser auskennen, und die Düfte werden nicht vermischt. Nehmen Sie eine Wanderkarte mit, einen kleinen Imbiß und Ihre gute Laune.

Auch eine Decke sollten Sie mitnehmen. Wenn Sie sie zusammengerollt über die Schulter hängen, werden Sie ihr Gewicht kaum spüren. Oder nehmen Sie ein Tischtuch aus Plastik, das man zusammenfalten und in die Tasche stecken kann. So werden Sie sich ohne Angst vor Ameisen hinsetzen können, um im Schatten eines Baumes die Kräuter zu sortieren und ein wenig Brot zu knabbern. Wenn der Gesang der kleinen Vögel Sie an diesem wilden Ort begeistert, wenn der Geruch des warmen Grases, in dem die Minze sich versteckt, Sie erregt, wenn der Duft des reifen, großen Fenchels sich mit dem der Myrte und der Zistrose vermischt und Ihnen ein wenig den Kopf verdreht, lassen Sie sich vertrauensvoll von dieser Woge fröhlicher Sinnlichkeit mitreißen.

Ihre Gefährtin wird sich zunächst ein wenig vor dem Gerede der Leute fürchten, als würden die Bäume und die Gräser alles weitererzählen! Versuchen Sie nicht, sie mit vernünftigen oder auch zärtlichen Argumenten zu überzeugen, denn dabei könnten Sie sich einen kräftigen Sonnenbrand holen. Nein, verwir-

Wissen um die echten Werte könnte er besser leben, besser ken und sich für seine Ziele besser einsetzen. Er ließe sich Fernsehen, vom Konsumdenken, vom täglichen Einerlei, seinem Partner oder von der Umwelt nicht mehr zum ven machen. Er könnte wieder nach seinem freien Willen n und zufrieden sein. Er könnte auf seine Art gegen alle echtungen des Lebens kämpfen.

ei uns heißt es: „Man muß zuerst vor der eigenen Tür ren", und dann wäre bald die ganze Stadt dabei, reinen h zu machen. Und dann kann man gemeinsam aufbauen.

h denke an Fleurance: Als ich die Bewohner des Ortes m bat, ihre Fenster mit Blumen zu schmücken, da freuten alle darüber, wieder an Blumen, an Farben und an klinge denken zu können. Jeder mußte wieder Zeit dafür ringen, sie zu beschneiden und zu gießen. Und jeder mußte eigentlich wieder ernsthaft mit dem wechselnden Rhyth- der Jahreszeiten beschäftigen.

nd bald war die ganze Stadt mit Blumen geschmückt.

ehen Sie, das ist vielleicht das anschaulichste Beispiel für ne Lebensphilosophie.

h möchte nicht zu weit gehen und behaupten, wer die Liebe einer Ehe erhalten kann, ist auch dazu fähig, die Liebe auf Welt zu erhalten, doch beinahe ist es so. Wenn die Devise Hippies nicht zuließe, daß man Drogen nimmt, auf passive revoltiert und sich gehenläßt, dann hielte ich sie für sehr r: „Macht Liebe, nicht Krieg." Eigentlich wurde dabei nur gute alte Katechismusweisheit auf die heutige Zeit bezogen ers ausgelegt: „Liebet einander!"

oeben habe ich gesehen, wie die Iris unter der Holzbrücke blauen Köpfe aus der Erde steckt. Ich habe meine schkerne ins Wasser geworfen, und jedesmal kamen die en vom Ufer dahergeschwommen, um ihren Schlangenhals der Suche nach Futter in die Wellen zu tauchen. Die nerie war blau und grün, und auf den Wellen tanzten atten und unglaubliche Lichter. Lange Zeit blieb ich hier, ren Sie sie, und überzeugen Sie sie damit. Nehmen Sie ihr alle Ängste, die sie von ihrer Mutter geerbt hat, alle Zurückhaltung, die ihr ihre Kinder auferlegt haben. Wenn sie die „Pille“ nimmt, dann gibt es keine Schwierigkeiten ... wenn aber nicht, dann lassen Sie es nicht zu, daß sie sich in ihre fixen Ideen von Empfängnisverhütung verwickelt, sondern bieten Sie ihr eine Lösung: glauben Sie ja nicht, daß in einem so schönen Augenblick ein Präservativ Ihnen und ihr alles verderben könnte. Denn jetzt ist die richtige Zeit, um mit alten Gewohnheiten aufzuräumen und um die Erstarrung zu brechen. Die Natur hilft Ihnen dabei mit ihrer Ausstrahlung, mit all ihren Liedern und mit all ihren Farben. Plötzlich ist es „etwas anderes“, es ist das Erlebnis totaler Kommunikation mit dem Universum, und das ist für einen erwachsenen Menschen wohl das höchste Glück.

Daß ich gerade diese Gedanken niederschreibe, hätte meinen Vater und meinen Großvater sehr erheitert: „Glaubst du vielleicht, daß du die Liebe in den Feldern erfunden hast, Maurice?“ Ach ja, wie viele schöne, große Gemälde erzählen von diesem Vergnügen besser als ich! Doch gestern war es noch normal, auf den Wiesen herumzutändeln und nach Kythera, der Venusinsel, zu reisen. Heute fürchtet man, sich mit Brennesseln den Hintern zu verbrennen. Die Erde scheint nicht glatt genug zu sein. Man legt sich lieber unter ein Betondach auf eine gute Matratze aus synthetischem Moos als unter Zweige auf echtes Moos. Auch von den Bächen will man nichts mehr wissen. Man hätte lieber, verzeihen Sie mir, ein tragbares Bidet! Niemand scheint sich daran zu erinnern, daß der Zauber eines nach Minze riechenden Kusses, die zärtliche Berührung des Grases oder des Sommerwindes auf einem Stückchen nackter Haut gute und natürliche Dinge sind. Anscheinend müßten wir noch einmal geboren werden, um wieder lieben zu lernen.

Ich muß lachen, wenn ich mir vorstelle, daß die Badestrände in diesem Sommer nicht so überfüllt wären, wenn die Leute meine Ratschläge befolgten.

Botanisieren kann also nur wertvolle Freuden bringen und den Paaren helfen, die Natur wiederzuentdecken.

Wissen Sie übrigens, daß die Wirkung der Natur manchmal außergewöhnlich aphrodisisch ist? Man hat mir gesagt, daß zum Beispiel Nadelwälder die Sinne erregen.

Es scheint, daß man auf dieses Phänomen stieß, als man versuchte, das Verhalten von Tuberkulosekranken in Sanatorien zu studieren. Man wunderte sich immer über ihr „Temperament", bis man eines Tages bemerkte, daß man vielleicht einen Zusammenhang suchen könnte zwischen ihrem sexuellen Appetit und der Ausdünstung der Kiefern, unter denen sie die Zeit verbrachten, wenn sie im Freien waren. Wenn diese Interpretation richtig ist, möchte ich noch folgendes sagen: Es muß in Betracht gezogen werden, daß oft die Höhenlage, dazu ganz einfach diese Luftkur und auch die Untätigkeit (man befindet sich mitten in der Natur und hat nichts weiter zu tun, als sie einzuatmen) jedem helfen würde. Alle, die über Impotenz oder Frigidität klagen, sollten gründlich darüber nachdenken . . .

Die Kunst der Liebe in de

Viele werden mir vorwerfen, daß die Rück
selbst in den Ferien, nicht so leicht ist, wie ich
ich über die Krise in der Liebe und in der
hinweggehe.

Ich möchte nicht die Gesellschaft zu analy
um die Gründe für das Versagen in der Lie
Doch eines ist wahr: Wenn die Leute mürrisch
Hoffnung sehen, mit ihren Wohn- und Arb
mit ihrer Karriere, ihrer Umwelt, ihren Steue
Kindern unzufrieden sind, dann scheint es sch
einfache Lösungen wie das Trocknen von P
Winter anzuraten.

Dennoch neige ich, als wäre ich Pfadfin
Grunde meines Herzens zu einer Denkwei
einfach ist wie meine Heilkräuter! Ich glaube
seiner Ebene sich mit aller Kraft erkennen un
keln wollte, dann würde er schließlich auch di
und verstehen. Vielleicht könnte er dann eine
führen, vielleicht gelänge es ihm dann, seine
Umständen, aus der Erstarrung zu lösen ode

und dabei fragte ich mich, ob es wohl möglich sei, den anderen all die Schönheit, die man erlebt hat, all die Wahrheit, die sich einem offenbart hat, zu vermitteln.

Eine charmante alte Dame, die ein Wundermittel gegen ihren Rheumatismus haben wollte, sagt mir eines Tages über ihre Schwiegertochter:

„Wie sollen denn die jungen Ehen gutgehen? Die Welt ist dekadent. Es gibt keine Moral mehr. Die Jugend ist verdorben. Daran läßt sich nichts mehr ändern."

„Doch, doch, da läßt sich sicherlich noch irgend etwas machen", sage ich aufs Geratewohl.

„Ich werde meine arme Schwiegertochter nicht mehr ändern können. Sie ist so frivol, daß es verboten gehört. Sie ist zwanzig Jahre alt, und die Cremetiegel stapeln sich auf ihrer Kommode – und um welchen Preis! Sie kauft grünen oder blauen Nagellack und findet das raffiniert. Sie kocht jede Mahlzeit aus der Konserve. Sie muß zweimal in der Woche ins Kino gehen. Mein Sohn gibt ihr nach. Dann kommt er zu mir, beklagt sich und will mein eingemachtes Kalbfleisch essen! Haben Sie kein Kraut gegen Leichtsinnigkeit?"

„Da könnten Sie mich genausogut um einen Kräutertee gegen die Jugend bitten."

„Ich war niemals so. Die Erde scheint aus den Fugen geraten zu sein."

Ich weiß nicht genug über diese beiden jungen Leute, um auch nur den geringsten brauchbaren Vorschlag machen zu können. Ein Psychoanalytiker hätte vielleicht irgendeinen Zusammenhang zwischen der Angriffslust der alten Dame und der Nachgiebigkeit ihres Sohnes herausgefunden. Und darin auch eine Erklärung für die Unausgeglichenheit dieser jungen Frau, die an solche Familienverhältnisse gebunden ist, entdeckt. Ganz zu schweigen von dem, was die eigene Familie bei ihr angerichtet hat. Wenn man sich auf dieses Minenfeld begibt, dann kann es geschehen, daß man vielleicht nicht mehr lebend herauskommt!

Ich verschrieb der alten Dame einige gute Kräuter gegen ihren Rheumatismus; das war alles, was ich für diese drei Menschen machen konnte, und ich betete, daß die Kräuter ausreichen mögen, um sie alle drei nachsichtiger zu machen.

Man sieht immer weniger glückliche Ehen, weil sie alle heiraten, ohne an die Zeit zu denken. Sie glauben, daß ihre Leidenschaft ewig dauern wird. Sie verstecken sich vor der Realität. Wie sagten mir doch Jean und Cathérine, die mir schließlich ihre Eheschwierigkeiten erzählten:

„Wir dachten, daß wir gemeinsam gegen alle Ängste kämpfen würden. Jetzt sind wir zwei Geängstigte, die knapp vor der Scheidung stehen."

„Haben Sie denn aus Angst geheiratet? Ich dachte, man heiratet eher aus Liebe . . ."

„Oh, wir waren auch sehr verliebt. Wir konnten nicht voneinander lassen. Ich glaubte, daß sich mein Traum verwirklicht hätte. Er auch. Doch das Blatt hat sich gewendet. Das heutige Leben ist daran schuld: Wir haben nicht allzuviel Geld und überhaupt keine Zeit. Oder umgekehrt . . ."

„Sie ahnen sicher, daß es das beste gewesen wäre, wenn Sie einander bei Ihrer Heirat so gesehen hätten, wie Sie wirklich sind. Man heiratet keine Träume, die man dem Partner schlecht und recht anpaßt!"

„Hätten wir uns testen lassen sollen, um ganz sicher und wissenschaftlich über unsere Charaktere und über unsere Überlebenschancen informiert zu sein?"

Sie war aggressiv, diese kleine Cathérine! Sie schüttelte ungeduldig ihr blondes Haar und warf mir finstere Blicke zu. Dennoch sagte ich:

„Man kann nicht zusammenleben, wenn man den Partner nicht so akzeptiert, wie er ist. Und man kann den Partner nicht akzeptieren, wenn man sich nicht selbst akzeptiert."

„Das ist ja ein ganzes Programm!"

„Aber sagen Sie mir, warum sind Sie gemeinsam hergekommen?"

„Weil wir beide eine Allergie haben. Ein blödsinniges Nesselfieber, das uns das Leben sauer macht. Da Sie unseren ehemaligen Englischprofessor behandelt haben, und da wir hier in der Gegend Urlaub machen . . ."

„Und da wir alle Medikamente ablehnen . . ."

„Sie haben vieles gemeinsam", sagte ich lachend, „das Nesselfieber, das Englischstudium, die Abscheu vor Medikamenten."

„Ja, aber wir müssen Ihnen gestehen, wir gefallen einander körperlich nicht mehr. Er hat sogar begonnen, sich für andere Mädchen zu interessieren. Und es gibt keinen Grund, warum ich nicht Freunde treffen sollte, die mir gefallen. Warum sollen wir da verheiratet bleiben? Wir würden trotzdem gute Freunde bleiben . . ."

„Wollen Sie nicht verstehen, warum Sie einander körperlich nicht mehr gefallen? Haben Sie keine Lust, miteinander darüber zu reden?"

Jean scheint ein junger Mann zu sein, der sich überlegt, was er sagt. Er ist ebenfalls blond, Löckchen ringeln sich in seinem Nacken. Er trägt eine Hornbrille, das Zeichen der Intellektuellen.

„Seien Sie sicher, über diesen Punkt ist schon alles gesagt. Es gibt doch kein Wunderkraut, um das Begehren wiederzuerwekken, oder?"

„Kräuter, um das Begehren wiederzuerwecken? Vielleicht – wenn man sie mit Liebe zubereitet!"

Sie lachen. Mir scheint, daß zwischen diesen beiden noch nicht alles zerbrochen ist. Ich sage:

„Sie sollten einige Zeit zusammenbleiben, bis Ihre Allergie geheilt ist. Sie müssen Ihre Handbäder und Ihre Aufgüsse gemeinsam zubereiten. Was riskieren Sie schon, wenn Sie es auch mit Bohnenkraut, Minze und Orangenblättern versuchen? Halten Sie eine kleine Sinnlichkeitskur, bevor Sie sich trennen. Nur um eine gute Erinnerung zu bewahren!"

„Wir sehen, worauf Sie hinauswollen."

„Pah! Man kann es doch versuchen ... Wenn man miteinander Probleme gehabt hat, dann hat man sie wahrscheinlich auch mit anderen! Vielleicht nützt es, über dem dampfenden Kräutertee miteinander darüber zu reden! Im Namen einer gewissen Einigkeit bei der Trennung, wenn man diese Einigkeit schon nicht in der Ehe gehabt hat.“

Ihr ehemaliger Englischprofessor war es, der mir später wieder von ihnen erzählt hat: Sie sind schließlich zusammengeblieben. Sie haben jetzt ein kleines Mädchen. Sie witzeln über ihre Versöhnung, die sie den Kräutern zu verdanken haben, und beteuern, daß sie ihre Tochter um ein Haar Sarriette, zu deutsch: Bohnenkraut, nennen wollten. Sie können sich ruhig lustig machen! Es gefällt mir, daran zu denken, daß unsere kleine Unterhaltung ihnen geholfen hat, wieder zueinanderzufinden. Die Heilmaßnahmen hatten ihnen als Vorwand gedient. Sie konnten gemeinsam über mich lachen. Auf diese Weise konnte sich die Situation so weit lockern, daß sie sich für das Gelingen ihrer Ehe einsetzten.

Es ist auch an der Zeit, wieder eine Lösung für die Ehekrisen zu finden. Vor allem, weil es sich dabei nur um allzu natürliche Störungen handelt.

Manche Leute sagen, daß man nur die Einrichtung der Ehe abschaffen muß, um alle Probleme zu lösen. Das ist weder sehr neu noch sehr ernst zu nehmen. Denn eigentlich hat die Ehe die Paare noch nie daran gehindert, auseinanderzugehen, wenn sie es unbedingt wollten. Und ob man nun gleich die Koffer packt oder vorher noch zu seinem Rechtsanwalt geht, ist für die Kinder auch keine bessere Lösung.

Manche Leute versichern, daß die ideale Lösung aller Eheprobleme im Kommunenleben liegt. Warum nicht? Doch ich kann meinen gesunden Menschenverstand nicht davon überzeugen. Ich sage mir, daß der Partnertausch als Institution in unsere geschichtliche Entwicklung und in unsere Kultur nicht hineinpaßt; und ich kann mir nicht gut vorstellen, daß wir unsere Probleme zu sechst besser lösen als zu zweit. Da müßten die Männer und die Frauen schon ganz anders veranlagt sein! Eifersucht und leidenschaftliche Gefühlsausbrüche sind, selbst wenn sie zurückgehalten werden, auf keinen Fall eine echte Garantie für Dauerhaftigkeit. Liebe, die im Kreis geht und dabei das Glück finden will, wird nicht alle Mitglieder der Kommune eines Tages glücklich miteinander alt werden lassen.

Die Hippies sagen, doch. Ich glaube, daß ihre Gewohnheit, Haschisch zu rauchen, ihnen wohl hilft, leidenschaftslos zu bleiben: doch das scheint mir keine Qualitätsgarantie zu sein!

Hat der Mensch denn letzten Endes etwas Besseres gefunden, als an der Seite seiner Gefährtin zu wandern? Und umgekehrt. Es ist ein großes Glück, sein Leben gemeinsam aufzubauen, gemeinsam alt zu werden, selbst wenn man nach der ersten, schönen Anfangszeit gemeinsam vom Leben hin- und hergeworfen wurde.

Wenn also Frauen oder Männer zu mir kommen und klagen, wenn sie aus jeder Kleinigkeit eine Tragödie machen, dann erfaßt mich manchmal eine gewisse Müdigkeit. Dann frage ich mich traurig, was dieses ganze Gefasel eigentlich soll! Da sitzen sie und beweinen ihr trauriges Schicksal, das der Partner auf dem Gewissen hat. Stellen Sie sich denn nicht manchmal vor, daß sie plötzlich allein dastehen könnten, ohne den anderen? Und dann erst hätten sie wirklichen Grund, zu verzweifeln.

Die Frauen können nicht genug über die Schwächen ihrer Ehemänner erzählen. Die Männer sind auch nicht besser, aber sie lassen sich ihre geheimen Gedanken weniger anmerken . . .

Ich erinnere mich an eine ungefähr fünfzigjährige Geschäftsfrau. Sie sah sehr gut aus, war elegant und sehr rassig. Sie litt an Migräne, Ischias und an Tausenden unbestimmten kleinen Beschwerden. Ich warte. Ich sage mir, daß diese lange Liste mich schließlich über die tieferen Gründe dieser versteckten, aber hartnäckigen Revolte des Körpers aufklären wird. Zu meiner großen Überraschung geht die Dame ganz abrupt dazu über, die vielen schlechten Eigenschaften ihres Gatten aufzuzählen. Ich erfahre also, daß Jacques wirklich nicht liebevoll ist, nicht gesprächig, nicht großzügig, nicht nachsichtig, nicht bescheiden, nicht begeisterungsfähig, nicht diplomatisch, nicht feinfühlend, nicht hübsch, nicht umgänglich, daß er bei der Liebe langweilig ist und sich keinen Deut darum kümmert, was sie in ihrem Stoffgeschäft macht und wofür.

Zusammenfassend erklärt sie mit einem komischen Seufzer: „Kurz, er hat alle Nachteile!" Dann gibt sie mir ganz naiv die Lösung, die ich suchte: „Er macht mich krank!"

Ich stelle mir die lange Reihe der Tage und der Nächte vor, in denen sich die Verschlechterung unauffällig wie der Wurm im Holz in diese Ehe eingenistet hat.

Da ich möchte, daß sie all ihre Klagen wieder im richtigen Licht sieht, sage ich ihr:

„Lassen Sie sich scheiden!"

Sie schaut verblüfft auf.

„Das meinen Sie doch nicht im Ernst!"

„Und warum nicht? Sie haben ein Geschäft, also haben Sie etwas, wovon Sie leben können und was Sie beschäftigt. Wenn Ihr Mann Sie krank macht, dann werden Sie wieder gesund, sobald Sie ihn verlassen."

Sie fragt sich, ob ich wohl scherze. Ich gestehe, daß ich mich innerlich ein wenig amüsiere.

„Sie haben nie daran gedacht", sage ich, um ihr zu helfen.

Ich sehe, wie sie sich hochmütig aufrichtet und mit einer Hand, der man das Alter kaum anmerkt, ihren tadellosen Haarknoten zu richten vorgibt. Sie will Zeit gewinnen. Wird sie auf das Spiel eingehen?

„Hören Sie, Monsieur, wenn ich mich über meinen Mann beklage, so heißt das nicht, daß ich ihn nicht liebe! Wie können Sie denken, daß ich, nachdem ich beinahe dreißig Jahre mit ihm verbracht habe, plötzlich alleine leben könnte? Wir haben vier Kinder miteinander gehabt, Monsieur! Wir haben uns eingeschränkt, um das Geschäft kaufen zu können. Er ist immer zuverlässig gewesen. Und mutig. Achtbar. Ich weiß nicht, ob es heute viele junge Männer gibt, die es mit ihm aufnehmen können. Und ich würde sogar sagen, daß keines meiner Kinder ihm gleichkommt!"

„Aber Sie selbst haben mir die lange Liste seiner schlechten Eigenschaften aufgezählt, Madame ..."

Ich gestehe, daß ich voller Genugtuung war, als ich sie so sprechen hörte.

Da beginnt also meine distinguierte Geschäftsfrau langsam rot zu sehen:

„Monsieur, ich habe gesagt, daß mein Mann nicht liebevoll ist, doch ich tat es nur, weil ich, ohne zu wollen, mich benehme wie ein verwöhntes Kind. Ich möchte immer, daß er zärtlich ist, daß er sich an die Jahrestage unserer kleinen Freuden erinnert. Daß er mir kleine Geschenke mitbringt, wie einer Braut. Doch der Arme wäre sehr erstaunt über meine Träume. Er behandelt mich als eine erwachsene Frau, die mit beiden Beinen im Leben steht: er hat ganz recht."

Sie betrachtet mich, als wäre ich der Ankläger und sie der Rechtsanwalt ihres Gatten. Ich frage mich, ob sie ihre Rede wieder aufnehmen wird, um mir Punkt für Punkt das Gegenteil zu sagen: Ja!

„Monsieur, ich möchte nicht, daß Sie mich mit jemandem verheiratet glauben, der sich in der Liebe nicht besser auskennt als ein Chorknabe. Meine Klagen vorhin waren unüberlegt, denn wenn ich wirklich wollte, daß ‚es' sich anders abspielt, müßte ich nur eine Bewegung machen oder ein Wort sagen: Ich bin doch immerhin alt genug, um mich darüber aussprechen zu können."

Ich möchte lachen, doch ich hüte mich davor. Mit sehr ernster Miene treibe ich sie in ihre Argumentation.

„Sie haben mir gesagt, daß er nicht gesprächig ist, nicht bescheiden, nicht hübsch ..."

„Gott sei Dank! Ich wünschte natürlich, daß er ein wenig mehr mit mir redet, aber nach so vielen Jahren ... Ich kenne ihn so gut, daß ich seine Worte vorhersagen könnte. Eigentlich glaube ich, daß alles schon ohne Worte gesagt ist. In einem gewissen Sinn ist das ein kleiner Liebesbeweis, oder? Nicht bescheiden? Ich habe wirklich kein Recht, mich zu beschweren: Ich sehe mich nicht mit einem Herrn verheiratet, der platt ist wie ein Teppich. Natürlich maule ich manchmal über seine alten Anzüge, aber könnte ich es ertragen, mit einem eitlen fünfzigjährigen Kater verheiratet zu sein?"

„Aber Sie finden ihn wenig diplomatisch, Sie finden, daß er kein Einfühlungsvermögen hat und sich für Ihre Tätigkeit nicht interessiert."

„Gut: ich bin ein wenig vorschnell. Eigentlich könnte ich es nicht ertragen, ihn Kratzfüße machen oder Haare spalten zu sehen, und noch weniger möchte ich, daß er mir den ganzen Tag lang nachläuft und die Rechnungen vom Geschäft sehen will! Er ist solid, und er vertraut mir, das ist doch immerhin besser so!"

An diesem Punkt wird die Dame nachdenklich und schweigt. Ich auch.

„Wir plaudern", sagt sie. „Das ist alles sehr schön, aber ich brauche vor allem Ihre Kräuter für meine Migräne, mein Ischias und so weiter."

„Die lange Liste Ihrer Leiden ist genauso wie die der Fehler Ihres Mannes! Seien Sie mir nicht böse. Ich bin sicher, daß Sie mir beweisen können, wie geringfügig und erträglich Ihre Beschwerden eigentlich sind. Und wie froh Sie letzten Endes über Ihre ausgezeichnete Gesundheit sein können!"

„Ehrlich gesagt . . ."

Sie hat sich vollständig entspannt. Jetzt sitzt sie schön bequem im Lehnstuhl. Ihr aschblonder Haarknoten beginnt, sich einige verwegene Löckchen zu erlauben. Ihr englisches Flanellkostüm scheint etwas weicher geworden zu sein. Beim Reden hat sie ihren Lippenstift heruntergegessen. Jetzt ist sie entwaffnet.

Sie sagt:

„Sie sind ziemlich teuflisch!"

Ich sage:

„Sie sind viel klüger, als Sie denken."

Sie seufzt.

„Ich glaube, ich habe verstanden: Mein Schimpfen und mein Klagen bedeutet nur, daß ich mich von Zeit zu Zeit selbst satt habe. Ich möchte, daß der andere mir auf alle möglichen Arten meine Jugend zurückgibt. Ihm muß es wohl genauso gehen . . . Es wäre besser, gemeinsam darüber zu reden und darüber zu lachen!"

„Ich kann Ihnen einige Kräuter geben, die gute Laune machen. Und einige, die beruhigen. Und andere, die aphrodisisch sind. Teilen Sie all das mit Ihrem Gatten, und all Ihre Beschwerden werden behoben sein."

Als die Dame mich verließ, waren wir sehr zufrieden miteinander. Ich bin sicher, daß sie ihre Ehe künftig genauso organisieren wird wie ihr gutgehendes Stoffgeschäft! Und was mich betrifft, so hatte ich den Eindruck, daß ich eine „Technik" entdeckt hatte, die zum Nutzen der Allgemeinheit viele Situationen lösen konnte.

An diesem Nachmittag spazierte ich am Seeufer entlang, und dabei sagte ich mir, daß wir bei jedem „Wendepunkt" der Liebe uns selber gründlich Rede und Antwort stehen sollten, um unsere Ehe mit klarem Kopf wieder aufzunehmen.

Viele Ehepaare glauben, daß ihre Liebe sich erschöpft hat, daß sie in einer Krise sind, und dabei haben sie einfach nicht all ihre Möglichkeiten ausgeschöpft. Sie stehen vor einer Mauer, vor einer geschlossenen Tür. Sie zerbrechen sich den Kopf, um den verlorenen Schlüssel zu finden, anstatt einen neuen, tausend neue herzustellen.

Die Ehe, dachte ich, während ich meine drei schwarzen Schwäne schwimmen sah, ist wie das Gehirn. Man verwendet nur einen Teil davon und muß sich furchtbar anstrengen; dabei liegen Tausende von Gehirnzellen brach, und es bedürfte nur eines einfachen Entschlusses, um ihre Fähigkeit immer wieder zu nützen.

Ich fing schon wieder an, vor mich hin zu philosophieren.

Gereizt ging ich nachsehen, welche Schäden meine Füchse angerichtet hatten. Sollte es notwendig werden, sie mit Gas zu vertreiben, jetzt, da es wirklich zu viele junge Füchse gab?

Doch letztlich war an diesem Tag ich selbst der Getriebene! Ich machte mir Gedanken über die moderne Ehe, und die Frage, ob sie wohl überleben würde, verfolgte mich bis zum Abend. Ich mochte es drehen und wenden, wie ich wollte, letztlich war ich immer wieder überzeugt, daß es eigentlich sehr schön war, auf diese Art zu leben. Und daß man diese Institution als ein Abenteuer würdigen sollte, bei dem sich endlich die Möglichkeit bietet, über sich selbst und über den Alltag hinauszuwachsen und dabei weit in unerforschte und fesselnde Gebiete vorzustoßen.

Im Grunde bejahe ich diesen außergewöhnlichen Pakt, den die Ehepaare eingehen, indem sie eines Tages den Entschluß fassen, Seite an Seite zu leben und zu sterben. Und einander sogar treu zu sein. Ich versichere Ihnen, in all dem liegt eine absurde Schönheit, die jener, die man den großen Leidenschaften nachsagt, sehr nahe kommt. Man hat uns so gut gelehrt, daß wir von diesen Leidenschaften träumen sollen!

Eines Tages erhielt ich eine „Lehrstunde in Sachen Ehe" von einer jungen Frau, die der Zufall neben mich gesetzt hatte. Ich war auf einer Kreuzfahrt, und die Atmosphäre war sehr günstig für besinnliche Gespräche. Von Zeit zu Zeit schlenderte man zur Reling, um die fliegenden Fische zu betrachten oder um in der Ferne eine Insel auftauchen zu sehen. Plötzlich frage ich die mit einem Bikini bekleidete junge Dame, die neben mir in einem Liegestuhl vor sich hinträumt, ob sie denkt, daß die Ehe in einer Krise steckt und zu einer unmodernen Einrichtung geworden ist.

Ich glaube, sie hätte lieber ein aufregenderes Gespräch geführt, doch sie gab sich große Mühe, mir zu antworten, und nippte dabei an ihrem Zitronensaft. Sie sagte:

„Ich selbst bin seit zehn Jahren verheiratet, und jetzt erst verstehe ich, warum es nur dann eine Krise gibt, wenn man es selbst soweit kommen läßt. Ich habe jahrelang Enttäuschungen und Hiebe vom Schicksal eingesteckt. Anfangs heiratet man immer mehr oder weniger imaginäre Wesen. Wenn sich dann später herausstellt, daß es nicht mehr klappt, verliert man den Glauben. Es kommt zur Krise. Zu diesem Zeitpunkt gibt es zwei Möglichkeiten: Entweder es kommt gerade ein anderer Mann vorbei, und man stürzt sich auf ein zweites imaginäres Wesen. Oder man beginnt wieder den ersten zu betrachten: den Ehemann, dieses Geschöpf, das Sie vielleicht enttäuscht hat, aber niemand hindert Sie daran, sich ihn ein zweites Mal zu erträumen!“

Nach ihrer kurzen Rede zieht sie eines dieser Strandhemden über ihren Badeanzug, als gehörte es sich nicht, so leichtbekleidet über ein derartiges Thema zu reden. Ihr Haar ist sorgfältig zu Zöpfen geflochten. Sie macht mir einen gesunden, ausgeglichenen und sicherlich auch begehrenswerten Eindruck. Das ist wichtig, denn es gibt allen Grund, sich vor den Theorien spröder und frustrierter Frauen in acht zu nehmen.

„Ich denke“, sagt die schöne Sophie, „daß die Männer und die Frauen fortwährend ihre alten Mythen wiederfinden müssen. Übrigens interessiert es mich nicht, zu wissen, welche Mythen das im Detail sind. Doch ich bin aus eigener Erfahrung daraufgekommen, daß in der Ehe beide Teile ein Lebensbild im anderen suchen. Wenn Alexis von den Vorlesungen, die er auf der Uni hält, nach Hause kommt, kann ich ihn auf zwei Arten sehen:

Entweder bemerke ich, daß er nervös ist und völlig ausgepumpt, daß schon wieder ein Stapel von Aufgabenheften darauf wartet, von ihm korrigiert zu werden, und daß noch zwei oder drei Bücher gelesen sein wollen. Ich begreife, daß wir heute abend wieder nicht ausgehen werden, und in meiner Enttäuschung mache ich ihm eine Szene. Daraus wird er schließen, daß ich für nichts Verständnis habe, daß ich eine Superegoistin bin und letztlich ‚eine kleine, dumme Frau‘, wie er sagt.

Oder aber: ich sehe, wie ein großartiger Kerl plötzlich meine

Wohnung betritt. Er ist ein wenig unheimlich, als wäre er mit lauter schwerwiegenden und intelligenten menschlichen Problemen beschäftigt. Ich kann es kaum erwarten, etwas von seiner Arbeit, von seinen Gedanken zu erfahren, ihn kennenzulernen. Ich blättere eines seiner Bücher durch, das mich am meisten interessiert. Ich werfe einen Blick auf die Hefte, ohne sie zu beurteilen. Ich warte auf den herrlichen Augenblick, an dem er sich etwas erholt hat und mich beachten wird. Ich werde ein wenig kokett sein: gerade genug, daß dieser glänzende Professor endlich Lust bekommt, aus seiner geistigen Höhe zu mir herabzusteigen. Was wird er sich denken? Ja! Man fühlt sich wirklich nicht schlecht zu Hause. Nicht schlecht, heute abend, Sophie! Nicht schlecht, nicht schlecht, sehr gut sogar!

Das ist kein Theater. Ich nenne es: Fremdheit auslösen! So tun als ob ... Als ob wir uns nicht ganz kennen würden. Als hätten wir nicht gemeinsam einen Mietvertrag unterzeichnet. Als wüßte man noch nichts von seiner Kindheit, von seinen ersten Lieben, von seinen Wunschträumen. Als wäre alles noch möglich. Und es ist großartig: es funktioniert!"

„Ich selbst bin nicht romantisch", sage ich. „Nehmen wir also an, daß Sie nicht fünfundzwanzig, sondern fünfundvierzig Jahre alt sind und mit einem einfachen, etwas dickbäuchigen Angestellten zusammenleben."

„Ich wüßte nicht, was das ändern sollte! Das ‚Auslösen der Fremdheit' besteht dann in der Vorstellung von einer strengen, wohlgeregelten Welt, hinter deren Fassade Leidenschaften gären. Ich sehe den Arbeitstag meines Mannes, des Angestellten, voll glühender Sekretärinnenblicke, voll erregender Aktenübergaben, bei denen sich die Hände streifen. Wenn er nach Hause kommt, bin ich weit davon entfernt, ihm eine Eifersuchtsszene zu machen, nein, ich denke, daß ich ein schweres Spiel gewinnen muß. Ich muß diesen geheimnisumwitterten Mann um jeden Preis erobern. Ich finde seinen kleinen Dickbauch sehr russisch, ich muß ein wenig an Rasputin denken. Oder aber ich sehe nur seine Augen!"

„Bravo! Und was sollen Männer Ihrer Meinung nach tun, um ihre Ehe von Zeit zu Zeit ‚als Fremder' wiederzuerleben?"

„Sie müssen sich nur trauen, in ihren Gattinnen die Frau ihrer Träume zu sehen. Je nach Laune. Als ihre Mutter, als ihre Schwester, als ihre erste Liebe, als verruchte Frau, als Marlene Dietrich, was weiß ich!"

„Aber wenn ‚Marlene Dietrich' nichts von ihrer Rolle weiß und ihnen von den Zähnen des kleinen Neugeborenen erzählt?"

„Dann müssen Sie sich nur Marlene Dietrich in einer aufregenden Rolle als Familienmutter vorstellen! Oder ihrer Frau sagen, daß sie ihn heute abend an Marlene Dietrich im ‚Blauen Engel' erinnert! Einem derartigen Vergleich kann niemand widerstehen. Sie wird sogleich einen schönen Gang haben, wenn sie die Gemüsesuppe serviert!"

Ich muß gestehen, ich war sehr amüsiert, und was sie erzählte, gefiel mir wirklich gut.

„Aber", sagte ich, „wie können Sie denn ernsthaft denken, daß man Ehekrisen oder die Krise der Ehe mit einem solchen Unterschied zwischen Traum und Wirklichkeit lösen oder vermeiden kann?"

„Sie wissen sehr gut, daß niemand stark genug ist, um den anderen immer, immer so zu lieben, wie er ist! Wir wären doch Heilige, nicht? Da muß man sich eben zu helfen wissen. Und ich, ich setze auf die Vorstellungskraft. Das ist es, was überall in unserer Gesellschaft am meisten fehlt. Aber in der Ehe, also da wird die Vorstellungskraft sofort nach dem Standesamt getötet. Man wird krank, verstehen Sie?"

Daraufhin zieht sie ihr geblumtes Hemdchen wieder aus und springt elegant ins Schwimmbassin.

Müßte man also, um wieder lieben zu lernen, auch sein Vorstellungsvermögen wieder schulen? Oder müßte man vielmehr wieder lernen, den eigenen Traum im anderen zu erblicken? Es ist wahr, auch der Mann hat es nötig, wieder eine Göttin zu finden.

Ich denke auch, daß die Krise der Ehe, von der man so viel

redet, ohne – und ich selbst zuallererst – allzuviel darüber zu wissen, sich komischerweise mit demselben Argument lösen müßte, das sie erzeugt hat: der Begierde.

Man findet die Ehe langweilig, überschätzt und zum Scheitern verurteilt, um so mehr, als die Paare sich im Bett langweilen, während Kino, Zeitungen und Werbung zur Begierde anregen. Man denkt also, daß dieses Sinnenfeuer überall lodert, nur nicht im eigenen Heim. Folglich lodert es woanders.

Doch in diesem Augenblick denkt man: Warum wir nicht? Und die Liebeskunst im Rahmen der Ehe gewinnt wieder an Boden. Sogar durch den Umweg über die Unzufriedenheit. Vielleicht hat es Zeiten gegeben, in denen Eheleute kaum miteinander schliefen und in denen man auch nicht mehr darüber sprach. Wenn man heute auch nicht viel besser miteinander schläft, so spricht man doch wenigstens darüber. Die Frauen lesen das Werk eines Sexologen – oder Auszüge daraus, die jetzt oft in den Zeitschriften erscheinen – als Bettlektüre genauso wie einen dieser neuen amerikanischen Romane, die die Spiele der Paare in allen Einzelheiten schildern.

Jeder stellt sich insgeheim die Frage, ob die Beziehungen auf diesem Gebiet nicht schließlich geändert werden müßten. Diese Reaktion kann ein zweischneidiges Schwert sein: entweder hilft sie, eine laugewordene Beziehung wieder aufzunehmen, oder sie löst die Krise aus.

An dieser Stelle möchte ich wieder einen Auszug aus meinen Aufzeichnungen bringen.

Ein etwa vierzigjähriger Mann kommt voll Verzweiflung zu mir. Er, ein vernünftiger Buchhalter, der mit beiden Füßen auf dem Boden der Realität steht, eine ehrliche Haut, die niemals Probleme gehabt hat, kann nicht mehr schlafen und auch nicht mehr lieben.

„Ich habe gelernt, darauf zu warten, daß man mir gewissermaßen die Lösung liefert. Oder daß man sie bei mir findet, was noch besser ist, denn jeder ist dann sehr zufrieden mit dem anderen. Wenn ich nicht mit eigenen Augen gesehen hätte, daß meine Pflanzen auch bei Kranken wirkten, die eher von körperlichen als von seelischen Leiden befallen waren, dann hätte ich manchmal glauben können, daß meine Pflanzen nur im richtigen Augenblick kamen, um die Qualen, die sich aus dem Erkennen der Wirklichkeit ergeben, zu lindern."

Dieser Herr schildert mir also zunächst sorgfältig seine Schlafstörungen, dann seine Impotenz. Ich schlage ihm leichthin eine „Behandlung" mit Pflanzen vor. Er selbst ist vom Bohnenkraut nicht auf Anhieb begeistert. Nein, ich fühle es, er möchte gerne reden und erzählen, warum er so geworden ist.

„Hören Sie, ich weiß noch, wann das alles begann. Es war an dem Tag, an dem mir Jeanne gestand, daß sie mich betrogen hat."

„Sie haben einen Schock erlitten, das ist ganz normal."

„Es paßt so wenig zu ihr, wissen Sie! Als ich sie geheiratet habe, war sie Jungfrau! Bis vor kurzem war sie immer eine gute Gattin und Mutter gewesen: Wir haben vier Kinder, und da hatte sie keine Zeit, an Ehebruch zu denken, glauben Sie mir. Und auf einmal sagt sie mir neulich abends voll Wut: ‚Hör zu, Jean-Claude, es kommt nicht in Frage, daß ich dir an jedem Samstagabend auf diese Weise nachgebe, nein. Ich halte unsere Gewohnheiten nicht mehr aus. Schließlich wird es noch so weit kommen, daß ich dich zu hassen beginne. Jede Woche zur selben Zeit und auf dieselbe Art, nein, ich will nicht mehr!'

Natürlich bin ich von dieser Revolte verblüfft. ‚Aber, meine kleine Jeanne, liebst du mich denn nicht mehr?' ‚Das hat nichts damit zu tun!' Und dann schmollt sie. Schließlich beginnt sie zu weinen. ‚Du verheimlichst mir etwas!' Ich habe das nur so gesagt, doch da fängt sie an, noch heftiger zu weinen, und voll Bestürzung höre ich sie sagen: ‚In fünfzehn Jahren Ehe war es das einzige Mal, ich schwöre es dir . . .'

Da begreife ich. Ich fordere sie auf, mir schnell alles zu erzählen. Sie sagt mir, daß es ihr schon seit langer Zeit mit mir kein Vergnügen mehr bereitet. Sie ekelt sich nicht, nein, aber es ist auch kein Vergnügen. Daß ein alter Verehrer zu ihr gekommen ist, angeblich weil er wissen wollte, wie die Wohnverhältnisse in unserer Stadt sind, denn er wolle sich hier mit seiner Frau niederlassen. Sie sprechen wieder von der Vergangenheit. Aufregung. Er will sie küssen. Sie gibt nach. Er streichelt sie, der Dreckskerl, und das Ganze endet auf dem Diwan im Vorzimmer. Bei mir zu Hause."

Er weint, wie Männer weinen: mit der Stimme. Es ist sehr ergreifend.

Dann faßt er sich ein wenig.

„Ich habe getan, was jeder getan hätte, nehme ich an. Ich habe sie Hure genannt, ich habe ihre Bitten um Verzeihung zurückgewiesen und mir verbeten, daß sie sich in meinen Armen ausweint; ich habe das Wort Scheidung ausgesprochen, ohne allzusehr daran zu glauben, und ich saß die ganze Nacht über mit offenen Augen da und zermarterte mir das Gehirn.

Doch am nächsten Tag schrie sie mir mit diesem aufsässigen Tonfall, den ich niemals bei ihr bemerkt hatte, entgegen: ‚Erzähle mir nicht, daß du bis an unser Lebensende so schweigen wirst. Also nein: Wenn ich geredet habe, so nur, damit wir zu einer Aussprache kommen, damit wir unser Leben ein wenig ändern. Man ist doch immerhin nicht dazu verpflichtet, bis an das Ende seiner Tage unbefriedigt zu bleiben. Schließlich, wenn du derjenige gewesen wärest, der ins Haus kam und der es verstand, bei mir den richtigen Ton zu treffen und mich zu erregen, dann wäre es mit dir geschehen.'

Ich frage mich, ob nicht das mich am allermeisten traf: daß sie es wagte, mir einen derartigen Vorschlag zu machen! Seither sind genau drei Monate vergangen. Ich wollte es aus meinem Gedächtnis löschen, ich wollte wieder mit ihr schlafen, als wäre nie etwas geschehen. Unmöglich. Das ist der Grund, warum ich Sie aufsuche, Monsieur. Denn ich will keine Medikamente nehmen und genausowenig alle diese schmutzigen Schlafmittel."

„Hören Sie, Ihre Frau hat Ihnen eine ernste Mitteilung

gemacht, die Sie nicht verstehen wollten. Ich würde fast sagen, es war eine leidenschaftliche Aufforderung, Ihre Ehegewohnheiten zu ändern. Sie liebt Sie."

„Wollen Sie sich über mich lustig machen, oder was?"

„Denken wir ein wenig nach: Sie war nicht dazu verpflichtet, Ihnen diese Geschichte zu erzählen. Wenn alle Frauen, die keine Lust haben, mit ihren Männern zu schlafen, Liebesabenteuer erzählen wollten, dann gäbe es bald keine Männer mehr, die nicht zumindest in Gedanken betrogen worden sind. Wenn sie es getan hat, so bedeutet das, daß sie Ihre Aufmerksamkeit auf sich lenken wollte. Sie wollte Sie beide aus der Gewöhnung herausreißen. Selbst um den Preis einer kleinen Tragödie. Ihre Jeanne ist eine gesunde, ausgeglichene Frau, die es verstanden hat, ein Wagnis auf sich zu nehmen, um die Erstarrung in Ihrer Ehe zu brechen. Normalerweise hätte sie niemals die Gelegenheit gehabt, Ihnen zu erklären, daß sie im Bett nicht besonders zufrieden war. Ich möchte Sie darauf hinweisen, daß sie nicht gesagt hat, sie sei mit Ihnen ‚niemals' glücklich gewesen. Nein, sie hat gesagt, daß sie es ‚nicht mehr' ist. Ich denke, sie wartet wieder darauf. Übrigens haben Sie, nachdem der Schmerz und die Überraschung sich gelegt haben, Ihre Frau sicherlich mit anderen Augen gesehen, darauf möchte ich wetten. Sie hat wieder den Gedanken in Ihnen erweckt, daß sie auch anderen gefallen könnte, daß man Sie vielleicht beneiden könnte. Sie haben sie angesehen, und Sie haben bemerkt, daß sie mit fünfunddreißig immer noch eine sehr schöne Frau ist, die sich hat verführen lassen. Ich möchte Sie nur an eines erinnern: Diese Frau gehört Ihnen."

„Sie verstehen es, den Dingen eine derartige Wendung zu geben, daß ich sie schließlich noch zu meinen Gunsten deute! Ehrlich gesagt, habe ich meine Frau wirklich mit anderen Augen betrachtet. Aber vergessen Sie nicht, daß diese neue, begehrenswerte Gemahlin mich impotent gemacht hat."

„Das geht vorbei. Das ist gar nicht schlimm. Es fällt Ihnen schwer, auf Ihre klassischen Vorstellungen von einem Ehemann zu verzichten und statt dessen der Liebhaber Ihrer Frau zu sein. Sie glauben sich nicht berechtigt, auf andere Weise als nach bestimmten Normen Freude zu geben und zu empfangen. Das wird vergehen. Werfen Sie Ihren verdammten Stolz über Bord, und nehmen Sie sich Ihre Frau zur Geliebten. Das ist viel männlicher, als unter diesem kleinen Zusammenstoß zu leiden, der Sie nach fünfzehn Jahren Ehe aufgerüttelt hat!"

„Wissen Sie, woran ich denke? Ich hätte mit Jeanne kommen sollen."

„Nun, dann kommen Sie gemeinsam wieder. Sie wird mir sagen, was sie von meiner Kräutermischung hält."

Und ich schreibe ihm ein „Rezept" aus, das Lust und Freude bringen wird.

Ob sie wiedergekommen sind? Ja. Doch sie haben mir nicht ihr Leben erzählt. Sie haben einfach ein herrliches Buch über indische Kunst in meinem Sekretariat hinterlegt. Darin waren in allen Einzelheiten die beachtlichen Basreliefs der Tempel abgebildet, auf denen die Götter sichtlich keine Probleme hatten! Ich wußte diese stumme Botschaft richtig zu deuten. Meine Mission war erfüllt.

Ich möchte nicht so weit gehen und den Frauen raten, sie mögen die Ermüdungserscheinungen ihrer Ehe als Vorwand nehmen und diese explosive Methode anwenden! Doch ich habe den Menschen dreißig Jahre lang zugehört, und diese Erfahrung hat mich folgendes gelehrt: Wenn die Ehe auf einer festen Grundlage steht, dann kann ein derartiger Elektroschock unter Umständen das Begehren wieder wachrufen.

Warum verlieren denn die Gespräche und das Begehren im Rahmen der Ehe so schnell ihre Anziehungskraft? Wird mich diese Frage verfolgen, während ich einen Korb Kirschen pflücken gehe?

Ohne mich vorsätzlich mit diesem Problem zu beschäftigen (denn ich will meine Kirschen in aller Ruhe pflücken und dabei an sie, diese Herzen in meiner Hand, denken), fällt mir eine Antwort darauf ein. Der Grund dafür ist, daß zwischen zwei

Wesen, die sich fürs Leben zusammengetan haben, plötzlich ein sehr starker Sinn für Sparsamkeit auftaucht. Ich will mich deutlicher ausdrücken: Sie stellen eine Beziehung her, die ihrem Charakter, ihren Gewohnheiten und der Art, wie sie sich ergänzen, entspricht, und sie halten ein für allemal daran fest. Wozu soll man die Beziehung ändern, sie verbessern oder überhaupt nur daran denken? Sie sind Feinde der inneren Beweglichkeit. Und sie sind der festen Überzeugung, daß diese Haltung die Ehe erst stabil macht. Ich aber sage: Diese Haltung macht die Ehe erst mittelmäßig.

Eine Ehe muß genauso genährt werden wie das Kaminfeuer meiner Kindheit. Und zum Teufel mit der Sparsamkeit. Man muß wissen, wie das Feuer der Ehe entfacht und genährt wird, und man muß wissen, wann es hell lodern und wann es nur glosen soll. Auch in dieses Feuer muß man Fichtenzweige werfen, dann summen die Flammen, man muß Tannenzapfen hineintun, dann funkeln sie, und duftende Rosmarinzweige. Man muß es schüren, die Scheite zurechtrücken, neue hineinlegen, man muß seine Blicke und seine Träume darauf richten und dem Geist des Feuers nachspüren.

Man wird sagen, daß ich es leicht habe, den Dichter zu spielen. Tatsächlich erinnere ich mich an eine andere Geschichte, die sich nicht so einfach kommentieren läßt.

Eine verzweifelte junge Frau kommt zu mir und fragt atemlos, ob es nicht zufällig irgendwelche beruhigende Pflanzen gibt, die ihr ein drittes Jahr beim Psychotherapeuten ersparen könnten. Sie erzählt mir sogleich, daß es bereits seit dem Anfang ihrer Ehe so schlimm um sie steht. Nachdem die Flitterwochen sechs Monate lang gedauert haben, geht ihr Mann, „so freundlich, so hübsch, so offen“, mehr und mehr mit Freunden aus. Besonders einer dieser Freunde scheint sein böser Geist zu sein. Louis hier und Louis her. Schließlich keimt in ihr ein undeutliches Gefühl der Eifersucht auf diesen Burschen auf. Man schaut sich nur noch jene Filme an, die Louis gefallen. Man wählt die von Louis empfohlenen Speisen.

Man kleidet sich wie Louis. „Louis würde dein Kleid nicht gefallen." „Louis würde das niemals auswählen."

Da will ihn die kleine Ehefrau kennenlernen, diesen Louis. Der Ehemann läßt sich lange bitten, dann bringt er ihn endlich mit nach Hause, und sie begreift: Louis ist ein Homosexueller, der eine eigenartige Faszination auf ihren Mann ausübt. Sie ahnt, daß es bereits sehr spät ist, um ihn zu kämpfen. Doch sie versucht, sich mit ihm auszusprechen. Die Aussprache wird sehr mühsam und sehr heftig, und es geht daraus hervor, daß man das Recht hat, einen Freund zu lieben, ohne alles zu beschmutzen. Welch eine Niederträchtigkeit, ihn eines derartigen Verbrechens zu verdächtigen. Was für eine Gemeinheit, die Freundschaft zu besudeln. Sie täte gut daran, sich in ärztliche Behandlung zu begeben, sonst würde er aus lauter Ekel und weil die Frauen ihn enttäuscht haben zu Louis gehen und mit ihm leben. Und die dumme Gans ist davon überzeugt, daß sie nicht normal ist, und sucht einen Psychiater auf. Louis beteiligt sich an den Kosten der Behandlung. Die Situation ist völlig absurd.

„Sie verstehen", sagt sie, „wenn es eine rein platonische homosexuelle Beziehung ist, dann habe ich mich immerhin mit meinem Verdacht schuldig gemacht."

Einem ehemaligen Bauern darf man solchen Unsinn nicht erzählen! Was soll dieser Wirrwarr? Ob platonisch oder nicht, ein Gatte, der Louis vorzieht, ist ein Mann, der seine Frau nur schwerlich glücklich machen wird. Meiner Meinung nach wäre es besser, zum Rechtsanwalt zu gehen, nicht zum Psychiater. Außer die Frau fühlt sich in der Lage, einen zähen Kampf zu führen und zu verstehen, warum ihr Mann diesen Weg eingeschlagen hat und wie sie dieses Muttersöhnchen oder diese sehr infantile Person wiedergewinnen kann. Es ist gleichgültig, ob gut, ob schlecht, jeder kann in aller Freiheit seine Wertmaßstäbe setzen. Wesentlich ist, daß man die Verantwortung für sich selbst ehrlich übernimmt, und das kann im Rahmen dieser Ehe kaum geschehen.

Ich habe dieser armen kleinen Frau gesagt, was ich dachte, und ich habe ihr geraten, ihr drittes Behandlungsjahr aufzunehmen, denn so wie die Dinge lagen, hätten Orangenblätter und Eibisch nicht gereicht, um sie von ihren Schuldgefühlen zu befreien und wieder von vorne anzufangen.

Solche Situationen scheinen heute in modernen Ehen sehr häufig zu sein.

Steckt die Ehe also wirklich in einer Krise?

Ich hoffe vielmehr, daß solche Fälle Ausnahmen sind und nur in gewissen Kreisen vorkommen. Doch sicherlich bestätigen sie eine gewisse Verwirrung, die man nicht leugnen kann.

Schnell, schnell, es ist wirklich höchste Zeit, wieder lieben zu lernen und Kirschen pflücken zu gehen!

Was ist „verboten", was ist „erlaubt"?

Heute stellt man sich laufend die Frage: Was ist normal in der Liebe und was nicht?

Zu meiner Zeit wußte man das in meinem Dorf. Man wußte auf sehr naive Weise, was schlecht war und was gut. Ich sage nicht, daß das besser war! Um sich in der heutigen Welt zu bewegen, genügt es nicht mehr, den Katechismus zu kennen, und in demselben Maße ist auch ein fester Begriff von Gut und Böse keine ausreichende Waffe mehr. Doch es ist eine notwendige Waffe!

Immerhin kann man beruhigter seines Weges gehen, wenn man weiß, wo rechts und links ist!

Doch von diesen grundsätzlichen Richtlinien abgesehen, ist in unserer Zeit alles unbestimmt. Die Wertbegriffe sind äußerst verschwommen.

Als man von uns noch nicht verlangte, daß wir allzuviel verstehen, daß wir auch uns selbst restlos begreifen, da hatten wir noch einen Glauben, ein Licht, an etwas Überirdisches das uns auf richtige Wege leitete.

Heute, da man verlangt, daß wir nicht nur alles verstehen sollen, sondern obendrein noch uns selbst, da haben wir Gott verloren, dafür aber Freud gefunden, und da stehen wir nun und tappen im dunkeln.

Was für ein Chaos herrscht doch auf dem Gebiet der Liebe! Wie sollte ich sagen können, was gut ist und was schlecht! Auch hier halte ich mich wieder an die gesunde Philosophie meines Vaters: „Laß nur, Maurice, gut ist, was die Leute besser macht." Nun werden Menschen aber nur dann besser, wenn sie glücklich sind. Ich glaube, dies könnte eine neue sittliche Einstellung sein, die für jeden annehmbar ist.

Doch ich denke an jene Frau, die in meinem Büro ganz unvermittelt in Tränen ausbricht wie ein kleines Mädchen. Sie hat Schmerzen in der Schulter, doch ich ahne, daß das nicht der Grund für ihre Tränen ist.

„Monsieur, was soll man tun, um eine Scheidung zu verhindern?"

„Will Ihr Mann sich von Ihnen scheiden lassen?"

„Nein, überhaupt nicht, wir lieben einander, aber . . ."

Ich bin verwirrt. Wenn man sich liebt, dann läßt man sich nicht scheiden.

„Nun, ich weiß nicht, warum ich Ihnen ‚das' erzähle, aber ich ersticke sonst; ich muß reden."

Und wieder weint sie.

Ich betrachte sie: Sie ist dunkelhaarig, zart und blaß, und das reiche Lockengewirr auf ihrem Kopf erinnert mich an die Puppen aus meiner Kindheit. Und siehe da, sie hat auch die gleichen blauen Augen. Sie wirkt zerbrechlich, und mir scheint, daß sie diesen Eindruck sehr geschickt hervorzuheben weiß. Selbst der Stil ihrer Kleidung unterstreicht das Starre und Kindliche an ihr. Ich weiß noch sehr gut – damals war das modern –, daß sie eines dieser blau und weiß karierten spitzenbesetzten Baumwollkleider trug und „Ballerinaschuhe" aus Lackleder. Sie mußte ungefähr fünfundzwanzig Jahre alt sein.

„Ich kann es nicht mehr ertragen, daß Sascha so mit mir spielt", sagt sie mit kaum vernehmbarer Stimme. „Er will, daß ich so tue, als wollte ich mich gegen die eheliche Pflicht wehren. Dann redet er mir ins Gewissen. Ich muß mich in einen Winkel setzen und schmollen. Er kommt mich holen. Ich muß mich ein wenig zur Wehr setzen. Schließlich gibt er mir eine Ohrfeige. Ich muß weinen, und erst dann ist er zu seiner Rolle als Ehemann bereit. Nachher tröstet er mich."

Ich muß gestehen, daß ich im Augenblick wirklich ratlos bin! Ich fühle mich weder berechtigt zu lachen noch mich zu entsetzen, noch nachsichtig zu sein. In der Zeit, in der sich diese Szene abspielte – es dürfte etwa vor zwanzig Jahren gewesen sein –, sprach man nicht an jeder Straßenecke von Psychotherapie. Dennoch weiß ich noch, daß ich mir sagte: „Hier ist jemand, der wohl ganz unbewußt ein prickelndes Erlebnis wiederholt, das er mit einer kleinen Cousine gehabt hat!" Ich schweige, damit sie dazu gereizt wird, selbst eine Erklärung zu finden. Doch das gefällt ihr nicht. Mit einer aggressiven Bewegung hebt sie den Kopf und wird plötzlich sehr lebhaft:

„Nun ja, anfangs fand ich diese Szene aufregend und amüsant. Ich war neunzehn Jahre alt, verstehen Sie. Doch dieselbe Zeremonie wiederholt sich seit vier Jahren, und das macht mich verrückt. Es stört mich nicht so sehr, daß ich Theater spielen muß, sondern vielmehr, daß es immer dieselbe Szene ist. Ich sehe mich noch mit vierzig als kleines, ungehorsames Mädchen! Ich sehe keinen anderen Ausweg, als mich möglichst rasch scheiden zu lassen."

„Haben Sie miteinander besprochen, woher dieses Bedürfnis nach Theaterspielen kommt?"

„Er will nie darüber reden, er sagt, daß er es selbst nicht weiß. Und daß, falls er ein wenig sadistisch veranlagt sein sollte, ich auf jeden Fall ein wenig masochistisch sei, und daß beides zusammen ein sehr gutes Ehepaar ergibt."

„Sind Sie derselben Meinung?"

„Vielleicht. Anfangs reizte mich das Neue daran. Ich stand staunend vor einer Welt der Sexualität, die ich nicht kannte. Ich fühlte mich nicht schuldig. Jetzt, wo ich reizbar bin und viel nachdenke, sage ich mir: Er ist nicht normal, ich bin es genausowenig, das muß ein Ende haben."

„Im Namen der Moral?"

„Ja."

„Im Namen des Glücks?"

„Also . . . nein. Doch. Ich weiß nicht."

„Verzeihen Sie mir diese Frage, aber würden Sie auch dann noch an Scheidung denken, wenn Ihr Mann mit Geschick etwas Abwechslung ins Drehbuch brächte?"

„Vielleicht nicht. Nein."

„Und was ist dann mit der Moral?"

Jetzt sitzt sie in der Falle, die kleine Madame F. . . . Jetzt steht sie vor der Wahrheit und windet sich. Es ist gar nicht die Moral, die ihr Sorgen macht. Sie weint wegen einer beginnenden Störung in der Harmonie ihrer Ehe. Um ihren Kummer auszudrücken, wollte sie sich in den Rahmen des „Normalen" begeben und sich selbst und ihren Gatten der Anomalie beschuldigen. Und ich sollte ihr dafür als Zeuge dienen. Ich glaube, die Schmerzen in der Schulter kamen ihr da gerade recht!

„Man hat mir gesagt, daß Sie gesunden Menschenverstand besitzen und daß Sie die Menschen beurteilen können; soll ich mich nicht scheiden lassen?" fragt sie.

„Nicht bevor Sie Ihrem Mann den Grund für Ihren Überdruß erklärt haben. Ich glaube nicht, daß man in den Gewohnheiten von Ehepaaren festlegen kann, was verboten ist und was erlaubt. Gutes Benehmen, das ist, wenn zwei Menschen miteinander glücklich sind und sich entfalten. Es kann sicherlich glücklich machen, auf die phantasievollen Einfälle des Partners einzugehen, nur darf es niemandem schaden, es darf Sie nicht erniedrigen, es darf Ihr Gleichgewicht und Ihr Gefühl für menschliche Würde nicht angreifen."

Sie hat ihren Rock über den Lehnstuhl ausgebreitet und sitzt aufrecht da, ihre rundlichen Hände ruhen auf den Knien, ein Diamantring funkelt an ihrem Finger. Sie spielt mit ihren langen, tränenfeuchten Wimpern. Ich sehe deutlich, wie sie ist: die ideale Frau für ihren schönen Sascha und für die Art seiner Einfälle.

Gegen die Schmerzen verschreibe ich ihr „Schäferinnentee", das ist ein Aufguß aus Thymianblättern, und ich hoffe, daß dieses übrigens sehr belebende Getränk ihr helfen wird, ihre vorübergehende Niedergeschlagenheit zu überwinden. Als sie weggeht, ist sie wieder heiter, und plötzlich sehe ich ihr Bild vor mir, ich sehe eine schlanke Silhouette mit dem vom Winde geblähten Rock und den Puppenschuhen aus Lackleder im Regen die Straße hinuntereilen.

Auch heute noch stimmt mich diese Szene nachdenklich! Ich denke, daß es heute nicht mehr viele Frauen gibt, die wegen einer so harmlosen Geschichte in eine so tiefgreifende, seelische Krise geraten!

Das will nicht heißen, daß man zu Perversionen greifen muß, um wieder lieben zu lernen! Aber wenn Leute einander lieben, und wenn beide mit etwas ausgefallenen erotischen Gewohnheiten, die niemanden verletzen, einverstanden sind, dann sehe ich nicht ein, warum man sich schließlich darüber empören sollte! Wenn sie zärtlich sind und feinfühlend, dann haben sie in der Liebe doch das Recht, die alte Welt unserer sinnlichen Empfindungen zu erforschen und abzuwandeln. Ich glaube, daß ein Sexologe oder ein Psychologe mir zustimmen wird. Vielleicht sogar ein Priester, denn heute hat selbst die Kirche das „Begehren" in der Ehe anerkannt. Sie hat anerkannt, daß sich eine Ehe durch ein ausgeglichenes Liebesleben entfaltet. Und nicht unbedingt „von der Warte des Missionars" aus. Im Leben ist jede Bereicherung gut. Man lobt die geistige Bereicherung, warum nicht auch die sexuelle? Die Männer und die Frauen können dabei nur gewinnen.

Ich erinnere mich an eine Geschichte „unter Männern". Ich bin mit einem befreundeten Rechtsanwalt beisammen, der mich nach dem Abendessen in eines der heißen Viertel von Marseille verschleppen will. Ich kenne seine Frau sehr gut, und da sie nicht nur bezaubernd ist, sondern sogar sehr begehrenswert, wundert es mich, daß er ihr untreu werden will.

„Hör einmal", sagt er mir. „Stella ist eine langweilige Ziege. Sie ist sechs Jahre lang streng religiös erzogen worden, und das hat sie so kaputt gemacht, daß ich nichts von ihr verlangen kann. In den drei Jahren unserer Ehe hat sie auch keine Fortschritte gemacht. Sie erträgt es nicht einmal, sich vor mir auszuziehen, das käme nie in Frage, mein Lieber. Sie besteht darauf, nur sportliche Unterwäsche zu tragen und bei der ersten Zärtlichkeit das Licht zu löschen, um weder gesehen zu werden, noch um selbst etwas zu sehen!"

Und als er meine Überraschung bemerkt: „Ja, ja, zu guter Letzt kann man weder wollüstigem Haar noch Vampbeinen trauen! Ich sterbe vor Langeweile, mein Lieber, und darum gehe ich jetzt zu einer Prostituierten, die ich kenne."

Darauf beschreibt er mir deren Begabung für Striptease und wie sie sich darauf versteht, die kleinen Dinger aus schwarzem Satin bei gedämpftem Licht nacheinander vom Körper gleiten zu lassen. Stellas übertriebene Schamhaftigkeit wird eines Tages noch zum völligen Zusammenbruch ihrer Ehe führen.

Man wird also lernen müssen, nach neuen Maßstäben zu urteilen. Man wird zumindest wieder lernen müssen, die Situation abzuschätzen. Diese Bemerkung betrifft die Männer genauso. Sie glauben immer, daß die „Männlichkeit" über weibliche Vorschläge siegen muß. Sie zwingen die Frauen zu Zärtlichkeiten, die sie für gut halten, die sie niemals in Frage stellen. Und die Frauen, immer dazu bereit, sich für frigid oder für anormal zu halten, glauben sich zum Schweigen verpflichtet. Die eintönigen, einmal erworbenen und nie wieder geänderten Künste ihrer Gefährten hindern sie an ihrer sinnlichen Entfaltung.

Am meisten wundert es mich, daß sich doch sowohl die einen als auch die anderen mit Leichtigkeit vor einem wohlwollenden Zuhörer, zu dem sie Vertrauen haben, ausdrücken können. Sie sprechen in einfachen Sätzen, sie können ihre Leiden beschreiben und sie beinahe immer verstehen. Warum also können sie es nicht auch bei jenem, der sich normalerweise am meisten dafür interessieren muß: dem Partner?

Die von einem französischen Meinungsforschungsinstitut erhobene Zahl gibt wirklich zu denken: 74 Prozent der Franzosen sind für Sexualunterricht. Weil sie nicht wollen, daß ihre Kinder durch das Schweigen und durch die Unkenntnis der Wissenschaft von der Liebe genauso benachteiligt werden, wie sie es waren. Das wird nicht genügen, um künftige Generationen glücklich zu machen, doch es wird sie davor bewahren, unwissend und gehemmt zu sein und sich von falschen Vorstellungen und Tabus verklemmen zu lassen. Vielleicht werden sie wenigstens reden können?

Eines schönen Morgens kommt eine Dame zu mir; sie hat ein „Frauenleiden", und nachdem sie mir versichert hat, daß sie meine Salbeikur genauestens befolgen wird, setzt sie sich wieder und sagt unvermittelt:

„Wissen Sie, ich war nicht unglücklich über diese Art von Schmerzen, denn das lieferte mir eine gute Ausrede, um meinen Mann nicht befriedigen zu müssen! Also konnte er seine pornographischen Zeitschriften auf den Mist werfen."

Ich betrachte diese vierzigjährige, gar nicht moderne Frau. Ihr Haar ist so fein gekräuselt, wie man es auf dem Land noch vor dreißig Jahren liebte, ihr Gesicht trägt die Spuren von vielen aufeinanderfolgenden Schwangerschaften, sie hat braune Augen und einen stechenden, geraden Blick. Sie ist natürlich kein Vamp, und ich sehe, daß sie trotz ihrer Verdienste und trotz ihrer Klugheit von der Natur wirklich nicht mit übertriebenen sinnlichen Reizen ausgestattet worden ist. Da richtet es sich der Ehemann eben so ein, daß er zu Hause dennoch träumen kann und kauft sich erotische Zeitschriften. Als Mann möchte ich ihm natürlich hundertprozentig recht geben. Doch ich fühle, daß dieses Bedürfnis nach „Aufputschmitteln" bei der Frau eine tiefe Verwirrung hinterläßt.

„Jedesmal wenn ich seinen Sünden nachgegeben habe,

schäme ich mich so sehr, daß ich nicht einmal mehr zur Beichte gehe", erzählt sie mir.

„Sie bauschen die ganze Sache innerlich zu sehr auf. Diese Gewohnheiten sind beinahe harmlos und sehr weit verbreitet."

„Glauben Sie?"

„Viele Männer und Frauen haben mir diese kleine Manie gestanden."

„Das sind lauter Abartige."

„Aber nein, nicht im geringsten. Wäre es Ihnen lieber, wenn Ihr Mann woanders hinginge?"

„Vielleicht."

„Ist es Ihnen denn so unangenehm, mit ihm in etwas – gewagten Zeitschriften zu blättern?"

„Ich bin doch selbst eine Frau, und da werde ich doch nicht andere Frauen ‚erregend' finden, oder? Das ist gegen die Natur."

„Ich glaube zu verstehen, daß es nicht das ist, was Ihr Mann von Ihnen verlangt. Er möchte, daß Sie sich von seiner eigenen Erregung mitreißen lassen."

„Monsieur, diese Dinge sind mir zu kompliziert. Ich bin auf dem Land erzogen worden, und da machte man nicht so viele Umstände um die eheliche Pflicht, wenn sie schon nicht mehr eine eheliche Freude war! Und ich weigere mich zu lesen, was die Zeitschriften zu erzählen wagen."

„Meiner Meinung nach wissen Sie mehr darüber, als Sie glauben, und Sie sind daran interessiert, zu erfahren, ob es als erlaubt angesehen wird, nicht?"

Sie läßt sich zu einem Lächeln bewegen. Und sie hat schöne, gesunde Zähne, wirklich.

Ich beginne zu überlegen, daß man wohl nicht viel an ihr ändern müßte, um sie hübsch zu machen. Unwillkürlich entwerfe ich in Gedanken ein neues Bild von ihr.

Stellen wir uns also vor, daß sie zu einem anderen Friseur geht, stellen wir sie uns mit glattem, duftigem, etwas längerem Haar vor. Eine Ponyfrisur vielleicht? Und statt dem graumelierten Haar ein dezentes Blond? Ich weiß nicht, vielleicht sollte sie einen anderen Büstenhalter tragen oder den Mut finden, sich einen Hosenanzug zu kaufen. Ich komme mir vor wie der Photograph einer Modezeitschrift. „Vorher", „nachher", der spektakuläre Dreh.

Eigentlich könnte ich ihr meine Gedanken verraten, doch ich sage mir ein wenig mutlos, daß diese kleinen Veränderungen an ihrem Äußeren in den Augen ihres Mannes aus ihr noch keine erstklassige Stripteasetänzerin machen werden. Und um ehrlich zu sein, ich kann sie mir nur schlecht mit Strumpfhaltern aus schwarzem Satin vorstellen.

„Wenn ich wüßte, daß dieser Schwindel mit dem Begehren unter normalen Eheleuten wirklich üblich ist, könnte ich mich besser damit abfinden. Doch es ist mir wirklich unerträglich, wissen Sie, daß er im Grunde nicht mich begehrt, sondern diese Mädchen aus Papier mit ihrem nackten Fleisch. Ich bin nur ein Ersatz."

„Stellen Sie sich nicht allzu viele Fragen, und – verzeihen Sie mir diese Offenheit – kümmern Sie sich lieber um Ihr Vergnügen: das ist wohl das beste Mittel, um das Interesse Ihres Mannes auf sich zu lenken!"

„Aber ich bin so sehr damit beschäftigt, böse zu sein!"

„Träumen Sie ebenfalls. Warum eigentlich nicht?"

„Oh, Monsieur Mességué?"

„Was denn, was denn, Sie haben nicht mehr das richtige Alter, um ein unschuldiges Mädchen vom Land zu spielen: Trauen Sie sich, an das zu denken, was Sie erregt. Die Lust des Partners ist ansteckend, wenn man guten Willens ist!"

„Ich dachte, daß Sie sehr moralisch sind. Ich sagte mir: Das ist ein vernünftiger, ausgeglichener Mann. Aber Sie geben mir recht böse Ratschläge."

Sie erhebt sich, um zu gehen. Wenn es mir gelungen ist, sie zu Salbeitee und zu Salbeibädern zu überreden, so habe ich mit meinen Freiheitsrezepten nur meine Zeit vertan. Gleichviel. Auf Wiedersehen, Madame.

Sie werden mir nicht glauben, wenn ich Ihnen sage, daß diese Frau, wie ich es ihr verordnet hatte, nach dreiwöchiger Behandlungszeit wiedergekommen ist. Natürlich hüte ich mich, auf unser Gespräch anzuspielen, und bleibe in den Grenzen des Salbeis! Aber ich muß sie einfach mit den Augen verschlingen. Man könnte meinen, daß sie neulich meine stummen Gedanken erraten hat, sie hat sich das Haar gefärbt und die Krause herausnehmen lassen, und sie ist viel moderner gekleidet. Sie erzählt, daß der Salbei ihr sehr geholfen hat, und dann:

„Ihre komischen Ideen über Eheglück haben ihre Wirkung bei mir getan. Ich habe begonnen, die Zeitschriften zu betrachten, die mein Mann sich kauft. Etwas, was ich niemals tun wollte. Na, der hat gestaunt; und wissen Sie was? Er war beinahe nur an mir allein interessiert. Er begann mir zu erzählen, wie und warum er begonnen hatte, diese Zeitschriften zu kaufen. Sie erinnerten ihn an unauslöschliche Erlebnisse, wie sie manche junge Männer haben, die man zu Prostituierten geschickt hat, damit sie dort ihre ersten Erfahrungen sammeln. Stellen Sie sich vor, das hat er mir erzählt! Da dämmerte mir wirklich, daß ich ihm und seinem Leben sehr viel Zärtlichkeit entgegenbringe, und auch sehr viel Nachsicht. Das brachte mich auf den Gedanken, mir ein wenig Mühe zu geben, um ihm zu gefallen. Ich habe begriffen, daß er nicht wünschte, ich möge diesen Mädchen ähnlich sehen, nein, er wollte nur, daß ich mitspiele . . .“

„Sind Sie wieder zur Beichte gegangen?“

„Ja. Mein Beichtvater hat mir gesagt, daß ein Ehepaar sich heutzutage auch um sexuelle Harmonie bemühen muß, um sich gegenseitig zu entfalten.“

„Nun?“

„Nun ja, ich bin sehr glücklich! Ihre Ratschläge waren moralischer, als man hätte meinen können!“

Sie lacht. Ach, das Glück – lauf hin geschwind – rötet die Wangen der Frauen. Ich war nicht unzufrieden. Ganz und gar nicht unzufrieden. Da, alleine schon bei dieser Erinnerung packt mich die Lust, an diesem Morgen in den Wind hinauszugehen und einen langen Spaziergang zu machen. Ich möchte aus der Nähe sehen, wie die Blütenblätter des Weißdorns und die kleinen, flaumigen Sternräder des Löwenzahns in der Luft schweben. Ich werde wieder meinen drei schönen schwarzen Schwänen zusehen, die hintereinander herschwimmen. Der eine wird angstvoll in der Mitte des Teiches bleiben. Der andere wird näher herankommen und den menschlichen Lärm streifen. Der dritte wird wie gewöhnlich im Schilf bleiben, das am Ufer wächst, und mich so lange beobachten, wie ich im Gras sitzenbleiben werde, um ihn zu betrachten.

Doch ich möchte noch über diese schwierigen Begriffe des in der Liebe Verbotenen und Erlaubten nachdenken. Ich habe Ihnen schon von den wilden Partys der jungen Leute erzählt, und ich habe sie auf den ersten Blick hin verurteilt, denn ich bin der Ansicht, daß sie, weit davon entfernt, ihre Liebesbeziehungen zu vertiefen oder diese Freiheit in den Sitten zu einer beliebigen Art von Entfaltung zu verwerten, aus Mangel an Reife und Achtung für den Partner sich lediglich ihr Verlangen nach Glück verderben.

Dieser Begriff gilt genauso für die Erwachsenen, jedoch auch nur auf den ersten Blick, denn ich denke, daß man vorsichtig sein muß, ehe man auf diesen Gebieten auch nur das geringste Urteil fällt.

Der Beweis: Ein befreundeter Psychiater hat mir versichert, daß eine seiner Patientinnen durch eine Gruppenerfahrung plötzlich „enthemmt" worden war. Der Ehemann liebte seine Frau, doch er verlor die Hoffnung, sie jemals zu erregen, und hatte sich folgende Methode ausgedacht, um sie zu bestrafen und um gleichzeitig vielleicht auch ihre Sinne zu überrumpeln: Eines Abends führt er sie zu einem Essen bei amerikanischen Freunden, die in ihrem Haus laufend ein ziemlich unheimliches Spiel praktizieren. Es ist ein fröhliches Abendessen. Beim Dessert reicht man zwei Körbe herum: Der eine enthält auf sorgfältig zusammengefalteten Zetteln die Vornamen der

Frauen, der andere enthält die der Männer. Die Hausfrau zieht einen Männernamen. Der Hausherr zieht einen Frauennamen. Das Paar, das sich auf diese Weise zufällig gefunden hat, verschwindet in einem der Zimmer der Wohnung. Danach kommt man wieder in den Salon, trinkt Kaffee und plaudert. Die Zetteln werden wieder schön vermengt, und man beginnt von neuem. Die Stimmung hat ihren Höhepunkt dann erreicht, wenn niemand mehr Lust hat, sich abzusondern.

Die Umgebung ist wie geschaffen für diese Art von Abendunterhaltungen, und die junge Patientin des Psychiaters, zunächst entsetzt und kühl wie immer, wird viermal gezogen und zieht sich mit dem jeweiligen Partner zurück. Ein wenig Alkohol, die Musik, der Hintergrund, die Angst vor dem Unbekannten, diese Art, Tabus zu schleifen und dennoch „anständig", ja weltgewandt zu bleiben, nimmt ihr alle Schuldgefühle, erweckt plötzlich ihre Sinnlichkeit, ihre Begierde, und diese „Orgie" hilft ihr mehr als ein Jahr Psychotherapie. Dieses Ehepaar hat seine Probleme durch ein Mittel gelöst, das viele entsetzen würde. Selbst ich mußte mich bemühen, um nicht mit Leidenschaft und – mit Scheuklappen Partei zu ergreifen; es ist nicht sehr leicht, die ausgefahrenen Geleise auf dem Gebiet der Sexualität zu verlassen.

Sind Orgien also erlaubt?

Ich käme nie auf den Gedanken, derartiges zu schreiben.

Der Fall dieses Ehepaares hätte ein katastrophales Ende nehmen können. Stellen wir uns vor, daß die junge Frau sich von der Vorgangsweise ihres Mannes so abgestoßen fühlt, daß sie einen moralischen und körperlichen Schock erleidet. Oder aber, daß sie auf perverse Art Geschmack daran findet und nur noch in einer Gruppe dazu fähig ist, Lust zu empfinden. Sie wäre mehr als reif für eine Fortsetzung ihrer analytischen Behandlung! Und ihr Mann könnte auch gleich damit beginnen.

Doch warum sollte man diese zufällige „Behandlung", die nicht routinemäßig ablief, voll Abscheu verdammen?

Auf der Suche nach dem Glück mußte man immer schon

Gefahren, Zugeständnisse und unerwartete Wege auf sich nehmen. Was für den einen gut, ist für den anderen schlecht. Je älter ich werde, desto mehr hüte ich mich davor, zu verurteilen. Ich kann nur sagen: „Es ist nicht nach meinem Geschmack, das ist alles.“

Wieder lieben zu lernen bedeutet auch, sich von selbstauferlegten Tabus zu befreien, sich aus seinem Gewissen, aus seinen Grillen herauszuhelfen wissen und nicht zu vergessen, daß „die Langeweile eines Tages aus der Gleichförmigkeit entstand“. Man darf auch nicht vergessen, daß die Paare sich heute bei der Eheschließung für eine Zeit verbürgen, die noch vor einem knappen Jahrhundert der Dauer von drei Menschenleben entsprochen hätte. In der Welt der Sexualität wird man wohl oder übel bis zu den eigenen Grenzen vorstoßen müssen. Es ist rührend und auch gut, wenn ein Paar die Erotik erforscht. Dadurch werden zwei Geschöpfe, die sich lieben, einander nahegebracht, und zwischen ihnen entstehen geheime und wichtige Bande. Ihre Suche ist sehr wichtig; sie wollen nicht nur den Partner erforschen, sondern auch sich selbst erkennen, um ihren Weg in der Nacht der Lüste gemeinsam zu gehen. Daß man bei einer solchen Suche umhertappt, daß man sich von nicht sehr vernünftigen Vorstellungen über sich selbst und über den Partner berauschen läßt, daß man sich an unversehens auftauchenden Begierden die Finger verbrennt, ist ganz normal. Wenn diese Suche scheitert, sehen liebende Eheleute einander zärtlich an und denken über die Lust nach, die niemals eine Selbstverständlichkeit ist, sondern eine Gnade. Sie denken nicht darüber nach, was verboten ist und was erlaubt – nichtssagende, „äußere“ Begriffe –, sondern man will die Planeten des Glücks erforschen.

Sobald man übrigens Begriffe wie „verboten“ und „erlaubt“ einführt, schrumpft das Traumbild von der Welt der Sinne auf ein Minimum zusammen. Es wird immer Leute geben, die vor Entsetzen aufschreien, wenn sie von gewissen Praktiken hören, die für einen anderen ganz alltäglich sind.

„Mein Mann ist nicht normal“, protestierte eine junge Frau, die hartnäckige Kopfschmerzen hatte.

Seit fünf Jahren versuchte ihr Mann vergebens, ihr ein wenig Phantasie beizubringen. Doch außer der „Missionarsstellung“, wie es so schön heißt, wollte sie nichts akzeptieren, alles schien ihr sexuell abwegig und tierisch. Zuletzt hatte sie sogar Ekel vor der Liebe.

„Haben Sie nie daran gedacht, einige Bücher über Sexualerziehung zu kaufen, die Ihnen hätten helfen können?“

„In meinen Kreisen kauft man diese Schriften nicht. Können Sie sich vorstellen, daß ich in unserer kleinen Stadt zum Buchhändler gehe, in solchen Werken blättere und welche bestelle? Am nächsten Tag würde man doch mit dem Finger auf mich zeigen!“

Es ist wahr, diese Geschichte spielte viele Jahre bevor es modern wurde, Sex-Shops zu eröffnen und Bücher über die Paare zu schreiben. Jedenfalls kann ich mir diese junge, schüchterne und naive Frau sogar heute nur schlecht dabei vorstellen, wie sie in einigen Spezialwerken blättert, um sich zu informieren!

Ihr Mann begann sich von ihr zu distanzieren. Sie fragte sich sogar schon, ob er nicht mit einer jungen Verkäuferin, die für ihre Leichtfertigkeit bekannt war, ein Verhältnis hatte!

Ich hätte ihr unter gar keinen Umständen einen Vortrag über die Sexualität halten können, sie hätte mich für einen Wüstling gehalten! Ich setze meine gelehrteste Miene auf und fordere sie auf, ein Kapitel aus einem medizinischen Buch zu überfliegen und einen Blick in das Kamasutra zu werfen, von dem sie noch nie gehört hatte.

„Machen Sie es sich in der Bibliothek bequem.“

Sie errötete leicht und erklärt sich einverstanden.

Eine Stunde später setzen wir die „Sprechstunde“ fort.

„Nun?“ sage ich.

„Ich bin entsetzt. Entsetzt über meine Unwissenheit. Über den Schwindel, der einen befällt, wenn man sich vorstellt, daß zwischen zwei menschlichen Geschöpfen, die einander lieben, all diese Dinge existieren. Aber sagen Sie selbst, wie soll ausgerechnet ich mich als Odaliske verkleiden?"

Ich lache.

„Ihr Mann verlangt ja nicht von Ihnen, daß Sie sich von heute auf morgen in einen Experten verwandeln. Und die körperliche Liebe kann auch keine sorgfältig erlernte Aufgabe sein. Nein, was Sie brauchen, ist ganz etwas anderes, sie müssen zur Überzeugung kommen, daß man sich weder strafbar macht dafür, daß man dem anderen Freude schenkt, noch dafür, daß man selbst Freude sucht."

„Aber auch wenn ich das alles besser verstehe, auch wenn ich mich bemühen will, wie soll ich denn plötzlich meinem Mann gegenüber meine Persönlichkeit und meine Gewohnheiten ändern? Außerdem sieht er mich kaum noch an."

„Das ist Ihre Sache. Wenn Sie Ihren Mann wirklich lieben, wenn Sie wollen, daß er zu Ihnen zurückkommt, dann werden Sie, glaube ich, sehr wohl instinktiv herausfinden, wie Sie ihn neugierig machen, provozieren, überraschen und fesseln können."

„Er wird sich fragen: Was ist denn mit ihr los? Und wer weiß, ob sich bei mir im Grunde nicht dennoch irgend etwas gegen diese Dinge sträubt?"

„Das kann natürlich sein. Besonders wenn Sie sich schon von vornherein geschlagen geben."

„Und Sie vergessen meine Kopfschmerzen."

„Sie werden keine mehr haben. Diese Kopfschmerzen waren für Sie, Sie werden es sicher schon erraten haben, nur ein Mittel, mit dem Sie sich von Ihrem Gatten distanzieren konnten. Außerdem werde ich Ihnen Kräuter geben, die Ihre Schmerzen lindern und Sie entspannen werden. Ich rate Ihnen auch, sehr viel Basilikum in Ihre Speisen zu tun. Sie werden Salbei und Bohnenkraut nehmen. Ihr Mann wird wissen wollen, warum Sie neuerdings Kräutertee trinken und Kräuterbäder nehmen, und ich rate Ihnen, ihm zu sagen, daß Tee und Bäder aphrodisische Wirkung haben. Laden Sie ihn dazu ein. Er wird neugierig sein, amüsiert, hilfsbereit. Machen Sie eine zärtliche Stunde aus der Zeit, in der Sie Ihren Kräutertee trinken. Reden Sie miteinander, sprechen Sie. Machen Sie eine lustige Geschichte aus Ihrem Besuch bei mir. Sie müssen reden. Das wird Ihnen helfen, zu Hause eine ganz andere Atmosphäre zu schaffen. Jedesmal wenn Ihr Mann nach dem Abendessen nicht mehr fortgeht, wird das bedeuten: Ich bin auf dem richtigen Weg. Vergessen Sie nicht, Glück muß man geben, empfangen und miteinander teilen. Sie werden Nuancen entdecken, von denen Sie bisher nicht die leiseste Ahnung hatten."

„Monsieur, ich möchte gerne wissen, ob viele Frauen Ihnen dasselbe anvertraut haben wie ich."

„Es waren viele, und sie taten es auf verschiedene Weise. Verzeihen Sie mir: Sie sind ein alltäglicher Fall."

Sie seufzt, als wäre sie erleichtert. Unglaublich, wie sehr die Menschen das Gefühl brauchen, „wie alle anderen" zu sein.

Erlaubt wäre also, was alle machen? Und verboten, was sich nur die Minderheit erlaubt? Sagen Sie mir nicht, daß die Menschen so oberflächlich sind. Und daß sie so erschreckend wenig über Sexualität wissen. Sollte das Recht auf Glück also eine anspruchsvolle Forderung unseres Zeitalters sein, während der Großteil von uns nicht die elementare Freiheit besitzt, dieses Glück zu erlangen?

Manchmal kommen dreißigjährige Ehemänner zu mir und erzählen – mit Humor, denn das ist für sie eine annehmbare Art, eheliche Probleme zu enthüllen –, daß sie es niemals, wirklich niemals wagen würden, ihren Frauen zu gestehen, wie angenehm es für sie wäre, von Zeit zu Zeit ein wenig zu onanieren. Warum? Weil sie noch in den Schuldgefühlen, in den absurden Verboten, die man ihnen in ihrer Jugend auferlegt hat, befangen sind. Verschämt wie Fünfzehnjährige gestehen sie, daß sie manchmal, wenn ihre Frau sich mit aller Entschiedenheit jedem Einfall widersetzt, sich hinter ihrem Rücken dieses Vergnügen verschaffen.

Nach allem, was man mir anvertraut hat, dürften die Frauen dasselbe Problem haben, ihre Schuldgefühle aber scheinen sie leichter zu überwinden, da für sie, wie ich annehme, dieses Verfahren unauffälliger ist. Außerdem hat man es vielleicht weniger gewagt, ihnen solche Absurditäten zu erzählen wie: „Achtung, das macht debil, da wirst du anämisch, wahnsinnig, impotent und sogar epileptisch!"

Ein junger Vater aus meinem Freundeskreis sagte mir unlängst: „Ich glaube doch, daß ein wenig fortschrittliche Eltern jetzt darauf verzichtet haben, ihren Kindern so etwas zu verbieten. Um so mehr, als die Kinder von allen Seiten dazu angeregt werden, weil die Sexualität der Erwachsenen zur Schau gestellt wird; da sind Plakate, Filme, Zeitungsartikel. Wie sollen sie sich denn anders zu helfen wissen, wenn der Druck des Begehrens zu stark wird? Ich finde, daß es ein sicherer Instinkt für Gesundheit ist, der sie dazu treibt, sich so aus der Sache zu ziehen, wie sie es können."

Darauf ist mir ein amüsantes dänisches Sprichwort eingefallen, das mir in seiner Einfachheit, seiner Klugheit und seiner populären Ausdrucksweise für Heranwachsende genauso gültig zu sein scheint wie für Erwachsene. Wenn mein Vater von seiner religiösen Erziehung so frei gewesen wäre, wie man es jetzt ist, jetzt, da sich die Ansichten der Kirche über eine ganze Reihe von Fragen erweitert haben, dann, glaube ich, hätte er diese Weisheit, die von der Straße kommt, nicht abgestritten. Auch Sie sollten sich nicht davon schockieren lassen, sondern darüber lächeln:

„Wenn Sie Hunger haben und keine Zeit, um ausgiebig zu essen, dann bestellen Sie irgend eine Kleinigkeit, vielleicht ein Sandwich!"

Legen Sie mir vor allem nichts in den Mund, was ich nicht gesagt habe. Ich befürworte dieses Verfahren nicht besonders, und ich will Sie auch nicht beeinflussen. Schlagen Sie das doch Ihren heranwachsenden Kindern vor, wenn diese nicht wissen, was sie tun sollen! Und sagen Sie es Ihrem Mann oder Ihrer

Frau, wenn Sie gerade keine Lust haben, mit Ihrem Partner zu schlafen.

Um „gut“ zu sein, muß alles aus der Sorge um das Glück des Partners heraus geschehen, aus der Sorge um seine Entfaltung, aus der Neugier, die man den Anzeichen für seine Lust bekunden kann. Man wird sich auf diesem Gebiet nicht oft genug einen Satz wiederholen können, den man nur allzuleicht vergißt und dessen moralischer Wert außer Zweifel steht: Die Liebe, die echte, gute Liebe, bei der jeder den anderen respektiert und für ihn das Beste will, ist der einzige gültige Führer. Ich würde auch sagen: sie ist das beste Aufputschmittel, die größte Freude, denn die Gesten sind für die höchste Lust des Herzens nur eine Ergänzung.

Ich habe gerade über Onanie geredet, doch ich werde nicht über Fellatio sprechen. Viele Damen, die meine Kräuter sehr lieben, würden in Ohnmacht fallen (oder zumindest so tun!). In unserem verfeinerten Abendland redet man nicht von diesen Praktiken, die nur von übelbeleumundeten Frauen angewendet werden: Außerhalb der Ehe verwendet man sie gern, doch zu Hause schämt man sich ein wenig dafür. Kraft eines alten Prinzips, das darin besteht, daß man zu Hause würdevoll zeugt, seine Sexualität aber woanders auslebt. Doch alle diese Dinge ändern sich. Die jungen Leute wollen allmählich alle Befriedigungen auf einmal in der Ehe oder in einem Verhältnis finden. Meiner Meinung nach ist das die einzige Lösung, die unsere Gesellschaft vor körperlich und seelisch gefährlichen Abwegen retten kann.

Der Fortschritt wird sich jedoch nicht ohne umfassende Sexualaufklärung und -erziehung einstellen. Die jungen Leute verlangen zu Recht danach, und es ist auch richtig, daß Sexualerziehung als Pflichtfach in den Schulen eingeführt wird. Die Liebe kann heute nur über den Umweg der sexuellen Harmonie aufgewertet werden. Doch die Jagd auf den Orgasmus darf die Gefühle nicht überspielen, sonst ist das Ergebnis Unausgeglichenheit.

Und was das Verbotene und das Erlaubte betrifft, so ist das ein Geheimnis des Schlafzimmers. Selbst das Gesetz kann sich nicht in Dinge mischen, die es nichts angeht.

Und Gott blickt sicherlich voll Nachsicht auf die Paare, die sich lieben. Könnte man nicht denken, daß der Liebesakt das erfolgreichste Gebet ist? Ein erhebender Augenblick, in dem sich alle Wellen des Universums kreuzen, als wäre man plötzlich am Rande der Erkenntnis.

Pflücke die Rose, solange sie blüht

Gott sei Dank, die Rosen brauchen keine komplizierten Seelenanalysen, um zu wachsen. Wenn sie auch notfalls der Chemie zum Opfer fallen können, wenn mancher Gärtner sie auch mit Experimenten quält, so können sie dennoch nicht anders, sie sind einfach schön und seit Jahrhunderten das Symbol der Liebe und der Schönheit. Ich liebe Rosen. An einem Maimorgen entfalten sie ihren lieblichsten Duft. Manche liebe ich besonders; die rosafarbenen etwa, mit einem Stich in intensives Rot, doch auch die purpurnen, die in ihren Herzen, da, wo die Hummeln Honig sammeln, Lichter tragen.

Rosen versöhnen mich wieder mit der Welt. Und wenn die Frauen auch noch so unglücklich sind, und wenn die Männer noch so sehr über ihre Probleme erschrecken, ja wenn auch noch so viele Katastrophen unsere Welt bedrohen, ich sage mir: „Solange es noch Rosen gibt ...“ Im März werden die Rosen unter meiner Aufsicht beschnitten, und dann lauere ich auf die ersten Knospen. Im April sind sie reich mit Blättern geschmückt und warten nur noch darauf, ihre volle Pracht zu entfalten. Und dann sind sie offen und reif. Um ein Haar würde ich mit jeder Rose sprechen und ihnen sagen: Solange ihr alle hier seid, um uns mit eurer Schönheit anzustrahlen, solange kann es nichts wirklich Schlimmes geben. Solange immer wieder Frühling wird, gibt es auch immer wieder Hoffnung, und solange ist auch die Welt bis in ihre Tiefe fest geordnet in ihrer ganzen Fülle und Harmonie.

So schaffe ich mir gerne Anhaltspunkte, um mich von der Zuverlässigkeit des Weltgefüges zu überzeugen. Ich weiß, es mag verschroben wirken, Rosen als Symbol für die Ewigkeit zu wählen, denn sie sind so vergänglich, daß sie „diese Abenddämmerung, die Falten ihrer purpurnen Kleider ..." alsbald verlieren. Aber dafür kehren sie nach dem unwandelbaren Rhythmus der Jahreszeiten in diesem Jahrhundert mit Sicherheit immer wieder zurück. Das ist das ergreifende an ihrer Vergänglichkeit, an ihrer Vollkommenheit, an ihrer Ewigkeit.

Ich liebe es, zwischen meinen Rosenstöcken umherzugehen, während mein alter Hund schnaufend hinter mir herläuft und mein Herz bei dem Gedanken erzittert, wieder einmal die Schönheit berühren zu dürfen. Und das führt mich wieder zur Denkweise der Menschen zurück. Sie sind so klug, so gewissenhaft, so gutwillig geworden, und gleichzeitig sind sie noch so schutzlos und so in ihr vergängliches Leben versunken, daß sie die klaren, einfachen und gar nicht lächerlichen Freuden vergessen, die die Natur ihnen bietet. Sie könnten sie zu ihrer Verbündeten machen und in der allgemeinen Verwirrung sich ihrer als Stütze bedienen. Aber nein, sie sind zu sehr verstört, um wirklich innezuhalten und dem Lied ihrer Mutter Erde zu lauschen. Sie haben das Gefühl für den ewigen Rhythmus verloren. Die tiefe Gestörtheit unserer Zeit hat bewirkt, daß sie meistens rennen, anstatt zu tanzen. Ich rede nicht von „Pop"- oder von Jazzrhythmen, die meiner Meinung nach ebenfalls eine Störung unserer Zeit darstellen. Doch diese Störung ist, obwohl sie Revolte, Aggression und Gewalt ausdrückt, immer noch schön.

„Heutzutage gibt es keine Jahreszeiten mehr", sagt die Gemüsefrau zur Kundin.

Und sie hat so sehr recht. Hinter diesem Satz, über den man zu lachen pflegt, als wäre er ein wenig primitiv, versteckt sich der Wahnsinn unserer Zeit. Verzeihen Sie, aber ich werde wieder von meinen wehmütigen Erinnerungen an „früher" erzählen müssen, und vielleicht haben Sie dieselben Erinnerungen wie ich.

„Früher" genügte es, auf den Markt zu gehen, um zu erfahren, in welchem Monat man gerade war. Im Mai lag der Duft von Erdbeeren und von Kirschen in der Luft. Es war die Zeit der Konfitüre und des Obstkuchens. Frische grüne Bohnen aß man im Juli und im August, nicht im Dezember. So konnte man im reinsten Sinn des Wortes den Wechsel der Jahreszeiten und der Produkte aus unseren Breiten genießen. Wenn man Orangen und Mandarinen auftauchen sah, dann war es bald Weihnachten. Es wäre niemandem eingefallen, im Juni Orangen zu essen. Man war überzeugt, daß sie um diese Zeit trocken seien. So konnte man den Duft der Jahreszeiten mit der Seele aufnehmen. Man konnte auf den grünen Salat warten, reife Äpfel aß man zur Zeit der leeren Apfelbäume, kurz, man konnte auf die Frage antworten: Wann?

„Heute" herrscht ein Sammelsurium von Jahreszeiten. Es gibt Treibhäuser, es wird tiefgefroren, und die Waren kommen aus allen Ecken und Enden der Welt. Heute erscheint jederzeit alles auf dem Markt: Melonen, Tomaten, Pfirsiche. Wir sind verwöhnt, und wir zögern beinahe vor so viel Auswahl; sie gibt uns ein unbestimmtes Gefühl der Unzufriedenheit. Wir sind nicht mehr überrascht und begeistert von der Farbe und vom Duft der Früchte oder des Gemüses, die wie Freunde zurückgekehrt sind. Sie sind alle immer da. Früher war es die Sonne, waren es die Regungen der Erde, die in einem bestimmten Monat auf den Markt kamen und in den Schaukästen pyramidenförmig aufgestapelt wurden. Heute sind es die Chemie und das Geld. Früher zählte die „Reife", und sie war um so verlockender, strahlender und duftender, je mehr sie das Zeichen für Köstlichkeiten und auch gleichzeitig für die Vergänglichkeit war. Heute greift man zu unreifem Obst und Gemüse, das zwar nicht duftet, sich aber gut hält.

„Früher“ fror man im Winter, im Sommer schwitzte man, Punktum und aus. Heute gibt es Heizungen, Klimaanlagen, Ventilatoren, Lüftungen, Luftmischanlagen und Gebläse, und in den Hochhäusern braucht man nicht einmal mehr Fenster, die geöffnet werden können. Man kann sich kleiden, wie man will; man kann im Winter Baumwollkleider tragen, und Wollsachen im Sommer, denn es ist nicht mehr eine Frage der Vernunft, sondern eine Modeangelegenheit. Wenn Sie heute jemanden auf der Straße treffen, so werden Sie aus seiner Aufmachung sicher nicht die Jahreszeit erraten können.

Der natürliche Zeitbegriff? Der ist einbetoniert, das sage ich Ihnen.

„Früher“ sah man nicht im Notizbuch nach, wenn man auf die Ferien wartete. Man fühlte das Herannahen der Sonne. Es war wie ein langer, unterirdischer Reifungsprozeß, und man hob den Kopf, um den Stand der Sonne zu beobachten.

„Heute“ fährt man zu jeder beliebigen Jahreszeit in den Urlaub, niemand wüßte das besser als ich. Das ist gut. Es ist immer noch etwas Besonderes, doch es ist nicht mehr eine Kostbarkeit, die man wie eine seltene, im Namen der Sonne verabreichte und nur zu einer bestimmten Zeit erhältliche Speise so langsam wie nur möglich auf der Zunge zergehen läßt.

Man bucht schnell seinen Urlaub, im Winter, im Frühling, im Sommer. Wie unter Zwang rast man in die Ferien, und womöglich stirbt man auf dem Hinweg. Ist es nicht dumm, alles zu verpfuschen, während vor noch nicht allzu langer Zeit die Sklaven diejenigen waren, die keinen Urlaub hatten? Heute ist man befreit, im Winter fährt man in die Sonne, im Sommer in den Schnee. Auf diese Weise fühlt man sich als Beherrscher der Elemente. Doch hinter dieser schönen Illusion verbirgt sich unsere Angst, unsere Getriebenheit und unsere sklavische Ergebenheit für die Mode und das Geld. Man ist jederzeit braungebrannt. Falls man den „Vergnügungen“ nicht frönen kann, behilft man sich mit einer Quarzlampe oder mit Make-up.

Ach, ich habe nichts dagegen, das ist der Fortschritt des modernen Lebens; man holt sich die Sonne mit Hilfe von Reisepässen, von Devisen, mit Hilfe der Stromstärke und aus der Tube. Man erweitert seinen Horizont. Das ist an sich alles gut, wenn man dabei einen klaren Kopf behält; eine Zeit, mit der man alle möglichen Kunstgriffe macht, um sie zu verwandeln, eine Zeit, die zurechtgestutzt und verhöhnt wird, ist genauso verschmutzt wie die Flüsse von Frankreich und Navarra. Mit einer solchen Zeit wird man das irdische Paradies nicht erschaffen können!

Wie sollen sich die Menschen mit ihrem eigenen inneren Rhythmus zurechtfinden, wenn sie sich in ihrem neuen Zeituniversum verlieren? Ihre Jahreszeiten sind künstlich und gestört. Noch ehe sie den Baum der Wissenschaft haben wachsen sehen, wirft man ihnen seine grünen Früchte zu. Sie führen ihre Liebschaften und befriedigen ihr Verlangen nach Glück auch hier, in ihrem eigenen Inneren, ohne die Riten der Jahreszeiten zu beachten. Und oft gehen sie ahnungslos vorbei und erkennen nicht, wie das Glück hier in der Allee vor ihren Augen gerade aufblüht.

Eines Tages kommt ein junges Mädchen ganz atemlos bei mir an; es hat gerade mit dem Fahrrad dreißig Kilometer zurückgelegt. Es hat sein Haar wie ein Schulmädchen zu zwei Zöpfen geflochten und mit Gummibändern zusammengehalten. Ich erinnere mich noch sehr gut, es trug was man damals „Piratenhosen" nannte, dazu eine rote Bluse und rote Strandschuhe. Dieses hübsche Rotkäppchen brachte mir von seiner Großmutter einen ganzen Korb voll Thymian aus den Bergen, und da ihre Mutter krank war, ergriff sie die Gelegenheit und bat den großen guten Wolf um ein Heilmittel (wie Sie sehen, sind auch die Märchen nicht mehr das, was sie einmal waren).

Ich frage nach den Krankheitssymptomen der Mutter. Sie habe Schmerzen in den Lenden. Gut. Sorgfältig schreibe ich mein Rezept aus: Kompressen auf die Nierengegend, Hand- und Fußbäder mit einer Handvoll Weißdornblüten, einer Handvoll Butterblumenblüten und -blätter, einer Handvoll frische Brennesselblätter und einer großen, geschabten Zwiebel.

Die Kleine sieht mir schweigend beim Schreiben zu.

„Hast du Ferien?“ sage ich, um die Situation ein wenig aufzulockern.

„Ja, Monsieur.“

„In welcher Klasse bist du im Gymnasium?“

„Ich bin im letzten Jahr. Ich möchte Kräuterhändlerin werden, wissen Sie.“

„Ah!“ sage ich interessiert. „Wie bist du denn auf diesen Gedanken gekommen?“

„Durch meine Großmutter, die mir so viel von Ihnen erzählt hat und die sich selber gut mit Pflanzen auskennt.“

„Und warum willst du das machen?“

„Weil ich überzeugt bin, daß es in der modernen Welt notwendig sein wird, den Leuten getrocknetes Landleben zu bieten, das sie gleich ums Eck kaufen können. Sie werden froh sein, Kräuter zu haben, und ich werde den ganzen Tag lang meine Hände in die Gerüche tauchen, die ich alle so liebe: Zimt, Majoran, Eisenkraut, Zitronenkraut . . . Finden Sie nicht, daß ich einen guten Beruf gewählt habe?“

„Doch“, sage ich ganz begeistert. „Und wo wirst du dich niederlassen?“

„In der Stadt, neben einem Park. Meine Großmutter wird die Pflanzen pflücken. Wollen Sie mir dann Ratschläge geben?“

„Gerne!“

Das Rotkäppchen ist gegangen, und ich weiß nicht, ob es heute zu den vierhundert Kräuterhändlern zählt, die es in Frankreich noch gibt, aber ihr Satz: „Man wird ihnen getrocknetes Landleben bieten müssen, das sie gleich ums Eck kaufen können“, ist mir noch lange im Kopf herumgegangen. Dabei sprach man damals noch nicht laufend über Ökologie, über die Bedrohung der Natur und über Chemikalienmißbrauch. Was für eine klare, etwas grausame Vorahnung hatte doch dieses junge Mädchen gehabt!

Ja, eines Tages werden die Menschen erwachen und sich der Bedrohung bewußt sein, sie werden wütend, sehr gelehrt, doch eigentlich auch sehr hilflos sein, und wenn ihr Lebensinstinkt dann zurückgekehrt sein wird, werden sie tun, was kranke Katzen machen: sie werden sich auf die guten Pflanzen stürzen.

Dieser Tag ist übrigens gar nicht mehr weit entfernt.

Und wenn sie alle Ferienclubs der Welt besucht haben, um ihren Chef, ihre Ängste und ihre sexuellen Probleme zu vergessen (aber auch um neue Probleme zu finden, ob Bikini oder nicht), dann werden sie auch wieder auf das Land zurückkehren, wo sie geboren sind oder wo ihre Großeltern gelebt haben oder das nur einfach in ihrer Erinnerung existiert, und dann werden sie vor lauter Angst, daß die Mohnblumen aussterben könnten, nicht einmal mehr wagen, eine einzige davon zu pflücken.

Diese Zeit wird man nicht wirklich als Regression oder als goldenes Zeitalter bezeichnen können. Eher als das Zeitalter des Menschen, eines Menschen, der erwachsen und sich seiner selbst, seiner Mitmenschen, seiner Umwelt und der Regungen unseres Planeten bewußt ist.

Und wenn man wieder lernt, die Erde zu lieben, so lernt man auch wieder, eine gewisse Qualität in der Liebe zu lieben.

Los, sprechen wir von der Zukunft: Es wird vielleicht die Zeit kommen, in der man zu gewissen Traditionen zurückkehrt, genauso wie man heute, trotz aller billigen elektrischen Plastikkaffeemaschinen der Welt, respektvoll auf die alten Kaffeemühlen unserer Großmütter zurückgreift.

Stellen Sie sich vor, daß wir wieder zu Liedern, zu Texten und Tänzen aus der Folklore finden, aber nicht wie zu einer altmodischen Manie, die man nachsichtig belächelt, sondern um ihnen neue Impulse zu geben, um sie mit der modernen Dimension zu bereichern: jung, verrückt, traurig, unvergeßlich. Und es beginnt schon, es beginnt ... Manche junge Leute schlagen diesen Weg ein, doch noch ist es erst ein Vorzeichen, das inmitten von hysterischen Klängen auftaucht. Sie werden sehen, bald wird man lieber den Klängen der Hirtenflöte lauschen, die das Rauschen des Windes im Schilf oder die wehmütige Melodie der Hochebenen heraufbeschwört, als den Klängen der elektrischen Gitarren.

Es wird die Zeit des Magischen kommen. Ich meine „magisch" im weitesten Sinn. Die rationelle, berechenbare und gleichzeitig auch unberechenbare Maschinenwelt fällt auseinander. Man wird sich mehr und mehr zu den Wellen der Poesie hingezogen fühlen und von den kleinen Vögeln schwärmen, man wird an Pflanzentherapie glauben, an Aromatherapie, an Homöopathie, selbst an Akupunktur, an all diese Wissenschaften, die sich aus einem alten Wissen um das Menschliche und um die natürlichen Quellen herleiten.

Unmöglich, daß wir nicht voller Entsetzen über den Zustand, in den der Fortschritt uns hineinmanipuliert hat, eines Tages erwachen. An diesem Tag werden wir nur dann etwas vom Fortschritt wissen wollen, wenn er durch nichts Besseres ersetzt werden kann. Er wird wertvoll bleiben, aber – Sie sind jetzt dran, ihn zu manipulieren! Unsere Kinder werden sich nicht mehr dazu verpflichtet glauben, gegen die Konsumgesellschaft zu demonstrieren. Und die Psychiater werden sich umschulen müssen!

Die kranke Zeit wird geheilt sein!

„Tu doch nicht so, als ob du Nostradamus wärest", hätte mein Vater mir vielleicht geraten. „Was du tun mußt, Maurice, ist, den Menschen zu sagen, was sie hier und heute für ihr Glück machen können. Alles andere ist Blödsinn." Nun, mein Vater, ich kann ihnen zu den Pflanzen raten, die du mich gelehrt hast. Doch ich will mehr, verstehst du? Ich will sie davon überzeugen, daß die Pflanze einer der Bestandteile ist, die die Gesundheit bilden und das Lebensglück im Gleichgewicht halten, doch daß sie alle anderen Bestandteile zusammenbringen müssen, um wieder leben zu lernen.

Ein junger Abteilungsleiter sagte mir neulich bei einer Abendgesellschaft:

„Heuer weiß ich Bescheid. Ich höre für einen Monat mit der Arbeit auf, und zwar wie alle, im August, denn da schließt meine Fabrik. Doch heuer werde ich nicht an die Côte d'Azur fahren. Ich versuche, eine Hirtenhütte zu mieten. Ich nehme mir vor, dort alle Arbeiten selbst auszuführen, wenn vielleicht irgend etwas neu gestrichen werden muß, wenn es etwa notwendig sein sollte, Löcher und Risse zu stopfen oder auf dem Dach neue Ziegeln zu verlegen."

„Kennen Sie sich dabei aus?"

„Zu Hause mache ich alles selbst. Ich habe eine ganze Sammlung kleiner Fachbücher, und ich lerne unmittelbar vom Klempner und vom Tischler, wenn diese doch einmal kommen müssen."

„Aber keinen Komfort zu haben, Fließwasser zum Beispiel, wird das Sie selbst oder Ihre Familie nicht stören?"

„Während des ganzen Jahres stehe ich ununterbrochen unter der Dusche. Shampoo in Hülle und Fülle, Deodorants für Männer, Rasierwasser. Soll ich Ihnen sagen, was ich will? Ich möchte ein wenig riechen wie ein Tier. Ich möchte ohne Schuldgefühle schwitzen! Ich möchte in einem zerrissenen, schwarzen Hemd oder mit schmuddeligem Oberkörper Holz schleppen. Und die Kinder, die werden wir in Ruhe lassen, glauben Sie mir. Die Ausdrücke ‚dein Bad ist fertig' und ‚es ist Zeit . . .' sind zu streichen. Glauben Sie, die Kinder werden sich beklagen? Und was meine Frau betrifft, die versteht es, Gott sei Dank, überall zurechtzukommen. Ich persönlich ergötze mich an dem Gedanken, sie auf den verlassenen Feldern ein wenig als Wildling, vielleicht sogar ein bißchen nackt zu sehen."

„Aber im Sommer sind die Hirtenhütten im allgemeinen besetzt. Die Hirten wohnen darin. Wie hoffen Sie da, eine leere Hütte zu finden?"

„Ich habe einige leerstehende Hütten ausfindig gemacht. Ab Ostern werde ich mich genau darüber informieren, und . . ."

„Und was machen Sie mit den Nahrungsmitteln? Ohne Kühlschrank, ohne Fließwasser, ohne Eiserzeugungsapparat, ohne Gas, ohne ...."

Er sieht mich verblüfft an.

„Wie bitte? Das sagen ausgerechnet Sie? Im Kamin wird ständig Feuer brennen, Wasser werden wir mit Eimern holen, die Nahrungsmittel kommen in Dosen, in denen sie frischgehalten werden. Wir werden Petroleumlampen haben und ein WC im Freien."

Ich frage mich, ob es viele solche Menschen gibt. Doch, doch, versichert man mir. Das ist der neue Mensch, der fähig ist, das moderne Leben nach einem ausgewogenen Rhythmus zu gestalten: Kampf und Meditation. Fortschritt und Natur.

Dieser Mann ist nicht weit entfernt von der richtigen Art zu lieben. Wetten wir, daß sein Liebesleben nicht allzu problematisch ist. Daß er vom Wind, von der Sonne, von den Wolken, von den Gerüchen und von allen Pflanzen mehr wird lernen können als bei einer Minigolfpartie im fashionabelsten Badeort. Er wird von sich selbst mehr verlangen. Für den anderen.

Ich stelle mir all die zauberhaften Erlebnisse vor, die er aus seinem Urlaubsmonat mitten auf dem Land oder in den Bergen schöpfen kann. Da ist wilder Thymian, der zu Tausenden auf den Feldern wächst, da ist der Honig, den man vom Bauern holt, und Olivenöl direkt vom Erzeuger, da gibt es Feigen, die noch nicht ganz reif sind, ein Holzstück, das man aufhebt, weil es so wunderlich geformt ist, einen Tannenzapfen, den man reinigt und blankpoliert, um einen Leuchter daraus zu machen, ein Stück Korkeiche, das man aushöhlt und in eine Obstschale verwandelt. Manchmal bekommt man Lust, an einer Heidekrautwurzel herumzuschnitzen, aus trockenen Gräsern einen Strauß zu binden, mit der Herstellung einer Brennesselsuppe zu beginnen, zu lernen, wie man eine Rohrpfeife bläst, oder ein Herbarium anzulegen. Die ganze Familie bereitet gemeinsam den Pudding zu. Man liegt halbnackt im Gras und läßt sich von der Morgensonne bräunen.

Seltsam, man singt, und die Kinder betrachten verdutzt diese neuen Eltern, die endlich aus ihrer muffigen „Ich-habe-die-Nase-voll"-Stimmung herausfinden, in der sie sonst das ganze Jahr über stecken. Wenn sie wüßten, daß Vaters und Mutters Nachmittagsschläfchen dieses Glück nicht fremd ist und daß zu einer Zeit, in der sie selbst von der frischen Luft erschöpft in ihren Betten liegen, das Glück manchmal wirklich auf der Wiese ist, dann könnte sie das später wahrscheinlich daran erinnern, daß es möglich ist, eine glückliche Ehe zu führen, wenn die Partner sich nur dazu entschließen.

Auf jeden Fall, ob Hirtenhütte oder nicht, es steht fest, daß die Urlaubszeit sofort maximal ausgenützt werden muß. Man muß diese Gelegenheit ergreifen, um sich mit der Zeit, mit sich selbst und mit dem Partner zu versöhnen. Die Frauen erzählen oft, anläßlich einer anderen Angelegenheit übrigens, daß sie sich in den Ferien „verliebter" fühlen. Der neue Tagesablauf, die Macht der frischen Luft, der Zauber der Landschaft, ein besseres Bild ihrer selbst, weil sie braungebrannt sind und helle Kleider tragen oder sich erotischer anziehen als in der Stadt, all das bewirkt wohl, daß dieses Gefühl wahrscheinlich bei sehr vielen Frauen auftritt. Dasselbe gilt übrigens auch für Männer.

Es gibt für das Glück auch einen weiteren Faktor, den man nicht ausklammern darf. Dieser Faktor ist subtiler, manche werden sogar sagen, daß er perverser ist. Ich glaube, daß die Männer und die Frauen in den Ferien sich den Luxus erlauben, andere Menschen anzusehen. Sie fühlen sich ermächtigt dazu, sei es auch nur durch die provokante Sommerbekleidung oder durch die Nudisten in der Ferne – oder durch die junge Bäuerin, die plötzlich in einem enganliegenden Hemdchen auf ihrem Traktor sitzt, oder durch die Hotelwirtin in ihren Minishorts.

Die Frauen sind vielleicht schüchterner, aber dann werfen sie doch einen Blick auf den feschen braungebrannten jungen Mann, auf den lässigen Gitarrespieler, der in engen Jeans mit einem goldenen Kettchen auf der braunen Haut seiner jünglinghaften Brust mit verträumten Augen vorbeischlendert. Ich denke deswegen daran, weil ich eines Tages unfreiwilliger Zeuge der folgenden Auseinandersetzung zwischen einem jungen Paar geworden bin.

„Na, du frißt ihn noch auf, wenn du so weitermachst!"

„Du hast Yvette heute morgen während der ganzen Zeit, in der wir am Strand waren, auch angestarrt."

„Ich?"

„Tu doch nicht so unschuldig. Dabei war sie ziemlich vulgär mit ihrer Provokation. Jede Frau kann die Blicke auf sich ziehen, wenn sie mit aufgeknöpfter Bluse und ohne Büstenhalter herumspaziert!"

„Zumindest hat sie nicht schlecht ausgesehen. Dieser billige Zuhälter dagegen ..."

„Ich finde, er hat das, was man Sex-Appeal nennt, mein Lieber."

„Und ich, habe ich vielleicht keinen?" sagt er und umarmt seine junge Frau.

„Und ich, könnte ich nicht jedermann verführen, wenn ich ohne Büstenhalter herumliege?"

Daraufhin küssen sie sich, er beeilt sich, ihr Pistazieneis zu bezahlen, und glücklich schlendern sie davon.

Die Paare, die in den Ferien nicht unter den übervölkerten Badestränden zu leiden scheinen und die sich in Straßen wohl fühlen, in denen die Touristen vorüberströmen, gehorchen folgender Hexerei, die ihrer Beziehung einen neuen Anstrich verleiht: Sie träumen von anderen Dingen, von anderen Empfindungen, von anderen Wonnen. Aber beruhigen Sie sich, sie wissen instinktiv, daß sie es beim Träumen belassen müssen, weil sie sonst enttäuscht werden. Sie übertragen ihre Träumereien auf ihren Partner, der real und verfügbar ist, und eigentlich beweist das eine gesunde Einstellung. Der andere wird noch wertvoller, er gewinnt einen unbestimmten neuen Reiz, er ist voller Symbole, voller Phantasie, sein Bild ist bereichert. Diese sinnliche Atmosphäre läßt plötzlich die Erinnerungen an die Begierden aus den ersten schönen Tagen des Paares, aus den ersten schönen Tagen der Welt hochsteigen.

Die Ferien sind, ganz gleich in welcher Form sie heute oder morgen stattfinden, eine herrliche Gelegenheit für intensiven Gedankenaustausch, bei dem man das Prickelnde eines neuen Anfangs spüren kann. Wenn ich zu der Meinung neige, daß die Rückkehr zur echten Natur, und sogar zu einer schlichteren Lebensführung, für die Entfaltung des Menschen das allerbeste wäre, so leugne ich nicht, daß jede Rückkehr zur Natur eine gewichtige Neuerung mit sich bringt. Ich leugne genausowenig – denn ich habe es selbst erfahren –, daß eine exotische Atmosphäre vieles erleichtert.

Ein Ehepaar aus meinem Bekanntenkreis, er Arzt, sie Familienmutter, erzählt mir nach jeder Rückkehr aus dem Urlaub, wie sie sich in Griechenland, in Ägypten und in Mexiko von einer neuen Seite kennengelernt haben.

„Wir verlieren nicht unnütze Zeit. Der Umschwung beginnt auf der ersten Stufe, die zum Flugzeug hinaufführt. Mit einemmal ist alles abenteuerlich. Wir heben vom Boden ab – und ehe wir es uns versehen, sitzen wir Seite an Seite da oben in den Wolken und halten jeder ein kleines Tablett mit raffinierten Speisen auf den Knien. Das ist genau der Augenblick, in dem ich meine Identität als Familienmutter, die Burgunderbraten kochen kann, verliere!

Wenn man dann auf dem Flughafen landet, taucht man in den Duft der Pfeffersträucher, der Riesenlorbeerbäume, man taucht in die Hitze. Man fühlt sich etwas verrückt. Bei mir ist die Wirkung radikal, ich würde mich am liebsten sofort über sie stürzen!"

Beide lachen schallend.

„Es ist heiß, strahlende Sonne. Wir ziehen uns um. Wir würden am liebsten nackt herumlaufen, nackt baden. Gibt es denn überhaupt irgendwo noch Steuern? Oder Masern? Oder Schulzeugnisse?

Wir haben Hunger. Wir gehen und kaufen uns Obst. Alle

Menschen erscheinen einem interessant und sympathisch. Das ist dumm, nicht wahr? Man fühlt sich leicht, man fühlt sich im Einklang mit sich selbst und außerhalb aller Regeln.

Abends sagen wir zueinander in Paris: Hoffentlich sind wir müde genug, um gut zu schlafen! Man denkt so sehr an die Anstrengungen, die man am nächsten Tag wird machen müssen, daß man am liebsten mit allem sparen würde, mit Worten, mit zärtlichen Gesten. Im Urlaub stellt man sich vor allem keine Fragen. Die Uhrzeit? Die ist zu Hause geblieben. Man trödelt, man schlendert herum, man kaut zehn Jahre lang an einem Bissen. Das Exotische der Speisen macht uns genäschig und feinschmeckerisch. Wir gehen unter den Sternen spazieren. Weißt du noch, was im letzten Sommer war?“

Sie errötet.

„Nun ja, wir haben auf einem Sandstrand miteinander geschlafen, und dann haben wir ein mitternächtliches Bad genommen.“

„Es ist alles großartig. Und, es scheint zum Beispiel nicht so wichtig zu sein, daß man in einem neuen Licht ist, aber vergangenes Jahr habe ich deutlich gespürt, wie wenig man die angeblichen Kleinigkeiten vernachlässigen darf.“

Hier spitze ich die Ohren: Inwiefern kann das Licht die Beziehungen der Paare erleuchten? Die darauffolgende Erklärung schien mir einleuchtend.

„Aber sehen Sie doch“, erklärt mir der Ehemann, „meine liebe Frau bittet mich das ganze Jahr über meistens, das Licht zu löschen, wenn wir miteinander schlafen! Wegen der Kinder, die . . . Weil sie findet, daß sie häßlich ist . . . weil man diese absurde Beleuchtung wirklich einmal ändern müßte . . . weil wir nicht beide Vorhänge zugezogen haben, weil nicht alle Fensterläden geschlossen sind, kurz, jede Ausrede ist ihr recht. Im Sommer nehme ich dann eben meine Rache. Keine Fensterläden, oder wenn schon, dann nur halb geschlossen, damit die Sonnenstrahlen nicht zu grell ins Zimmer fallen. Dann will ich im Freien sein, mitten auf dem Strand bei vollem Mondlicht.

Ob sie will oder nicht, ich sehe sie endlich so, wie ich sie liebe, ob sie nun Zellulitis hat oder nicht: im Licht. Die Gesten gewinnen eine andere Bedeutung. Auch die Gesichter. Alles, was gesprochen wird, alle Ausdrücke bekommen eine andere Intensität."

Er denkt kurz nach:

„Sehen Sie, in Paris, da üben wir hinter verschlossenen Türen an einem Konzert für zwei Violinen. In den Ferien, da spielt ein ganzes Orchester, und es spielt vor aller Welt."

„Außerdem bieten sich bei diesem Leben so viele Kleinigkeiten, die einen glücklich machen. Ich gestehe, daß ich mir auf einmal genug Zeit nehme, um hübsch auszusehen. Um mich in einem anderen Stil zu kleiden. Ich nehme immer Kleider mit, die er noch nicht kennt oder nicht erkennen wird, und ich mache echte Inszenierungen, die zu dem jeweiligen Land passen."

„Ah ja, das stimmt! Das war also eine Technik, um deinen sowieso schon betörten Mann zu verblüffen. Ich erinnere mich, daß du dich in Porto Rico in einer Bar bei der Sonnenbrücke mit mir verabredet hast – in jenem Jahr gingen wir auf eine Kreuzfahrt –, ich sah dich mit einem roten andalusischen Rock erscheinen und mit einem dieser atemberaubenden, bestickten, weißen Mieder. Du hattest Perlenketten um den Hals. Dein Haar war aufgelöst. Und du Luder hast die Einladung eines Offiziers von der Brücke angenommen und hast mit ihm, vor meinen Augen, unter meiner Nase, getanzt. Ich saß da vor meinem Punsch, und ich beobachtete eine schöne Fremde, die sich schmachtend in den Hüften wiegte. Sie war verdammt schön und begehrenswert. Ich fragte mich, ob ich auch nur die geringste Chance bei ihr hätte. Als ich sah, mit welcher Bewegung sie ihre Löwenmähne zurückwarf, sagte ich mir, daß sie ein kleines Biest sein müsse, eine Herzensbrecherin. Gerade in diesem Augenblick näherte sie sich mir und warf mir ohne mit dem Tanzen aufzuhören einen herausfordernden Blick zu. Sie duftete nach Vanille. Das warst du."

„Hör einmal, daß du Maurice das erzählen mußt, das geht zu weit!“

„Ich tue es nur, um ihm eine Idee für ein Kapitel seines Buches ‚Lernen wir wieder zu lieben‘ zu geben!“

Natürlich hat nicht jeder die Möglichkeit, sich verlieren zu gehen, um einander am anderen Ende der Welt wiederzufinden, aber ich weiß, daß man dieses Prinzip übertragen kann und daß es dann, vorausgesetzt man ist zu diesem Spiel entschlossen, auch nur zehn Kilometer weit von zu Hause funktionieren kann. Sobald sich ein günstiges Wochenende bietet, braucht man für eine innere und immerwährende Hochzeitsreise keine Flugzeuge, keine Kilometer, keine Tropfen und keine Viersternehotels. Man kann die Sonne, die Hoffnung, die Liebe und den Tapetenwechsel improvisieren.

Ich erinnere mich an eine seltsame Reise, die ich damals selbst mit der Frau meines Lebens gemacht habe. Wir fuhren nach Laon. Auf einmal stiegen wir hinauf zu dieser Kathedrale, die unter den Wolken zu schaukeln schien. In der Ebene ließ das Korn im Wind die Atmosphäre in einem blonden Nebel buchstäblich erstrahlen. Wir gingen zu diesem großen Schiff im Himmel hinauf. In der Luft lag ein Geruch nach wallender Erde.

Ich glaubte, daß ich der einzige war, der irgendeine undefinierbare Erscheinung erfaßte, als sie plötzlich meine Hand ergriff:

„Man könnte meinen, daß wir in einem Traum sind.“

Wir blieben stehen. Auch die Zeit, ich versichere es Ihnen. In diesem kurzen Augenblick lag so viel „Reise“, wie man sich nur wünschen kann. Und wir standen hier in diesem „Norden“, in den man sonst nicht so gerne fährt, und teilten uns diese „Reise“ als einen Beweis unserer Liebe.

Ich bin sicher, daß man, um die Gefühle wieder aufzuwärmen und zu beleben, wieder lernen muß, nach allem zu greifen, was die Sinne aus ihrer Gewohnheit reißen kann.

Ein junges Mädchen fragte mich letztes Jahr:

„Wie soll man das erklären? Die anderen spüren und erfassen, in welchem seelischen Zustand man ist. Wenn man Sorgen hat, dann sehen sie einen nicht einmal, sie können sogar aggressiv werden. Alles Schlechte häuft sich an. Wenn man sich schön und umgänglich fühlt, zieht man alle Blicke auf sich. Gibt es denn ein ungerechtes Gesetz: Glück kommt zu Glück, Unglück zu Unglück? Könnte man nicht lernen, mit dem Magischen im Alltag umzugehen?"

„Ich glaube, man kann es", sagte ich, „aber man muß wissen, wie man es vermeidet, in der Routine zu erstarren. Man muß ununterbrochen auf der Lauer liegen, um nach allem zu greifen, was nach Glück aussehen kann, was dem Glück dienen kann. Man muß atmen können, gehen, sehen, fühlen, hören, teilen. Es ist leichter, sich zu zweit in den Ferien darin zu üben als alleine in der Stadt."

„Können Ihre Pflanzen dabei helfen?"

„Wenn Sie sich dank ihnen gut in Form fühlen, wenn Sie dank ihnen nicht mit kleinen Beschwerden überfüllt sind, die man ohne Chemie leicht verschwinden lassen kann, dann ist es klar, daß Sie es dadurch leichter haben werden, das Leben voll auszukosten."

Sie wickelt eine schwarze Locke nach der anderen auf wie kleine Korkenzieher, und ihr Gesicht wirkt auf einmal verträumt.

„Und außerdem, es stimmt, die Pflanzen selbst sind magisch. Sie zu pflücken, sie zu riechen, allen Saft aus ihnen zu ziehen. Sich mit Natur vollsaugen. Ja, sie führen wirklich zur Gesundheit und zur Sinnlichkeit. Könnte man nicht sagen, daß sie durch sich selbst blühende Ferien sind?"

Ich mag es sehr, wenn junge Mädchen beginnen, Gedichte über das Leben zu improvisieren! Sie erinnern mich wieder an die Rosen . . .

Die Würze des Alltags

Sie hieß Sarah, und während das Grün auf ihren Augenlidern unter einem Tränenstrom zu äußerst surrealistischen Formen zerfloß, erzählte sie mir ihren Kummer. Ich wollte sie nicht allzu ernst nehmen, denn sie war sehr hübsch, gut gebaut und intelligent. Mir ist aufgefallen, daß man sich immer denkt: „Für solche Mädchen kann es nicht so schlimm sein, sie haben Vorzüge, um die viele andere sie beneiden würden." Im Grunde ist diese Denkweise sehr ungerecht.

Ihr junger Ehemann hatte ihr gerade am Morgen jenes Tages, an dem sie wegen einer Nesselfiebergeschichte mit mir verabredet gewesen war, eröffnet, daß er ein Verhältnis hatte. Dieser dramatische Vorfall lastete so schwer auf ihr, daß sie es einfach nicht mehr aushielt, und so erzählte sie mir nun mehr über ihr Leben als über ihre Krankheitssymptome. Doch das eine erklärt das andere und umgekehrt, so daß ich in dem Maße, in dem ihre Tränen flossen, meinem Rezept in Gedanken immer noch etwas hinzufügte. Eine Handvoll Lindenblüten, eine Handvoll Schöllkraut, eine Handvoll Salbei. Ich hielt bei zerdrückten Knoblauchzehen, als sie bei ihrer Selbstkritik angelangt war.

„Ich weiß doch, daß ich nicht vollkommen bin. Heute

verstehe ich, daß ich ihm fünf Jahre lang auf die Nerven gegangen bin. Ich erinnere mich an einzelne Satzbrocken. Er ist zum Beispiel wütend, weil ich niemals zulasse, daß er mich auszieht. Warum? Weil man meinen könnte, daß er meine Kleider absichtlich zerknittert. Es kümmert ihn nicht, ob sie beschädigt werden, wenn er sie auf den Boden wirft. Nun bin ich aber eine Ordnungsfanatikerin, und, ganz egal unter welchen Umständen, ich liebe es, wenn meine Kleider tadellos weggeräumt sind. Da schreit er: ‚Du Wahnsinnige!' Ich habe seine Schimpferei niemals ernst genommen, um so mehr, als er es mit einem nachsichtigen Tonfall sagte, wie mir schien. Heute verstehe ich, daß er seine Gehässigkeit zurückhielt: In diesem Augenblick war meine gute Laune für ihn gerade notwendig!"

„Aber, aber, da übertreiben Sie mit Ihren Untersuchungen. Es hat sicher auch andere Augenblicke gegeben, in denen er Ihre Ordnungsliebe sehr erfreulich fand."

„Nein, nein, ich erinnere mich, es hat ihn immer gestört: meine Eigenschaft, sofort nach dem Essen das Geschirr abzuwaschen, während er noch gerne in der unordentlichen Atmosphäre vor einer nicht abgeräumten Tafel sitzen bleibt und plaudert. Meine Art, für alle Tätigkeiten ein bestimmtes System zu haben: für das Waschen in der Maschine, für das Abtauen des Kühlschranks, für den Zeitpunkt, zu dem ich aufstehe oder mich niederlege . . ."

Ich lausche ihr ein wenig verblüfft. Wie? In dieser jungen Frau im langen Rock und mit Stiefeln steckt eine alte Musterhausfrau!

„Sie beschreiben mir eine sehr gute Hausfrau: Wo liegt da das Unglück?"

„Ich sehe doch an Ihren Augen, daß Sie überrascht sind. Wenn Sie mich sehen, dann glauben Sie, daß ich eher modern bin, ein wenig leichtsinnig vielleicht. Wenn Sie mich aber hören, dann denken Sie sich: Wie schade, eine Pedantin, eine üble Langeweilerin!"

Ich kann das Lachen nicht verbeißen, sie aber bemüht sich

nicht einmal, ihre Tränen zu trocknen. Ich frage mich, wohin uns all das noch führen soll.

„Haben Sie einen Beruf?"

„Ich bin Haushaltslehrerin!"

Ich muß sagen, im Leben gibt es manchmal Situationen, deren Vollkommenheit wirklich erheiternd ist!

„Das ist herrlich", rufe ich aus.

„Sie denken wohl eher: Das wundert mich nicht, das ist es also . . ."

Schau, schau, ausgerechnet mich hält man für einen guten Psychologen! Ich frage mich, ob nicht am Ende sie mir zu einem Rezept für Kräutertee raten wird.

„Wissen Sie", fährt sie fort, „ich habe seit heute morgen darüber nachgedacht, während ich das Auto lenkte: ich habe Ihnen etwas voraus. Ich weine, aber gleichzeitig denke ich nach, ich analysiere die Situation. Ich habe Bernard mit denselben Waffen ermüdet, mit denen ich ihn gewonnen habe. Anfangs hielt er mich für eine seltene Perle, die alles richtig macht."

„Auch die Liebe?"

Diese Frage ist mir herausgerutscht.

Sie zuckt die Schultern.

„Selbstverständlich! Vor einer Ehe muß man genauso ‚pauken' wie vor einer Prüfung. Ich habe mich informiert. Ich habe sogar gelesen, wie man sich in Japan liebt, und ich kenne beinahe alle Techniken, die die Geishas anwenden."

Man könnte meinen, daß sie mir gerade die beste Methode für die Zubereitung von Tee erklärt. Heute sitzt in einem blauen Pullover und im Jeansrock „die perfekte Frau" in meinem Büro.

„Verlieren Sie manchmal den Kopf?"

„Los, sprechen Sie es ruhig aus, jetzt halten Sie mich für frigid! Nun, das bin ich überhaupt nicht, wenn . . . Wenn alles in Ordnung ist. Wenn das Telephon im Zimmer schön griffbereit steht. Wenn die Tür zum Badezimmer offen ist, die Schranktür dagegen geschlossen. Wenn mein Schlafrock für nachher schön bereitliegt. Wenn man so freundlich ist und mir genügend Zeit läßt, daß ich mich vor dem Schlafengehen erfrische und meine Tageskleider aufhänge."

„Verlangen Sie nicht zum Beispiel, daß dieser arme Teufel von einem Ehemann in ordentlicher und angemessener Form und mit einem Stempel auf dem Papier eine Bittschrift einreicht, wenn er mit Ihnen schlafen will?"

Ich fühle, daß auch ich spielen muß, wenn ich mit ihr Schritt halten will. Diesmal entschließt sie sich, die grüne Schminke, die unter ihren Tränen zerflossen ist, methodisch abzuwischen.

„Ich denke jetzt, daß er sich vielleicht gefragt haben muß, wohin mein Perfektionismus uns führen würde."

„Zur Scheidung", sage ich leichthin.

„Wenn seine Freundin wenigstens noch großartig wäre! Aber die geht in alten Jeans und mit schmutzigen Haaren herum. Sie ist eine kleine Zirkusschauspielerin, die ununterbrochen den Clown spielt."

„Sie ist Ihr Gegenstück."

„Uff!"

Sie lacht. Sie hat ihren Besuch bei Mességué dazu verwendet, ihre Seele wieder ins reine zu bringen. Da ist sie nun wieder entstaubt und ordentlich weggeräumt. Wie habe ich nur an einen Ausbruch echten Kummers glauben können? Das war eine kluge und entschlossene Frau, superorganisiert und -programmiert. Sie hat mich ganz bedächtig um ihr Rezept gebeten, als hätte es im Laufe dieses zweistündigen Gespräches niemals etwas anderes gegeben als einige Fragen und einige Antworten über ihr Nesselfieber. Sie sagte sich sichtlich, daß sie ihre Zeit nicht vergeudet hatte. Sie hatte nicht ihr Gewissen erforscht, nein, sie hatte mir ihren Mann dagelassen.

Anmutiges Lächeln. Geräusch eines gutgeölten Motors, fehlerloser Start. Hieß sie wirklich Sarah, trug sie wirklich diesen Namen, der zum Träumen einlädt?

Sie hat sich fein säuberlich scheiden lassen und einen folgsamen, ein wenig kindlichen Liebhaber gewählt, der ihre

Vorzüge, ihr Bedürfnis nach Riten und ihren Perfektionismus respektiert. Zumindest war es das, was mir ihre Mutter seufzend erzählte: ihr Exschwiegersohn war ein Lebenskünstler, der immer ein wenig nach Verrücktheiten suchte ...

Dem Alltag kann keine einzige Ehe standhalten, wenn sie nicht eine Spur Pfeffer enthält, der diesen Alltag würzt. Zärtlichkeit ist eine solche Würze. Und Poesie. Oder ein Geschenk ohne besonderen Anlaß. Ein überraschender Liebesbeweis. Eine herausfordernde Bewegung. Ein indiskreter Kuß.

Ich kenne Ehepaare, die den Alltag völlig vergessen, wenn sie eine Platte mit Orgelmusik auflegen. Sie erzählen offenherzig, daß sie das erregt, einander in die Arme und zu einem schnellen Erfolg in der Liebe treibt. Jedes Paar hat seine eigene Musik. Sie kann auch innerlich sein: das ist subtiler ... Musik hat, glaube ich einen Einfluß, den man nicht außer acht lassen darf: sie übertönt die uninteressanten Geräusche. Sie bringt alle unmittelbaren Sorgen zum Schweigen. Wenn sie auch nur ein wenig zu Ihrer seelischen Stimmung paßt, kommt es zu einem intensiven Gleichklang der Sinne, deren Empfindungen dadurch nur gesteigert werden können. Frauen vertrauen mir oft an, daß Musik für sie bei der Liebe eine Art „Starthilfe" ist. Aber leider – diese Tatsache verdient es, aufgezeigt und bedacht zu werden – sind es oft nicht die Ehemänner, die diese raffinierte Zutat verwenden, sondern die Liebhaber: Sie wissen instinktiv, daß Klänge helfen, den Kopf zu verlieren! Die Ehemänner haben diese Liebesfalle zu Anfang ihrer Liebe, in der Verlobungszeit verwendet, nachher aber halten sie diesen „Zirkus" nicht mehr für notwendig.

Viele angeblich frigide Frauen gestehen, daß sie erfolglos nach einem Mittel suchen, das ihnen schnell aus dem Alltag hilft, das ihnen hilft, sich zu entspannen und gleichzeitig zu träumen, daß sie aber dennoch vom „Bewußtsein", von der Realität und von der klaren Sicht der Dinge nicht loskommen. Diesen Frauen sage ich immer: Trinken Sie Tee aus Bohnenkraut, Salbei und Orangenblättern. Massieren Sie die Wirbelsäule mit folgendem Absud, der in zehn Minuten hergestellt ist: eine Handvoll Bohnenkraut und eine Handvoll Bockshornklee auf einen Liter Wasser. Und – Musik, gedämpftes Licht. Seltsamerweise wehren sich die Ehemänner dagegen. Diese Vorbereitungen machen sie unsicher: „Was machst du denn da? Wir sind doch nicht in einem Nachtklub!" Oder sie empören sich: „Du brauchst also diese ganze Inszenierung, um mich zu ertragen?" Es kann sie auch sinnlos eifersüchtig machen: „Du willst dich wohl an die gute alte Zeit erinnern?"

Sie halten es für eine Schuld, die Sinnlichkeit im Rahmen der Ehe zu feiern. Man könnte glauben, daß wir noch bei dieser alten katholischen Idee halten: nur keine Genüsse in der Ehe, erlaubt ist nur die Fortpflanzung.

Eines Tages versuchte ich, einem solchen Ehemann, der immerhin mit seiner Gattin gekommen war, weil er sie ungewöhnlich nervös fand, zu sagen:

„Monsieur, Ihre Frau ist nicht glücklich in der Liebe, das ist ihre ‚Nervenkrankheit'. Helfen Sie ihr. Finden Sie alle Möglichkeiten heraus, die Sie sich nur vorstellen können, um sie zu entspannen, um sie zu verführen, um ihr – Freude zu machen. Behelfen Sie sich mit äußeren Mitteln. Wagen Sie es, an aphrodisische Getränke zu denken, an intimere Beleuchtung, an raffinierte Zärtlichkeiten, an sinnliche Musik . . ."

Vor seiner verblüfften, erschrockenen Miene (und vor der interessierten Miene seiner Frau) kam ich plötzlich auf den Gedanken, andere Wörter zu verwenden: „Was ich Ihnen sage, Monsieur, ist nichts als eine medizinische Methode. Die Pflanzen: das ist Pflanzentherapie. Die Musik: Musiktherapie. Man verwendet diese Therapien, um bestimmte Patienten zu heilen. Ich bin kein Spezialist in diesen Wissenschaften, aber mir scheint, daß es im Fall Ihrer Frau logisch wäre, ihr Klänge zu bieten, die ihr ganz einfach gefallen . . ."

Das war offensichtlich die Sprache, die er verstand. So gesehen erscheinen ihm meine Äußerungen annehmbar. Dann wandte er sich an seine Frau: „Glaubst du, Miquette?"

Wenn ich von der Macht der Musik spreche, so tue ich das aus folgendem Grund: Ich denke, daß man seine Sinne ohne Unterlaß „lebendig" erhalten muß. Daß man gegen die Betäubung ankämpfen muß, die aus eintönig aufeinanderfolgenden Tagen entsteht. In der Liebe ist das Ohr nicht nur dazu da, daß man es küßt und an ihm knabbert. Es ist auch da, um den Lärm der Betriebsamkeit zu vergessen und um lustvollen Geräuschen zu lauschen.

Nicht umsonst wollen gewisse Geschäfte, gewisse Fabriken und Vergnügungslokale Sie mit Musik anlocken. Nicht umsonst sind junge Rauschgiftsüchtige so gründlich über die Klänge informiert, die ihre „Reisen" angenehmer gestalten.

Außerdem würde ich noch sagen, daß es immer zur Entspannung beiträgt, wenn im Zimmer eines Ehepaares verführerische Musik erklingt. Die Frauen glauben, daß die Kinder dann von einem vielleicht etwas intimeren Gespräch nichts werden hören können. Musik ist also ein süßes Gewürz, ganz gleich, ob Sie nun den Klängen einer klassischen Gitarre oder russischen Geigen oder Trommeln oder Zen-Gesängen lauschen.

Ich werde nicht auf die Kochkunst zurückkommen, die zur Quelle von Überraschungen, von Gesprächen und von Vertrautheit werden kann. Aber ich würde noch die Einladung ins Restaurant hinzufügen; notfalls nehmen sie eben ein wenig Bohnenkrautpulver mit und streuen es unauffällig auf die gegrillten Speisen Ihres Mannes! Manche Männer und manche Frauen werden wieder „wie früher", sobald man sie aus ihrer alltäglichen, gewohnten Umgebung herausholt. Die Frauen denken dann an ihr Äußeres, sie wollen verführerisch wirken. Die Männer sind höflich und galant. Auch wenn es nur so lange dauert wie ein Diner im Mondlicht oder ein Mittagessen im Sonnenschein, was macht das schon aus? Meistens gehen diese Ehepaare dann in angenehm fröhlicher Stimmung nach Hause, und beide finden es natürlich, ihrer Mahlzeit noch Liebesspiele als letztes Dessert hinzuzufügen.

Es ist ein Fehler, nur bei großen Anlässen Champagner zu

trinken. Die „Babyflaschen“ sind wie geschaffen für Ehepaare! Weder Ihrer Geldbörse noch Ihrer Gesundheit wird es schaden, wenn Sie von Zeit zu Zeit auf diesen – prickelnden Gedanken kommen. Er vergißt seine Akten, sie denkt nicht mehr an ihre Wäsche. Ihr Nachthemd ist wie ein prachtvolles Abendkleid, und er in seinem Hausrock ist Don Juan aus einem Roman. Luxuriöse Euphorie. Freudenblasen. Muß man in einem Schlafwagen sein, um der Madonna der Schlafwagen zu begegnen?

Nach dem ersten Ehejahr hören die Männer schlagartig auf, ihren Frauen Blumen zu schenken. Manchmal müssen sie ihre Sekretärinnen darum bitten, daß sie sie an die verschiedenen Jahrestage erinnert. Wenn sie selbst Freude daran hätten, Blumen auszuwählen, sie zu berühren, sie mitzubringen und sie mit einem Strauß von Küssen als Draufgabe zu überreichen, dann würden sie überhaupt öfter auf den Gedanken kommen, ihren Frauen Freude zu bereiten. Dies wurde mir erst unlängst von einem jungen Ehemann bestätigt. Eines Sonntagmorgens treffe ich ihn auf dem Markt. Nachdenklich steht er vor der Auslage der Blumenhandlung. Ich grüße ihn. Er möchte, daß „ich, der ich mich bei Pflanzen auskenne“, ihm helfe.

„Was soll ich nur wählen? Wissen Sie, es ist für den Jahrestag eines Kusses. Fünfzehn Anemonensträuße zu drei Francs. Jeder Strauß zu acht Blumen, das macht insgesamt hundertzwanzig Küsse. Oder zehn Sträuße aus kleinen Margeriten. Der Preis ist derselbe. Und das macht ungefähr hundertmal ‚ich liebe dich von Herzen‘ . . .“

Der Anblick dieses jungen Ehemannes in Blue jeans, der da laut vor sich hin rechnet, erheitert mich sehr. Seine Rechnung ist poetisch.

„Die Margeriten werden sich besser halten“, sage ich. „Bringen Sie ihr oft Geschenke zu irgendeinem Jahrestag?“

„Ja, aber ich verdiene kein Lob dafür: ich liebe es, Zeichen für sie auszuwählen. Sie weiß sie immer richtig zu deuten. Wenn ich mit meinem Strauß ankomme, sagt sie: ‚Laß mich ihn zuerst lesen, dann sagst du mir, ob es stimmt.‘ Sie steckt ihre

Nase hinein, da sehe ich nur mehr ihre Augen. Manchmal bringe ich einen Strauß mit, der zu ihren Augen paßt."

„Welche Farbe haben ihre Augen?"

„Primeln! Reseda! Efeuknospen! Geranienblatt! Manchmal schenke ich ihr eine Rose. Ich komme und lege sie in ihre Kaffeeschale! Manchmal schenke ich ihr eine Lilie, und sie steckt sie in ihren Zahnbecher."

„Sie sind ein außergewöhnlicher Mann, ein Dichter."

„Ich weiß nicht. Die Männer sind komisch: sie lassen sich Nelken, Asparagus und Gladiolen aufdrängen und kommen sich idiotisch vor mit ihren schön verpackten Sträußen. Man müßte sie lehren, ihre Blumen selbst auszuwählen wie in einem Selbstbedienungsladen und sie ganz nackt, ohne Verpackung, heimzutragen."

Ich habe gedacht, daß zu solchen Gedichten, die plötzlich mitten im Alltag erblühen, keine Frau nein sagen könnte.

Es gibt viele Arten, Botschaften zu überbringen! Ich erinnere mich plötzlich an eine verliebte Frau, die mir erzählte, daß sie niemals aus dem Hause ging, ohne hier und dort in der Wohnung einen Zettel mit einem netten Wort zu hinterlegen. „Zum Beispiel", hatte sie mir gesagt, „habe ich heute morgen, bevor ich weggegangen bin, schnell ein Blatt Papier genommen. Ich habe einfach daraufgeschrieben: ‚Liebe.' Ich habe es auf den Boden gelegt und ein Herz aus Bernstein darübergetan. Wenn er die Tür öffnet, wird er sehen, wie sehr ich ihn liebe und wie sehr er mir auf dem Herzen herumtrampeln kann!"

Eine andere hat mir sehr hübsch erzählt, wie sie die Koffer ihres Mannes packte und ihm dabei sorgfältig viele Überraschungen vorbereitete. Bald ist es ein zusammengerollter Liebesbrief im Zahnbürstenetui, bald ist es eine getrocknete Blume in seinem Schuh oder ein Rosmarinzweig im Behälter seines Rasierapparates. „Damit will ich ihn zum Lachen bringen", vertraut sie mir an. „Da er viel auf Reisen ist und da mir das einige Sorgen bereitet, habe ich dieses Mittel herausgefunden, um ihn daran zu erinnern, wie sehr ich ihn liebe. Damit erspare ich mir und ihm das lästige ‚wirst du auch an mich denken?‘ Aber ich will dennoch, daß er es tut! Er soll leicht und zärtlich an mich denken. Manchmal lege ich auch überhaupt keine Botschaft in sein Gepäck. Damit er enttäuscht ist. Damit seinerseits auch er sich ein wenig Sorgen macht. Das bedeutet: ‚Siehst du, ich fehle dir. Und wenn ich dich nicht so sehr liebte?‘ “

Diese Spiele sind ebenfalls das, was ich die Würze des Alltags nenne. Ein lebendiges, aufmerksames Herz zu haben, das für Nuancen empfänglich ist. Die Schläge dieses Herzens zu spüren, was könnte besser sein für ein Ehepaar?

In einer von der Frauenzeitschrift *Elle* durchgeführten Untersuchung über die Erotik der Franzosen habe ich gelesen: „Nehmen Sie an, daß eine Frau zufällig ihren Ehemann aus einem Sex-Shop kommen sieht, das heißt aus einem Laden, in dem erotische Bücher und erotische Gegenstände verkauft werden. Er trägt ein Paket.“ Auf diese Annahme reagierten vierundvierzig Prozent der Frauen so: „Sie lacht und will das Paket sehen.“ Darüber sollte man nachdenken. Hier haben wir vielleicht ein Gewürz, an das man vor zehn Jahren nicht so unverblümt zu denken gewagt hätte. Ich glaube gerne, daß ein etwas oder sogar sehr gewagtes Werk Frauen, die das Gefühl haben, mit ihrem Mann eine Partnerschaft offener und moderner Menschen zu bilden, nicht mehr wirklich Angst machen kann.

Tun wir nicht so, als wären wir schockiert. In einer flotten erotischen Zeitschrift mit schönem Glanzpapier, mit leuchtenden Farben und nackten Ausklappbildern zu blättern ist nicht jedem unangenehm. „Es sind nur Frauen darin zu sehen“, protestieren die Frauen. Doch sie verabscheuen diese Zerrspiegel ihrer selbst, die den anderen so sehr zu interessieren scheinen, nicht. Und, unter uns gesagt, sind sie denn so viel ästhetischer? Gute erotische Literatur kann eine interessante Ergänzung zur Liebe sein, warum nicht?

Wenn sie nicht gemeinsam lesen, kommentieren sie zumindest. Sie sind einer Meinung. Oder auch nicht. Sie reden gemeinsam über „das“. Bei dieser Gelegenheit kann man in die geheime Welt des anderen hineintauchen. Man kann Erinnerungen und Empfindungen wieder beleben. Die eigenen Ansichten oder die eigenen Gewohnheiten neu gestalten. Auch hier ist alles nur eine Frage der Liebe, des Zartgefühls und des tiefen Verständnisses. Wenn die Frau eine Szene macht, in der der Ehemann sie anbrüllt, weil seine Gattin lieber Goethe lesen möchte als Bücher wie die „Geschichte der MO.“, dann ist das – ein schlechter Anfang. Ich glaube, daß man zur richtigen Dosierung dieses Gewürzes sehr viel Taktgefühl braucht.

Einer meiner guten Freunde aus Lyon, der sich jung geblieben und fröhlich seinem sechzigsten Lebensjahr nähert, hat mich neulich auf ein ganz besonderes Gewürz aufmerksam gemacht: die improvisierte Hochzeitsreise. Er mietet spontan ein Zimmer in einer nahe gelegenen romantischen Herberge und telephoniert seiner Gattin, einer hübschen Frau im gleichen Alter wie er: „Halte dich bereit, heute abend fahre ich mit dir ins Wochenende.“

Wenn ich das so erzähle, frage ich mich übrigens, ob es nicht auch umgekehrt sein könnte! Stellen wir uns eine Frau vor, die ihren Mann anruft und ihm dieselbe Botschaft bringt ...

Doch die tausendfach wiederholte Hochzeitsreise kann auch eine von beiden Partnern vernünftig gefaßte Entscheidung sein.

Wie dem auch sei, es wird auf jeden Fall ein Lichtblick sein. Zu zweit sein, in der Ferne, gemeinsam, immer zu zweit: das ist der zweitägige Walzer, bei dem man die Zärtlichkeiten wieder erneuert, das Frühstück im Bett, die Füße auf dem Steinfußboden, die rot und weiß karierten Vorhänge, die Fenster, die sich auf einen französischen Garten öffnen, die Waldspaziergänge. Man ißt gemeinsam Rehbraten mit Johannisbeeren. Nach dem lärmenden Besuch der Enkelkinder in den Ferien ist man „endlich allein“.

Dieses Gewürz ist allen Altersklassen zu empfehlen, um das Glück unterwegs nicht zu verlieren.

Manche Leute schlagen das Mittel der Eifersucht vor, um den Alltag zu würzen. Ich persönlich habe Angst vor dieser Pflanze: Ich würde sie genausowenig empfehlen wie Alraunen! Und doch hat mir eine ausgeglichene Frau – sie ist mit dem Chefpiloten einer Fluggesellschaft verheiratet – erzählt, daß sich ihr Gefühl für ihren Mann unwiderstehlich steigerte, wenn sie beobachtete, daß er pausenlos von bezaubernden Stewardessen umringt ist. Als sie meine Überraschung bemerkte, erklärte sie, daß sie einfach so gebaut ist. „Ich muß ununterbrochen prüfen, ob mein Mann mich trotz aller Versuchungen anderen Frauen vorzieht. Und daß ich in ein Geschöpf verliebt bin, das die anderen begehren. Wenn ich ihn dabei überrasche, wie er einer seiner Kolleginnen zulächelt, dann fühle ich mich stürmisch in ihn verliebt. Ich werde mir meiner Liebe bewußt, sie lebt, sie wird bedroht, sie muß verteidigt werden."

„Was meint Ihr Mann dazu?"

„Ich glaube, er hat es völlig durchschaut! Er läßt mich ganz gern zappeln. Zum Beispiel läßt er mich manchmal in dem Glauben, daß er in einen der Fluggäste verliebt ist. Dann schüttelt er sich vor Lachen und nimmt mich in seine Arme. Er sagt mir: ‚Na, sind wir jetzt beruhigt?' Und nachdem dieser Panikschauer vorbei ist, bin ich ganz wahnsinnig glücklich."

In meinem Blick muß wohl etwas Zweifel liegen über diese seltsame Methode, sich das Leben aufregend zu gestalten, denn sofort fragt sie mit besorgter Stimme: „Ist das anormal?" „Aber nein", sage ich. „Ich bin nur ein wenig ratlos, das ist alles, und ich frage mich, ob man Eheleuten, die einander nicht mehr bemerken, wohl diesen Rat geben könnte: Machen Sie einander ein bißchen eifersüchtig . . ." Sie ist förmlich: „Ja. Von Zeit zu Zeit muß man ein wenig Angst haben, damit man nicht alles ganz selbstverständlich hinnimmt. Das rüttelt Sie auf. Neben einem Partner, der so verführerisch ist, möchte man nicht gern mittelmäßig wirken."

„Und Sie, versuchen auch Sie es so einzurichten, daß Ihr Ehemann eifersüchtig wird?"

„Ich versuche es, aber es klappt nicht! Ich habe es Ihnen schon gesagt, er hat mich durchschaut. Er weiß genau, daß ich ihn viel zu sehr liebe, als daß mich außer ihm etwas beschäftigen könnte. Was ihm an diesem Spiel gefällt, ist einfach, es zu spielen. Ich bereite ihm das aufregende Vergnügen, mir zuliebe mit fremden Mädchen zu kokettieren!"

Im Grunde hat jedes Paar seine eigenen, geheimen Mittel, die die Beziehung würzen.

Ich erinnere mich an ein Gespräch mit der Tochter einer meiner Freunde. Sie hatte gerade einen jungen Lehrer geheiratet. Das junge Paar wartete auf eine kleine, neue Wohnung, und in der Zwischenzeit bewohnten sie ein ziemlich verfallenes Haus am Rande der Stadt.

„Claude macht sich einen Spaß daraus, mir Angst einzujagen."

„Und macht dir das Spaß?"

„Es macht mir Angst."

„So schaut es aber nicht aus: Du lachst ja, während du das sagst."

„Nichts ist einfach! Ich habe ihm so oft erzählt, daß ich ängstlich bin ... Ich halte es einfach nicht aus, wenn man in einem Korridor oder in einem Zimmer das Licht löscht, solange ich drinnen bin. Das war eben zu verlockend für ihn: Er hat es versucht!"

„Und wie war es?"

„Schaurig schön! Ich habe furchtbare Angst gehabt. Er hat furchtbar gelacht. Er hat mich wunderbar getröstet."

„Und wie ist es seitdem?"

„Er macht es immer wieder. Ich auch."

„Systematisch?"

„Aber nein! Da könnte er mich ja bald nicht mehr erschrekken, ich wäre nicht mehr überrascht und das wäre nicht mehr ulkig!"

Nun gut! Ein weiteres Gewürz, auf das ich nicht von selbst gekommen wäre! Aber wirklich „ulkig", wie diese junge Frau gesagt hatte, ist es, daß ich sie unlängst getroffen habe. „Nun", sagte ich, „ich hoffe, Claude macht dir immer noch Angst?"

„Mir? Claude? Ganz und gar nicht; was für eine komische Frage!"

„Weißt du nicht mehr, daß du mir das erzählt hast? Damals, als du in deinem großen Haus in Haut-Colombier gewohnt hast."

Da beginnt sie aus vollem Hals zu lachen.

„Oh, bravo, Maurice, du hast ein tolles Gedächtnis! Weißt du, daß du mich auf einen Einfall bringst! Mir scheint nämlich, daß wir, Claude und ich, im täglichen Einerlei der Ehe langsam ein wenig erstarren. Er wird ein allzu ernsthafter Professor. Ich werde versuchen, unser anfängliches Spiel zu spielen. Wie konnte ich es nur vergessen!"

Dann unterbricht sie sich und sagt mit falschem Ernst:

„Ich hoffe, daß ich immer noch Angst haben werde!"

Das Ende dieser Geschichte werde ich Ihnen vielleicht in einem anderen Buch erzählen!

Und weil wir gerade bei der Angst sind: Ich kenne einige Ehepaare, die große Anhänger von Frankensteinfilmen sind. Diese lächerlichen Geschichten bereiten ihnen ein gemeinsames Vergnügen, für sie ist es ein Gewürz in ihren Herzensangelegenheiten.

Eines Abends wohne ich einer Vorstellung des Filmes „Tanz der Vampire" von Polanski bei. Als der Film zu Ende ist, gehen die Lichter wieder an. Vor mir steht ein Paar auf, um wegzugehen. Die junge Frau öffnet lachend den Mund ihres Gefährten: „Laß sehen, ob du Vampirzähne hast?" Er verzieht den Mund, schneidet eine wilde Grimasse, verwandelt sich zu einer gespenstischen Erscheinung und springt ihr an die Kehle. Die Dame stößt einen durchdringenden Schrei aus. Schnell läßt er sein Gesicht wieder menschliche Züge annehmen und nimmt sie in die Arme. „Du hast mir doch nicht wirklich geglaubt? Was für ein Dummerchen . . ." Schau, schau, im Grunde ist also das Angstgewürz ein häufiges Genußmittel. Ich werde mich wohl davor hüten, die unbestimmten Reize dieses Würzstoffes von nah oder von fern zu analysieren.

Was mich betrifft, so ziehe ich es ohne zu zögern vor, zu zweit bei südamerikanischer Musik oder bei einem Concerto von Vivaldi einen guten Bohnenkrauttee zu trinken!

Das, was ich die Würze nenne, darf nicht ein plötzlicher verrückter Einfall sein, den man über die Unfreundlichkeit deckt und der wie eine Aggression wirken könnte. Die Würze muß zu dem Zeitpunkt, an dem die Sinne erwachen und singen, ein Bruch mit der Gewohnheit sein. Tatsächlich scheint es wohl ein Instinkt zu sein, der sich schnell zu einer Kunst wandelt! Zu einer Kunst, die nur in der Atmosphäre echter Liebe existieren kann. Eine schlechte Speise kann man immer noch mit Pfeffer würzen . . . Aber bestreuen Sie auch nur einen traditionellen Eintopf mit einigen Kräutern, die ihnen schmecken, und er wird vier Sterne haben. Sie täuschen sich, wenn Sie meinen Vergleich nicht romantisch finden. Die Liebe ist eine Speise.

Die tausend Freuden der Sinnlichkeit

Die Sinnlichkeit ist eine Liebeswaffe, die mehr und mehr verlorengeht. Dabei ist es gerade die Sinnlichkeit, die die Zärtlichkeit und das Gefühl des Hingezogenseins immer wieder entstehen lassen kann. Sie ist es, die zur Wiederbelebung und zur Kommunikation führen kann. Ohne sie ist alles nur eine leere Hülle, und meine „Würze des Alltags" könnte nicht existieren. Sinnlichkeit ist meiner Meinung nach ein schönes, rundes Wort voller Poesie. Dieses Wort hat im Laufe der Zeit alles Teuflische, das es vielleicht enthalten haben mag, verloren. Früher verbreitete es einen Geruch nach Laster, nun duftet es nach Qualität. Sinnlichkeit ist nicht mehr eine Art niedrigen Gelüsts, eine Art vulgärer Zerstreuung, die man aus seinem Leben verbannen muß, nein, dieses Wort bedeutet die Fähigkeit, mit den Sinnen zu erfassen. Wer besäße nicht gerne die Macht, dieses magische Gebiet, auf dem unsere fünf Sinne zusammenwirken bis auf den Grund zu erforschen? Wir sind in dieser „Wissenschaft", die Lust und Schmerz gleicherweise berührt, nicht sehr weit gekommen. Ich gestehe, daß mich dieses Unbekannte, diese grünen Wiesen, auf denen ich seltene Pflanzen zu entdecken glaube, wirklich fasziniert.

In Amerika hat man etwas erfunden, das den Namen „Sinnlichkeitskur" trägt, und die Leute stürzen sich darauf. Man erklärt ihnen, daß man gut in Form, natürlich und entspannt sein muß. Denn nur so werden sie zum Leben, zum wirklichen Leben erwachen können. Ich bin hundertprozentig derselben Meinung.

Mir scheint doch, daß die Erziehung der Kinder in einem guten Kindergarten darin besteht, daß man sie Fühlen, Sehen, Schmecken und Hören lehrt. Dies ist allem Anschein nach der Gipfel der Erziehungskunst. Mein Vater, der kein Erziehungsspezialist war, lehrte mich auch nichts anderes:

„Los, geh barfuß ins Gras. Und da, setz den Fuß hierher, aufs Moos: Spürst du? Im Gras gibt es ein leichtes, an Stoffe erinnerndes Geräusch, und es ist, als würde man auf Seide herumtreten. Und darunter ist es dann ein wenig hart und kühler: ja, das ist die Erde, mein Junge!"

Ich setzte meinen Fuß in das Moos, und hier war alles samtig, federnd und ganz feucht. Dann betrat ich den Weg und spürte die festgetretene Erde wie ein Reibeisen unter meinen Sohlen. „Riechst du den Duft der Minze?" sagte er und hielt mir einen frischgepflückten Halm unter die Nase. Dann brachte er mir einen Rosmarinzweig. „Merke dir diesen Geruch, Kleiner." Er lehrte mich, die Gräser zwischen den Handflächen zu zerreiben, denn dadurch wurden die Gerüche erwärmt und stiegen mir ein wenig zu Kopf.

Eine Frau erinnerte mich eines Tages an diese Freuden, die für mich eng mit meiner Kindheit zusammenhängen. Für sie aber waren es Erlebnisse, die mit der Wollust erwachsener Menschen verbunden sind. Sie erzählte mir, wie sie auf ihren Morgenspaziergängen in Südfrankreich gedankenlos einige Halme wilder Minze gepflückt hatte, deren Duft sie auf der ganzen Strecke begleitete.

„Von Zeit zu Zeit hatte ich den seltsamen Eindruck, daß ich durch das Einatmen dieses Geruchs das ganze Aroma verbraucht hatte. Doch dann zerrieb ich die Blätter in meiner

Hand, und sogleich begann das Vergnügen von neuem. Denn sehen Sie, ich glaube schon, daß es ein Vergnügen war, eine starke, wilde, irgendwie erotische Empfindung, die nur aus der Minze entstanden war."

Ich erinnerte sie an die aphrodisische Eigenschaft der Minze. Es ist nicht weiter verwunderlich, daß allein schon der Geruch dieser Pflanze einen gewissen Einfluß hat, besonders in der lockeren Atmosphäre eines Spazierganges, bei dem die Aufnahmebereitschaft für Sinneseindrücke zwangsläufig größer ist.

„Da war ich so beeindruckt von der Macht dieser Gerüche, daß ich umgekehrt bin und einen riesigen Strauß davon gepflückt habe. Und ich rieb meinen Nacken, die Innenseite der Handgelenke, die Armbeugen und die Kniekehlen damit ein, das machte mir Spaß. Dann ging ich zu Jean und wollte ihn umarmen. Er hielt mich zurück: ‚Sag einmal, wonach riechst du denn? Das duftet einfach köstlich!' Und mit tiefen Zügen atmete er den Duft meiner hochgehobenen Haare ein und entdeckte die Spuren der Minze auf meiner Haut und ..."

Etwas verlegen unterbricht sie ihre Schilderung.

„Gut", sage ich, „ich verstehe!"

Ich staunte nicht über das Nachspiel. Ich bin sicher, daß man drei Viertel der Quellen einfacher Freuden nicht ausschöpft.

Es ist zum Beispiel besonders lustvoll, um sechs Uhr morgens, wenn der Strand noch von Wasser bedeckt ist, an einem Meeresufer in der Bretagne spazierenzugehen und die Luft einzuatmen. Heute vergißt man oft, daß man auf Stränden herumgehen kann. Man gewöhnt sich mehr und mehr daran, erst nach elf Uhr hinzukommen und sich dann mit allen möglichen Utensilien niederzulassen. Utensilien zum Schwimmen, zum Bräunen, zum Dahindämmern, zum Essen, zum Abtrocknen, zum Eincremen, zum Photographieren und zum Sichzeigen. Außerdem muß man natürlich „auf die Sachen aufpassen", und jedenfalls wäre es ein absurder, ja mörderischer Einfall, um diese Zeit am Strand entlanggehen zu wollen, man müßte über eine nette Anzahl von Franzosen trampeln!

Manche sind schlau und kommen sehr früh bei Ebbe auf den Strand, um zu reiten. Diese Leute spüren den Morgen, atmen den Jodgeruch ein und nehmen die vorbeiflitzende Landschaft in sich auf. Sie kennen das Vergnügen, den Wind zu lenken und das Wasser hoch aufspritzen zu lassen. Mit wehenden Haaren reiten sie dahin, die Mähnen ihrer Pferde flattern, und manchmal genügt schon ihr Anblick, um ihr Vergnügen in Gedanken nachzuvollziehen.

Die Frauen haben manchmal mehr Begabung für natürliche Sinnlichkeit. Eines Tages, als ich zu sehr früher Stunde mit einer Freundin am Ufer spazierengehe, bemerke ich, daß sie eine wirklich recht sonderbare Marschroute wählt. Bald geht sie über trockenen Sand, der unter ihren Schritten nachgibt, bald tritt sie auf nassen Sand, der daraufhin unter ihren Sohlen jedesmal ein schmatzendes Geräusch von sich gibt. Dann macht sie einen kleinen Umweg, hopp, und folgt eine Weile der Linie der angespülten Muscheln.

„Du wirst dir weh tun auf diesen Muscheln", sage ich. „Warum hüpfst du herum wie ein kleines Mädchen?"

„Ich gehe im Zickzack von einem Vergnügen zum anderen."

„Erkläre mir das."

„Trocken, naß, heiß, kalt und dann Schmerz, Schmerz, Schmerz auf den Muscheln. Auf diese Weise bin ich ein Tausendfüßler mit Tausenden von Empfindungen."

In diesen modernen Gruppen, die nach amerikanischen Methoden arbeiten, fordert man die Teilnehmer auf, ihre Empfindungen zu schildern, und hilft ihnen damit, sich ihres Seins wieder bewußt zu werden. Ich stelle mir all die „Entfaltungsübungen" vor, die man von morgens bis abends erfinden kann.

Aber Vorsicht: Ich spreche nicht von Sexualität! Die Sinnlichkeit ist nur eine mögliche Vorbereitung darauf. Die Sexualität führt durch ihren Endzweck alle Empfindungen an derselben Stelle zusammen! Die Sinnlichkeit aber betrifft den ganzen Körper. Sie ist zart und unbestimmt und kann im Augenblick mit Leuten zusammen empfunden werden, die mit Ihrem Sexualleben nichts zu tun haben. In diesen Gruppen, von denen ich zum Beispiel gesprochen habe, gibt es absolut keine vulgären Orgien. Jeder versucht einfach, sein Verständnis für sich selbst und für die anderen zu vertiefen. Er „arbeitet", um sich selbst damit zu bereichern. Sicherlich führt diese „Arbeit" früher oder später in seinem Sexualleben zum Erfolg.

Übrigens vermitteln Berührungen nicht nur paradiesische Erlebnisse. Bei diesen Sinnlichkeitskuren lernt man auch die eigenen Abneigungen und Ängste sowie die eigene Unwissenheit kennen.

Ich sehe sehr gut, wie wir von dieser Erziehung für Erwachsene profitieren könnten! Im Bereich der Berührungen genügt es, ein wenig nachzudenken, und schon finden wir eine lange Reihe von Gesten, die wir nicht mehr kennen. Auf Holz greifen wir nur noch aus Aberglauben, oder – mit einem politurgetränkten Tuch. Und doch ist dieses golden und seidig schimmernde Holz mit seiner vielfältigen Maserung, mit seinen kaum sichtbaren Unebenheiten und Unvollkommenheiten, mit seiner ein wenig kühlen, aber schnell erwärmten Temperatur gewissermaßen eine Unterrichtsstunde für die Handflächen.

Wenn wir im Salon an einem Anemonenstrauß vorbeigehen, kommen wir nicht auf den Gedanken, über ein Blütenblatt zu streichen. Es ist, als brächten wir Dingen und Menschen ein unbestimmtes Mißtrauen entgegen. Als wollten wir um jeden Preis verhindern, daß sie in unsere persönliche Sphäre eindringen. Wenn man über das Blütenblatt einer Anemone von den Staubgefäßen zum Rand hin streicht, ist es kühl und glatt. Aber wenn die Finger der Breite nach darüberstreifen, fühlen sie seine Rillen und seine Zartheit. Es ist schön, die Falten dieser Blumen zu spüren. – Vielleicht sind Samtkissen noch beliebt. Beliebt genug, um sie anderen vorzuziehen, aber nicht, um mit den Handflächen andächtig darüberzugleiten. Übrigens wäre es unvermeidlich, daß jemand Sie zur Ordnung ruft:

„Nicht, hör auf, du wirst es schmutzig machen!"

Genauso ist es mit Decken aus mongolischem Wolfsfell. Man würde sich naiverweise gerne nackt darauf ausstrecken, aber es scheint niemals der richtige Augenblick zu sein, um sich wie Mowgli oder wie ein Steinzeitmensch zu fühlen. Also vergißt man das Vergnügen, Wölfe zu streicheln, geht hinaus und striegelt den Hund, und das hat wirklich nichts Sinnliches an sich!

Wenn ich darüber nachdenke, haben es die Frauen doch besser. Sie kaufen sich manchmal Kaschmirstoffe, Seide und Satin. Manchmal können wir diese Stoffe gleichzeitig mit ihrem Inhalt in aller Ruhe streicheln: Das ist raffiniert!

Aber wenn es uns einfiele, ihren kleinen Angorapullover zusammenzurollen und die Wange daranzuschmiegen, dann würden sie sehr bald indigniert die Augenbrauen heben: „Bist du Fetischist?"

Richtig, es bleiben uns noch unsere Pullover. Wenn sie besonders weich sind, ziehen viele junge Leute sie direkt über die nackte Haut: das ist sicherlich ein Pluspunkt für ihre Sinnlichkeit. Ich würde übrigens sagen, daß jene, die man Hippies nennt, sehr oft Freude am Tastsinn haben; das beweist zum Beispiel ihre Leidenschaft für indische Stoffe oder für handgestrickte Schals. Ich weiß nicht, wie es in Frankreich ist, aber in Amerika erzählen die Mädchen voller Stolz, daß sie unter ihren langen Kleidern aus Seide oder ganz, ganz feiner, bestickter Baumwolle völlig nackt und frei sind.

Die folgende Anekdote ist aber sehr französisch und hat mit den Hippies ganz und gar nichts zu tun: Eines Morgens weckt ein phantasievoller Ehemann seine Frau aus dem Schlaf:

„Los, komm, wir gehen ins Deux-Magots frühstücken."

Seine Frau reagiert interessiert und öffnet ein Auge:

„Ja, aber . . ."

„Also nein, du wirst mir nicht sagen, daß du noch ein Bad nehmen und dir die Haare einlegen und dein Kleid bügeln mußt . . . du kommst so, wie du bist."

Und er bringt ihr das kleine Seidenkleid.

„Soll ich nichts darunter anziehen? Aber hör einmal ..."
„Ruhe! Zieh das an, und gehen wir."

Sie ist halb widerspenstig und halb amüsiert und gehorcht ihm schließlich. Nun ist sie auf der Straße. Sie erzählt:

„So etwas ist mir noch nie zuvor passiert. Man hatte mir beigebracht, daß ein wohlerzogenes Mädchen Unterwäsche zu tragen hat, nicht wahr? Und an diesem Morgen gehe ich nun bei strahlendem Sommerwetter durch die Rue du Dragon, und zwischen meiner Haut und der Luft, zwischen meiner Haut und den anderen Leuten ist gerade nur ein Seidenfähnchen. Nie zuvor hätte ich gedacht, daß freie Brüste, die sich bei jedem Schritt unter der Seide bewegen, ein so berauschendes Gefühl erzeugen. Es ist, als würde der Wind die Linien meines Körpers nachziehen, als würde der Morgen mich betasten. Und ich teile diese sinnliche Empfindung nur mit Marc, denn die anderen Leute hätten schon sehr aufmerksam sein müssen, um zu bemerken, daß ich nichts als ein kleines malvenfarbiges Kleid auf dem Leibe trug. Mir schien, daß mein Gang sich verändert hatte, daß ich mich vielleicht geschmeidiger, aufrechter bewegte. Ja, das ist es, ich schritt dahin wie ein stolzes Tier. Dieses Erlebnis steht an erster Stelle auf meiner Liste ‚aufregender Vormittage'!"

Männer und Frauen, die Obst manchmal ungewaschen essen, machen eine Übung in Sinnlichkeit, ohne es zu wissen. Es ist ein paradiesisches Gefühl, morgens beim Aufwachen herzhaft in einen Apfel zu beißen, vor allem, wenn man diesen Apfel selbst hat pflücken können. Doch eine äußerst wohlerzogene junge Frau, die ich kenne, versicherte mir, daß man Orangen immer so essen muß, als wäre man eine Wilde. Das Rezept: Orangen auswählen, die nicht mit Chemikalien behandelt worden sind, sie mit sehr viel Wasser spülen, mit den Zähnen ein kleines Stück von der Schale herausreißen, gerade so viel, daß man zum Fruchtfleisch gelangen kann, die Orange zusammendrücken und ihren Saft einsaugen. Sobald kein Saft mehr darin ist, sie entzweireißen, das übrige, trockene Fruchtfleisch essen, mit den Zähnen ein wenig an der Schale kratzen und ... aufhören, wenn es beißt. Nicht vergessen, den süßen Saft ein wenig über das Kinn laufen zu lassen: das schmeckt gut, und ist gut für die Haut! Ich denke, daß diese junge Person nicht zu einer Gruppe gehen muß, die Sinnlichkeit trainiert. Zu einer vornehmen Abendgesellschaft übrigens auch nicht!

Fühlen, Schmecken, welch ein Programm an Köstlichkeiten, das die Empfindungen und die Geschöpfe verfeinert!

Auch in den Klängen und im Rhythmus liegt viel Sinnlichkeit. Bei meinen Bemerkungen zu einer den Umständen angepaßten Musik habe ich bereits davon gesprochen, aber ich erinnere mich an die Gedanken einer „Patientin", der ich Ruhe und bestimmte Bäder verordnet habe:

„Was denn? Sie raten mir ab, an den Jazzkursen teilzunehmen?"

„Das muß ich leider! Einstweilen jedenfalls. Aber erklären Sie mir, was geschieht bei Ihrem Jazzkurs?"

„Ich befreie mich dabei. Ich vergesse, daß ich drei lebhafte Kinder habe, daß die Wäsche auf mich wartet, daß mir für mich selbst nicht sehr viel Zeit bleibt. Wenn ich dort ankomme, fühle ich, daß meine Rolle als Familienmutter zu Hause geblieben ist. Ich schlüpfe in meine alten Jeans, und schon bin ich barfuß im Kreis der anderen. Wir hören Musik. Oft sind es afrikanische Trommeln (der Trommler ist sogar Neger), und wir müssen den Rhythmus finden, in uns aufnehmen und ausdrücken. Es gibt keine Schüchternheit mehr, keine wie auch immer gearteten Komplexe. Plötzlich beginnen sie auf eine irgendwie primitive Art zu atmen, zu gestikulieren und sogar zu schreien. Man hat das Gefühl, zu den Quellen zurückzukehren. Zu dem Recht auf natürliche Sinnlichkeit. Und wir sind zwanzig Menschen, die das gemeinsam ausdrücken."

Sie schilderte die Freuden des Zuhörens, des Fühlens und des Ausdrucks sehr gut. Läßt man denn Kinder nicht Ausdruckstanz machen, um sie zu bereichern? Warum eigentlich sollten Erwachsene mit ihrem Körper nicht mehr tun dürfen als arbeiten und lieben? Egal, ich habe ihr erlaubt zu tun, was sie wollte: warum sollte man eine erzwungene Ruhe voller Spannungen und Frustrationen diesem vitalen Ausdruck der Lebensfreude vorziehen?

Die Stimme. Man vergißt die Stimmen. Dabei werden die magischen Eigenschaften der Stimme in Radio, Fernsehen und auf den Flughäfen weiß Gott ausgenützt. Die Stimmen sollen gerade deswegen „sinnlich" klingen, damit Sie von ihnen verzaubert werden. Ich würde eher sagen, daß sie einen vielversprechenden Klang haben, einen Klang, der das Begehren entfachen soll. Ich selbst finde eine etwas tiefe und heisere Stimme, eine Stimme wie aus dem „Blauen Engel" sinnlicher als eine helle, melodische und etwas aseptisch klingende. Man vergißt, daß auch in Männerstimmen ein Teil Sinnlichkeit liegt. Ein leichter fremdländischer Akzent läßt, geben wir es ruhig zu, niemanden gleichgültig. Dieser exotische Klang schenkt uns jene Dimension, die wir im Alltagsleben zu vermissen glauben: die Dimension des Leidenschaftlichen, des Traumhaften, Seltsamen und Unbekannten. Oft hören wir kaum noch die Stimme unseres Gefährten oder unserer Gefährtin. Oder wir hören nur mehr die spitzen und wütenden Töne heraus. In Liebesstunden aber gewinnt die Stimme ihren Zauber zurück. Wenn unser Ohr es nur will, dann erfaßt es plötzlich den heiseren Klang der Emotion, das Zögern oder das Stammeln eines Wortes, das sich in der Nacht der Liebe verliert.

Eine kleine Journalistin hatte die Gewohnheit, im Taxi immer einen Blick auf den Fahrer zu werfen, um zu sehen, ob er einen sympathischen Eindruck erweckte. Eines Tages springt sie auf gut Glück in einen Wagen und, o Schreck, so erzählte sie, erblickt einen riesenhaften Herrn am Steuer, mit kleinen, blauen Augen, die sie auf Anhieb sehr besorgniserregend findet. Sie ist wütend und vertieft sich in ein Buch. Aber sie fühlt sich nicht wohl: der Fahrer mustert sie im Rückspiegel. „Finden Sie mich häßlich? Es ist wahr, ich wiege gut und gern meine hundert Kilo. Sie finden, daß ich komische Augen habe, nicht wahr? Ich weiß, ich weiß . . ." Die kleine Journalistin ist ganz starr vor Schreck. Um so mehr, als sie gerade den Bois de Boulogne durchqueren, und zwar im Zehnkilometertempo, wie ihr scheint. „Sie haben Angst, nicht wahr?" Und er beginnt zu singen. Sie erzählt: „Es war unglaublich. Ich war wie auf den Sitz genagelt und buchstäblich verzaubert. Und wenn er mitten im Wald stehengeblieben wäre, und wenn er weiß Gott was von mir verlangt hätte, ich wäre unfähig gewesen, mich von der Stelle zu rühren. Ich war wie ein faszinierter Vogel. Ich wußte nicht einmal, welches Lied er sang. Es war wie ein Wellenrauschen, das mich umfing und bewegungslos machte. Dann habe ich das Lied langsam erkannt. Er sang: ‚Plaisir d'amour', immer dieselbe Strophe, wie eine sinnliche Beschwörungsformel. Das sang er bis zur Ankunft, und als ich aus dem Wagen stieg, war ich kaum fähig, mich zu sammeln. Er fuhr an und blieb auf meiner Höhe wieder stehen: ‚Hören Sie zu', sagte er . . . Und er begann wieder seine Beschwörungsformel zu singen. Und es war ein so fesselndes Locken in seiner kaum vernehmbaren Stimme, daß ich mich mein ganzes Leben lang daran erinnern werde."

Die eigene Sinnlichkeit zu pflegen, das ist ein wenig so, wie seinen Garten zu pflegen. Man erntet, was man gesät hat, und nichts hindert Sie daran, in diesem Garten neue Pflanzen zu versuchen und sein Mikroklima auszuwerten. Manchmal muß man Rezepte und Gärtnergeheimnisse aufspüren.

Eines Tages stellte ich einer Dame die Frage: „Wie sehen Sie den sinnlichen Mann?"

„Ach wissen Sie, das ist wohl bei jeder Frau verschieden! Für mich ist das ein Mann, der mit den Augen zu sprechen weiß. Ihre Sprache kann man akzeptieren oder auch nicht. Ich finde, daß jener Zeitpunkt, an dem man Blicke wechselt, außerordentlich erregend ist. Auf diese Art kann man sehr viel akzeptieren, ohne untreu zu sein! Ein geschickter Mann kann einen mit nichts als der Sprache der Augen um Zärtlichkeit bitten, um Küsse, um Verzicht und um Komplizenschaft, nicht wahr?"

„Doch!"

„Für mich ist Sinnlichkeit also mit einem intensiven Blick gleichzusetzen. Aber ich habe eine Freundin, die den Gang und die Bewegungen der Männer beobachtet, um ihre Sinnlichkeit zu erraten. Sie denkt, daß es einen großartigen Männertyp gibt: jene, die sich wie höhere Raubtiere bewegen! Und eine andere Freundin von mir erkennt die Sinnlichkeit eines Mannes daran, wie er seine Getränke wählt, wie er beim Trinken das Glas zwischen den Händen hält, um es zu erwärmen. Er hat eine starke Intensität im Ausdruck, wenn er den Duft des Getränkes einatmet ... Sie behauptet, daß er manchmal darauf besteht, die Frau aus seinem Glas trinken zu lassen. Und beide Freundinnen sind sich in einem Punkt ganz einig: sie versichern, daß sinnliche Männer ihrer Liebsten gerne Schmuck schenken!"

„Aha", sage ich, „warum?"

„Na, weil sie die Steine gerne berühren, weil sie es lieben, dem Spiel der Farben zuzusehen und die Sonnenuntergänge auf dem Hals ihrer Frau zu betrachten. Sie schenken auch Pelze. Keinen Nerz, nein: sie schenken Füchse oder Murmeltiere, denn sie streicheln so gerne über Felle mit langen Haaren wie rote Gräser. Sie sind sehr empfänglich für die Vielfalt der Parfüms. Ihre Nasenflügel beben und lauern auf den Duft von Muskat, Jasmin und Vanille ..."

Ich weiß nicht, ob diese nette Dame recht hat, aber bei Gott, es ist sehr wohl möglich. Sie wollte nicht geantwortet haben, ohne daß auch ich mich enthülle, sagt sie. Nun entwerfe ich meinerseits das Bild einer sinnlichen Frau.

„Sie hat einen ruhigen, schaukelnden und weichen Gang. Sie hat sicher wunderbares Haar. Sie ist kaum geschminkt und verwendet eine Spur Parfüm. Sie hat schön ausgeprägte Lippen, runde Hüften und hohe, schön geschwungene Beine wie ein rassiges Füllen, das mit flatternder Mähne in der Sonne tänzelt. Die Stimme? Ihre Stimme ist tief und melodisch. Da, beinahe hätte ich es vergessen: sie hat schöne Füße und Handflächen, die man küssen kann. Sie ist vor allem zart, aber nicht mager, hat einen runden, natürlichen, vielleicht ein ganz klein wenig starken Busen und Grübchen am Ende des Rückgrats."

„Und sind Sie solchen Frauen oft begegnet?"

„Nein ...", sage ich.

In Wirklichkeit hat die Sinnlichkeit keine bestimmte Gestalt. Die Sinnlichkeit ist ein unbestimmter, undefinierbarer Bestandteil des Lebens, den man trainieren und verstärken kann, wenn man die Rosen richtig betrachtet, wenn man den Duft des Grases spürt, wenn man den Nachtigallen lauscht und wenn man eine Frucht so ißt, als wären unsere fünf Sinne neu und begierig. Das sind die Genüsse, die das Leben bietet und die man übrigens mühelos in das Vergnügen verwandeln kann, ein Gesicht wirklich zu sehen, den Duft einer Haut einzuatmen, Liebesworten zu lauschen und das Salz der Glückstränen zu kosten! Dieses Universum der Sinne müßte man ausbeuten, abhorchen und vervielfachen. Es ist viel mehr als das alltägliche Bedürfnis nach Genuß: es ist ein Mittel zur Entfaltung der Persönlichkeit, das die Kommunikation mit dem Partner verfeinert und die eigene Verständnisfähigkeit weiterentwickelt.

Manchmal kann dies auch eine Taktik sein, eine tiefgreifende Umschulung für impotente Männer oder frigide Frauen. Es ist bekannt, daß zwischen der Nase und wollüstigen Empfindungen eine starke Beziehung besteht. Heute ist das sogenannte „Berühren in der Nase" als eine der neuesten amerikanischen Entdeckungen auf dem Gebiet der Sinnlichkeit bekannt.

Louis Vidal, ein Arzt, mit dem ich befreundet war und der inzwischen schon gestorben ist, hatte vor dreißig Jahren die Sympathico-Therapie entwickelt, wie er es nannte. Er berührte den Patienten mit einer Gänsefeder ganz leicht in der Nase, und dieser mußte niesen. Er erklärte, daß durch diese leichte, schmerzlose Berührung eine bestimmte Stelle in der Nase gereizt werde, ein Nervenknoten vielleicht, der mit den sexuellen Reaktionen in direkter Verbindung steht. Und daß die Nase auf jeden Fall eine wichtige „Stelle" sei, in die die verschiedensten Nervenenden münden.

Ich erinnere mich, daß wir besonders in Tanger und in Paris gemeinsam auf Konferenzen waren, auf denen er seine Methode erläuterte. Er ahnte, daß er diese Vermutung weder lenken noch ausnutzen konnte, eine Vermutung, die übrigens möglicherweise aus dem Volke stammt: ein enger Zusammenhang zwischen Nase, Geruchssinn und sexuellen Reflexen. Da war ihm der Einfall gekommen, dieses Wissenschaftsgestammel mit Pflanzenkuren zu verbinden, und natürlich war ich mit meinem Bohnenkraut und meiner Pfefferminze, mit all meinen kleinen, geliebten Aphrodisiaka, die so wirksam sind, daß die Leute es nicht zu glauben wagen und dummerweise darauf verzichten, mit dabei.

Dazu predigten wir eine Lebensweise, die es den Leuten ersparen sollte, sich vom Fortschritt auffressen zu lassen. Das war vor dreißig Jahren . . .

Da ich die Forschungsarbeiten über die Nase voller Interesse verfolge, habe ich gelesen, daß ein gewisser Doktor Landry heute den Beweis für die Wichtigkeit dieses seltsamen Zentrums des Begehrens erbracht hat. Wenn man bei einem Tier einen ganz bestimmten Teil der Nasenschleimhaut entfernt, dann wird es impotent und pflanzt sich nicht mehr fort. Wenn man einem Tier dagegen Nasenschleimhautextrakte injiziert, dann entfaltet es eine ungeheure sexuelle Aktivität.

Ein kanadischer Arzt hat eine Ätztechnik entwickelt, die angeblich von manchen Hals-Nasen-Ohren-Spezialisten zur Heilung von Impotenz verwendet wird. Und ein französischer Arzt soll die Methode der Berührungen in der Nase bei leichten Fällen von Impotenz erfolgreich anwenden.

Mit einem Wort, die Nase ist wirklich sehr modern, und der Begriff, „einen guten Riecher haben", wird noch bedeutungsvoller, als er es schon war!

Ich erinnere mich auch, daß mein Freund Louis begann, Parfüms nach seinen eigenen Vorstellungen herzustellen, als er für einige Urlaubstage nach Hause kam. Er sagte, daß ein Gemisch aus Rosenblättern und Maiglöckchen bei Frauen eine sofortige sexuelle Reaktion auslöst. Alle jene, die guten Willens waren, bat er: „Kommen Sie, entspannen Sie sich. Nehmen Sie sich Zeit zum Leben, zum Teufel. Ich werde mich nicht auf Sie stürzen. Ich will einfach nur, daß Sie an diesem Parfüm riechen und meine Fragen ehrlich beantworten!“ Es fiel ihm schwer, die Frauen von der Ernsthaftigkeit seiner Forschungen zu überzeugen, denn vor dreißig Jahren sprach man über die Sexologie nicht wie über den Brotpreis, und das Wort Sinnlichkeit fiel nur im Zusammenhang mit Leuten, die ein ausschweifendes Leben führten und Sklaven ihrer Sinne waren. Und das konnte man an den Falten um ihre Augen, an ihren dicken Lippen und an ihrem ungesunden Blick erkennen!

Da wurde mein Freund ungeduldig. „Ah, ich sage dir, nicht ihre Tugendhaftigkeit treibt sie dazu, so schüchtern zu sein, nein, die Angst ist es. Sich vor der Sünde zu fürchten bedeutet, daß man zu sich selbst kein Vertrauen hat, und das ist die Sünde selbst!“

Manchmal änderte er die Zusammensetzung seiner Parfüms. Sein Traum war es, ihnen meine Pflanzen beizumischen.

„Mögen die Frauen den Duft der Minze? Aber es dürfte keine Minze sein, bei der man an Toilettenartikel denkt. Nein, es müßte Minze sein, deren Duft an einen kleinen Spaziergang in einer Sommernacht erinnert.“

Eines Tages hält er eine Studentin auf, die hier ihre Ferien verbringt. Sie ist eine Tochter der Nachbarin, und ich habe praktisch gesehen, wie sie auf die Welt kam:

„Hör mir gut zu, Jocelyne, ich mache eine Arbeit über die Parfüms. Rieche an diesem hier und sage mir ganz ehrlich, was du davon hältst.“

Sie lächelt gutwillig und schnüffelt lange am Fläschchen – mit geschlossenen Augen wie eine Kennerin.

„Ganz einfach, Doktor Vidal, ich könnte glatt ohnmächtig werden davon.“

„Beschreib mir das genauer.“

„Ich habe keine Lust mehr, mich zu bewegen oder herumzugehen. Es ist dumm, aber ich habe den Eindruck, daß meine Venen sich öffnen und atmen. Daß mein Herz schneller schlägt. Eine Sekunde lang fiel es mir schwer, zu denken, daß ich lange genug daran gerochen hätte und daß ich schon aufhören müßte."

„Wunderbar! Ich habe ein wenig mehr Jasmin hineingetan. Nur eine Spur. Und einen Hauch Vanille. Hast du noch einen anderen Duft erkannt?"

„Rosenduft, nicht?"

„Ja, hör zu: Würdest du dieses Parfüm verwenden, wenn du weniger jung wärest?"

„Nein, denn jemand, der diese Gerüche mit sich herumträgt, ist keine moderne Frau, wie ich es sein will. Eine solche Frau hat keinen Beruf. Sie sitzt zu Hause und wartet auf ihren Herrn und Meister. Ich hab's, es ist ein Haremsparfüm! Oder, von Zeit zu Zeit, ein Sonntagsparfüm."

„Hör dir das an, Maurice, sie hat das wunderbar analysiert. Das ist also das Parfüm, zu dem ich meinen frigiden, nervösen und immer hektischen Patientinnen raten werde. Meine Mission ist erfüllt!"

Jocelyne ist weggegangen; sie saß fest im Sattel ihres Fahrrades und fuhr der Feriensonne entgegen.

Mein Freund träumte weiter und roch von früh bis spät an Rosen und Jasmin . . .

Heute fürchten sich schöne Mädchen nicht mehr vor Parfüms. Dabei hat man sie, genau wie ihre Mütter, dazu erzogen, Parfüm nur mäßig, wenn nicht sogar bescheiden anzuwenden, um wenigstens der Umwelt, die nicht unbedingt den gleichen Geschmack hat, die Träume vom afrikanischen Urwald, von blühenden Gärten oder gezähmten Tibetkatzen zu ersparen! Man hat ihnen sehr wohl gesagt, daß Parfüms auch geschmacklos sein können. Aber sie pfeifen darauf: Ich nehme an, das gehört mit zu ihrer Revolte, und je mehr, desto besser. Je finsterer und beängstigender die Welt wird, desto mehr hüllen sie sich in Duftwolken. Sie haben nichts von der „Frau mit schlechtem Lebenswandel" an sich, die es zu meiner Zeit gab. Nein: es sind eher Mädchen, die sich ihrer Würde und ihres Wissens bewußt sind; ich würde sie intelligent, raffiniert und geschickt nennen. Mit dieser Visitenkarte, diesem Reiz, dieser Lebensart wollen sie zusätzlich auch sagen: Glaubt nur nicht, daß ich maskulin geworden bin, weil ich denken und arbeiten kann. Es bedeutet auch: „Achtung, da bin ich", mit einer Spur von Aggressivität.

Ich kannte eine außerordentlich schüchterne Frau, die wirklich zuviel Parfüm verwendete.

„Aber warum tun Sie das denn, Sophie? Wo doch schon ein kleiner Tropfen genügt, um gut zu riechen ..."

„Da es mir schwerfällt, zu reden, ist eben das meine Ausdrucksweise! Das ist meine Art, daran zu erinnern, daß ich eine Frau bin. Ich möchte von Zeit zu Zeit gerne auf diese einfache Tatsache hinweisen, damit man mich beachtet, ja mir sogar den Hof macht! Ach, und außerdem sollten Sie mich nicht entmutigen! Sagen Sie mir bloß nicht, daß ich ordinär bin. Wenn ich eines Tages sogar noch auf Parfüm verzichte, dann wird das bedeuten, daß ich darauf verzichtet habe, zu leben."

Ich glaube, daß die Parfüms heutzutage sehr wichtig und auch sehr aufregend sind. Ein Parfüm ist eine Botschaft, ein Schrei, es beschreibt den Zustand der Seele und sogar, zweifellos übertreibe ich, den Zustand der Gesellschaft.

Ich will mich klarer ausdrücken: Man muß nur im Zimmer eines Studenten herumriechen, das heutzutage nach Weihrauch duftet. In diesem Zimmer werden Räucherstäbchen mit Sandelholz-, Lotus-, Jasmin- und Rosenduft verbrannt. Welche Botschaft steckt dahinter? Das Fernweh. Vielleicht wollen sie damit auch die Weihrauchtraditionen unserer Generation herabsetzen, eine Tradition, die an das Bild der Kirche, an die Vorstellung des Geheiligten, der Messe, der Pflicht und der religiösen Verzückung gebunden ist.

Ich träume? Vielleicht.

Es gibt nicht eine Boutique für junge Leute, in der nicht

sogenannte „natürliche“ Extrakte verkauft werden. In diesen Boutiquen kann man um wenig Geld den Duft von Äpfeln, von Patschuli, von Rosen, Farnkraut und Erdbeeren kaufen. Hier verbindet sich das Fernweh mit dem tiefen Wunsch nach Rückkehr zu den Quellen des Lebens; man will keine Chemie, man will den Duft der Gräser, der Bäume und der Früchte wiederfinden.

Ein junges Mädchen in Blue jeans, das eine Wolke von Orangenduft hinter sich läßt, schützt sich also vor Ihnen, sie isoliert sich: Denken Sie doch an den Orangensaft, den sie morgens trinken, oder an eine Orangenplantage in Florida, denken Sie, was Sie wollen! Und doch ist es auch eine Herausforderung: „Ich bin eine Orange, wissen Sie ...“ Dies ist eine doppelsinnige, widersprüchliche Botschaft, und sie ist sehr menschlich und sehr weiblich.

Die jungen Leute spüren das Bedürfnis, wieder eine Beziehung zur Sinnlichkeit dieser Welt zu knüpfen, und wenn das auch manchmal mit zu viel Auflehnung und Träumerei verbunden ist, so macht es mich doch glücklich. Ich bin ein unkomplizierter Mensch, und als solcher sage ich mir: Lernen wir, die Dinge von der guten Seite zu betrachten, denn es gibt so vieles, was weniger gut ist!

Die Parfüms, ihre berauschende Macht, ihr erregendes Aroma sind in unserem Abendland aus Tradition den Frauen vorbehalten. Auf diese Weise bleibt jeder dort, wo er hingehört. Aber schon kündet sich Streit an. Es gibt Parfüms und Toilettenwasser für Männer, es gibt Pre- und After-Shaves und Puder. Ein ganzes Arsenal an Gerüchen, die angeblich männlich duften.

Eine ungefähr dreißigjährige Frau hat mir voller Entsetzen anvertraut: „Hören Sie, ich bin ganz sicher: mein Mann versucht, seine Homosexualität zu verbergen ...! Kein Wunder, daß ich so fürchterliche Migräne habe: Das macht mich buchstäblich krank.“

„Aber, Madame, wie sind Sie denn auf diese Idee gekommen?“

„Er kauft sich Parfüms."

„Was für Sorten kauft er denn?"

„Oh, es ist natürlich Männerparfüm, aber ziemlich stark, sandelholzartig."

„Gefällt es Ihnen nicht?"

Sie starrt mich wütend an, und bei Gott, ich verstehe nun, daß diese trockene und entschiedene kleine Frau trotz ihrer vollen, roten Haarmähne nicht der Typ sein dürfte, der bei Sandelholzgeruch schwach wird.

„Ich finde es pervers, daß ein Mann, der diese Bezeichnung verdient, sich parfümiert wie eine Kokotte! Ich weiß, daß es in unserer Stadt eine geschlossene Gruppe gibt, in der ‚sie' sich treffen. Und einmal habe ich sie gesehen: sie waren so elegant, so ‚wohlriechend', so ... Hören Sie, es war genau dieselbe Art, die Gilbert jetzt hat."

„Ist Ihnen niemals in den Sinn gekommen, daß Sandelholzgeruch auch einer Frau gefallen könnte? Denken Sie nicht, daß die Bezeichnung ‚für den Mann' nicht unbedingt auf Homosexualität, sondern auch auf etwas anderes gemünzt sein könnte?"

„Es ist geschmacklos. Besonders für einen kleinen Provinzarzt!"

„Darf ein Arzt denn nicht nach irgend etwas duften?"

„Nein, er darf nicht einmal existieren. Er darf sich nicht aufdrängen. ‚Früher' war das auch seine Meinung. Ein Mann kann notfalls nach Tabak riechen, nach Lavendel, und ..."

Sie zögert:

„... nach Cordsamt!"

„Sie denken doch nicht, daß alle Frauen auf der Welt derselben Meinung sind?"

„Wollen Sie mich darauf hinweisen, daß er vielmehr eine klassische Affäre hat mit einer Frau, der sein Parfüm gefällt?"

„Wenn Sie unbedingt glauben wollen, daß er sich für eine bestimmte Person parfümiert, dann erscheint mir dieser Gedanke logischer! Ich möchte mir auch noch einen anderen Vorschlag erlauben: Vielleicht macht er es einfach nur, um Sie ein wenig zu ärgern? Vielleicht verwenden Sie selber ein Parfüm, das ihm nicht gefällt oder das er nicht mehr riechen kann?"

„Als ich zwanzig war, nahm ich zum erstenmal Parfüm, und seither verwende ich immer denselben Duft. Aber ..."

„Aber?"

„Sie bringen mich da auf einen Gedanken: Früher hatte er ein Toilettenwasser, das nach Zitronenkraut duftete, und ich nahm es ihm systematisch weg. Das war jedesmal ein Anlaß für blödsinnige Streitereien."

„Während Sie ihm sein orientalisches Wässerchen nicht mehr wegnehmen. Ich halte das für viel vernünftiger als Ihre finsteren Geschichten über Homosexualität und selbst als meine Vermutung, daß er eine Liaison hat."

„Bedeutet das, kurz gesagt, daß mein Mann in einem ständigen Zustand der Auflehnung ist? Ist sein neuer Geruch eine Kriegserklärung?"

„Sie können es so auslegen ... Und Sie können spaßhalber nach dem tieferen Grund für Ihre Abneigung gegen Sandelholz forschen. Oder Sie können lernen, diesen Duft zu lieben."

Die kleine Dame war beinahe enttäuscht, weil alles so einfach war, aber es interessierte sie, wie ich die Dinge sah.

„Hier sind die Kräuter für Ihre Migräne. Vergessen Sie niemals, ihren Duft tief einzuatmen, bevor Sie sie verwenden. Damit Sie Ihren Geruchssinn trainieren. Wenn Sie die Kräuter kennen- und liebenlernen, dann bedeutet das schon, daß Sie Gutes von ihnen erwarten. Sie werden lernen, Weißdorn, Minze, Primeln, Veilchen und Kamillen zu erkennen. Konzentrieren Sie sich. Sie werden sehen ... Wir müssen Freunde der Gerüche sein. Pioniere der Gerüche."

Ich weiß nicht, ob meine „Übungen" ihr geholfen haben, sich mit den exotischen Hölzern wieder zu versöhnen ...

Einmal fragte ich eine Bekannte: „Wie muß ein Mann riechen, um zu gefallen?" Sie war eine vornehme, bestrickende, geheimnisvolle Frau von Welt. Sie hatte goldgetönte, sonnengebräunte Haut und schwebte immer mit einem Champagnerkelch in der Hand und mit falscher Windstoßfrisur in einem Seidenkleid von Dior oder in einem Pantherfellmantel auf irgendeiner Cocktailparty herum. Sie hat immer sehr viel Erfolg gehabt. Sie hatte vielleicht etwas von einer schönen Spionin. Man erzählte sich immer, daß sie ein oder zwei Männer in ihrem Leben haben mußte. Sie nahm meine Frage mit sehr viel Ernst auf.

„Ein Mann muß nach leichtem Tee, nach grünen Zitronen, nach einer winzigen Spur Zimt riechen. Wenn seine Haut glatt, jung, trocken und gesund ist, dann kann man in der frischen Luft einen Hauch von Schweiß dulden. Gerade nur so viel, daß man diesen Geruch kaum errät, wenn es einem einfallen sollte, sich an ihn zu schmiegen und den Kopf auf seinen nackten Oberkörper zu legen."

„Müssen alle Männer diesem Gesetz des richtigen Duftens gehorchen?"

„Sie können nach blondem Tabak und nach englischem Lavendel riechen, ein wenig nach Farnkraut, nach Heu, nach einer Spur Vanille, nach einem Fünkchen Sandelholz."

„Wie können sie ein Parfüm finden, das ganz zu ihnen paßt?"

„Sie müssen nach Pflanzen riechen, nicht nach Blumen. Eine Frau kann ihr Parfüm hinter sich herwehen lassen wie einen Schal. Man darf den Duft einer Männerhaut erst bemerken, wenn man sich ihm nähert. Wollen Sie ein Pflanzenrezept, Maurice?"

„Warum nicht?"

„Die Frauen müßten im Sommer folgendes Spiel spielen: das Herz ihres Gefährten mit Rosmarinblättern einreiben und warten, bis der Duft sich in die Haut eingezogen hat. Dann sollten sie ihren Kopf auf seine Brust legen und einatmen, was seine persönliche Chemie daraus gemacht hat. Man kann ebensogut Minze, Lavendel, Myrte und Thymian dazu verwenden: Männergeruch und Pflanzenduft ergeben eine gute Mischung!"

Man darf nicht glauben, daß vornehme Damen immer ein wenig kühl sind . . .

Der Hund ist herbeigelaufen; die Tauben sind weggeflogen. Auch heute werde ich eine Runde um den Teich machen. Ich werde zusehen, wie die schwarzen Schwäne über das Wasser ziehen. Die Entchen sind schon herangewachsen und haben ein neues Gefieder. Die Kirschen sind alle aufgegessen, doch schon beginnen die Aprikosen in der Sonne zu reifen. Ich werde sie essen, wenn sie von den Strahlen der Nachmittagssonne noch warm sind. Und da ich die Illusion habe, gemeinsam mit Ihnen die Welt und die Menschen wieder ins rechte Lot gebracht zu haben, werde ich mir sagen, daß diesmal alles an seinem Platz ist. Die Natur und der Mensch. Lernen wir wieder zu lieben?

Lieben wir.

Liebe aus dem Kochtopf

EINIGE APHRODISISCHE MENÜS ...

Aperitifs: Nehmen Sie einfach ein halbes Glas von dem Wein, den Sie während der Mahlzeit trinken werden.

Vorspeisen: nach Geldbeutel, Geschmack und Umständen wahlweise:
- Trüffeln
- kleine mit Koriander gewürzte Zwiebeln
- Kaviar
- geriebene Sellerieknollen mit kalt gepreßtem Olivenöl und ungespritzten Zitronen
- Krabbensuppe
- Meeresfrüchte

Hauptspeisen:
- gegrilltes Fleisch mit Bohnenkraut
- Rehbraten mit Johannisbeersauce
- Fisch mit Thymian und Fenchel
- Kräuteromelette (Thymian und Basilikum)

Gemüse:
- gratinierte Sellerie
- Fenchel am Spieß
- im Rohr gebackene Kartoffeln mit drei Kräutern: Minze, Thymian, Rosmarin
- mit Kräutern (Bohnenkraut und Salbei) gefüllter Kohl
- gedünstete Karotten mit Rosmarin

Auf keinen Fall Kopfsalat: lieber Kresse oder Löwenzahn

Käse: alle Käsesorten

Nachspeisen:
- im Rohr gebackene und mit Zimt gewürzte Äpfel
- geeiste Ananas
- Orangensalat mit Rum, Vanille und Zitronensaft
- Windbäckerei mit Vanille-, Kaffee- oder Schokoladegeschmack

Weine:
- Champagner: mäßig
- provenzalischer Roséwein: nicht in großer Menge
- junger Beaujolais: sehr mäßig

Kaffee: nach Belieben, aber er sollte schwach sein, denn manchmal ist er schwer verdaulich. Trinken Sie aber keinen koffeinfreien Kaffee (er enthält noch die Rückstände des chemischen Produkts, mit dem das Koffein entfernt wurde).

... UND EINIGE REZEPTE

Liebessuppe:
Eine Knoblauchzehe pro Person bei mittlerer Hitze mit Salz und Pfeffer in Wasser kochen. Dann zu Brei zerdrücken. Pro

Person ein ganzes Ei mit wenig Wasser verquirlen. Knoblauchbrei nach und nach zu den verquirlten Eiern rühren. Wasser hinzufügen, um die gewünschte Suppenmenge zu erhalten.

Bei kleiner Flamme kochen lassen.

Brotstücke in sehr wenig Olivenöl rösten und heiße Suppe darübergießen.

Welche Wirkung hat diese Suppe?

Die griechischen Athleten kauten Knoblauch vor den Wettkämpfen.

Auf den Antillen füttern die Zauberer ihre Kampfhähne damit. Odysseus konnte dank der Eigenschaften des Knoblauchs von Circes Insel fliehen, ehe er, wie seine Gefährten, in ein Schwein verwandelt wurde!

Sie können sich sicher vorstellen, daß die kräftigende Wirkung des Knoblauchs eine Steigerung der Liebesfähigkeit nicht gerade ausschließt.

Sie sollten diese Liebessuppe alle vierzehn Tage einmal zu sich nehmen, und da Knoblauch überdies noch wurmabtreibend, antiseptisch, abführend, harntreibend, schleimlösend und fiebersenkend ist, besteht dabei nur eine einzige Gefahr: Ihr Partner könnte sich überfordert fühlen! Doch wenn er die Mahlzeit mit Ihnen teilt, dann ist auch dieses Problem gelöst, und Ihre Ehe ist auf dem besten Wege, hundert Jahre alt zu werden.

Zur Verdauung: Wenn Sie in der vergangenen Saison daran gedacht haben, Ihre große Liebe zu bewirten, dann ist nun der Augenblick gekommen, an dem Sie die geheimgehaltene Flasche mit dem „hausgemachten“ Inhalt auf den Tisch stellen sollten.

Dieses Getränk könnte folgenden Namen tragen: „Likör der Verliebten“.

In 1 Liter sehr guten Traubenbranntwein

3 g Enzian

3 Pfefferminzhalme

3 Rosmarinhalme
1 Orangenblatt und 1 Orangenblüte
1 dünne Orangenschale
2 Korianderkörner

Zerstoßen Sie Enzian, Koriander und die Orangenblüte sorgfältig, am besten in einem jener Mörser aus Olivenholz, die man in Südfrankreich zur Bereitung von Aioli verwendet. Schütten Sie das Ganze in die Flasche mit dem Branntwein. Lassen Sie es vier Tage lang darin weichen. Seihen Sie es dann durch ein dünnes Leinentuch. Lassen Sie einen Pfefferminzhalm, einen Rosmarinhalm und die Orangenblüte in der Flasche. Trinken Sie nur ein Likörglas davon ...

Wenn Sie mich fragen, warum ich gerade diese und nicht andere Menüs vorschlage, dann sage ich Ihnen: Ich tue das, weil jedes Gericht Nahrungsmittel enthält, die die Sinne erregen (und sei es auch nur den Geschmacksinn!). Sie sind mit Kräutern bestreut, die seit der Antike für ihre aphrodisischen Eigenschaften bekannt sind, und das wußten auch mein Vater und mein Großvater. Sie sind leicht verdaulich, sogar das Rehfleisch. Vom Wild sagt man, daß es gut für die Liebe sei, denn Johannisbeersauce fördert die Verdauung.

Sie werden bemerkt haben, daß ich Ihre Aufmerksamkeit bei der Auswahl der Nachspeisen vorzugsweise auf Obst oder, als einzige Süßspeise, auf Windbäckerei lenken möchte. Wenn ein Mann oder eine Frau fliegen will, dann darf man sie nicht schwer machen! Ich bestehe auf Wein, ja, aber nur wenig. Die Euphorie des Alkohols hilft bei der Belebung der Sinne, aber trinkt man auch nur ein Milligramm zuviel, schläft man ein. Oder, was noch schlimmer ist, man vermasselt sich seine große Liebesnacht!

Wenn man gerne Kaffee trinkt, dann muß er aber unbedingt leicht sein und eine gute Qualität haben und darf mit keinerlei Chemikalien behandelt sein, denn sonst liegt er Ihnen schwer im Magen, und das wird für Ihre Gefühle nicht gerade vorteilhaft sein . . . . Es ist wahr, der Likör der Verliebten enthält auch seinen erotischen Duft. Dazu bietet er noch einen Vorteil, der das Liebesverlangen unterstützt: er fördert die Verdauung. Überdies ist es immer unterhaltsam, zu erzählen, wie er hergestellt wird. Man muß dabei ja nicht alles bis in die kleinste Einzelheit schildern. Ein Geheimnis liegt in der Luft. Ich kenne sehr weibliche Frauen, die dabei den Anschein zu erwecken verstehen, als würden sie Tristan und Isoldes Liebestrank mit Ihnen teilen. Aber Vorsicht: Wenn der Partner ein wenig mißtrauisch ist, dann wird er sich vor einem Getränk hüten, das nicht ordnungsgemäß etikettiert, kontrolliert und importiert ist: denn sogar mitten im zwanzigsten Jahrhundert ist man immer dazu bereit, dem Partner irgendwelche Hexenkünste zuzutrauen!

(Übrigens habe ich weder Knoblauch noch Zwiebel in diese Gerichte getan, um den Verliebten jegliche Angst vor starken Gerüchen zu ersparen.)

Liebestee:

3 Prisen Bohnenkraut
1 Prise Orangenblüten
1 Prise Minze

Trinken Sie diesen Tee wie ich drei Monate lang jeden Abend, am besten zwischen März und Juni. Möglicherweise werden einige Ehemänner ein wenig mißtrauisch sein: „Was willst du mir denn da einflößen?“ werden sie sagen. „Bist du vielleicht nicht zufrieden mit mir? Gefalle ich dir etwa nicht?“ Ich antworte ihnen: dieser Kräutertee ist viel besser als alle Aphrodisiaka. Er wird weder Ihren Charakter verändern noch einen bisher ruhigen Menschen zu wilden Orgien treiben! Er „entfaltet“ jene, die ihn trinken. Die Minze sorgt für Ihre Verdauung. Die Orangenblüten entspannen Sie. Das Bohnenkraut bringt Ihnen gute Laune. Welcher moderne Mann würde es wagen, diese kleine Freude zurückzuweisen?

Dieser „Tee“ muß sehr heiß serviert und langsam und genußvoll getrunken werden. Ich behaupte, daß zwei Menschen, die abends gemütlich plaudernd beisammensitzen und dabei in aller Ruhe ihren Tee trinken, ein Bild des Glücks bieten.

Anti-Streß-Weinkur:
Legen Sie 100 Gramm Salbei 8 Tage lang in einen Liter Wein, dessen Alkoholgehalt nicht höher sein soll als 10 Prozent. Reichen Sie ein Likörglas von diesem Wein zu jedem Mittagessen, bis die Flasche leer ist. Halten Sie diese Kur viermal im Jahr, immer zu Beginn einer neuen Jahreszeit. Dieser belebende Wein muntert jeden genesenden, depressiven oder lustlosen Menschen auf. Sagen Sie vor allem nicht: „Trinken wir diesen Liter lieber gleich auf einmal, das wird besser sein, schneller und stärker wirken.“ Das wäre ein großer Irrtum. Die Dosierung, die ich empfehle, ist auf die speziellen Substanzen, die in Salbei enthalten sind und gewissen Hormonen verblüffend gleichen, abgestimmt.

Raffinierter ist es, diesen Salbeiwein eher den Frauen zu empfehlen und den Männern einen anderen Spezialwein zu bereiten. Rezept und Bedingungen sind gleich, nur verwendet man in diesem Fall Bohnenkraut statt Salbei. Oder Bärenklau, denn dies ist die Pflanze, die in unseren Breitengraden dem berühmten chinesischen Ginseng entspricht.

Sie können Ihren Wein übrigens ohne weiteres austauschen.

LIEBESBÄDER

Kräutermischung für eine sinnenbelebende Massage:

1 Liter kaltes Wasser
1 Prise Schöllkraut
1 Prise Bockshornklee

Die Kräuter 24 Stunden lang im Wasser weichen lassen. Lassen Sie sich mit einem in dieser Flüssigkeit getränkten Wattebausch die untere Rückenpartie einreiben.

Sinnlichere Variante: Befeuchten Sie immer wieder die Hände und massieren Sie das Kreuz Ihres „Patienten". Beide, sowohl derjenige, der massiert wird, als auch derjenige, der massiert, spüren die wohltuende, osmoseartige Wirkung dieses „Kräuterwassers".

SINNLICHKEITSBÄDER

ein Säckchen Rosmarin
ein Säckchen Salbei
ein Säckchen Wacholder
ein Säckchen Majoran
ein Säckchen Minze
ein Säckchen Thymian

Legen Sie die Säckchen genau unter den Wasserhahn in die Badewanne. Lassen Sie kochend heißes Wasser darüberrinnen und fügen Sie kaltes Wasser erst im letzten Augenblick hinzu.

Dieses Bad ist wirklich sehr aphrodisisch. Falls die Badewanne groß genug ist, finde ich es logisch, wenn nicht sogar unschuldig, daß man zu zweit darin badet.

„INTIMWASSER"

1 Prise Salbei
4 Prisen Malve
2 Prisen Veilchen

Dieses Kräuterwasser soll im – Bidet verwendet werden! Meiner Meinung nach ist es viel gesünder als jedes Deodorant.

Dieses Bad bringt Ihnen die Wiesen ins Haus und bereitet Sie wunderbar auf die Spiele der Liebe vor. Meine Aufzeichnungen haben seinen Erfolg bestätigt.

DIE FÜSSE SIND IM WASSER, DER KOPF IM SIEBENTEN HIMMEL

Dies ist ein Fußbad – es ist aber ratsam, auch die Hände hineinzutauchen –, das alle Spannungen löst und Sie auf die Begegnung mit dem Partner vorbereitet.

Lassen Sie zwei Liter Wasser kochen.

Lassen Sie dieses Wasser sodann fünf Minuten lang stehen.

Werfen Sie zu gleichen Teilen Weißdornblüten, Schöllkrautblüten, Mohnblüten, deren Kapseln vorher zerstoßen wurden, Minzblüten, Minzblätter, Salbeiblüten und Salbeiblätter hinein. Die Gesamtmenge der Pflanzenextrakte muß sich auf 1/4 Liter belaufen.

Lassen Sie den Absud so lange ziehen, bis Sie Hände und Füße hineintauchen können.

Selbstverständlich haben Sie dieses Wasser auf zwei Behälter aufgeteilt!

WOLLÜSTIGER „SCHAUER“

1. *Sitzbad für frigide Frauen:*

Zubereitung und Dosierung siehe oben. Die Pflanzen:

Bärenklauwurzeln
Schöllkrautblätter und Schöllkrautstengel
Minzeblätter
gehackte Wegerichblätter
Bohnenkrautblätter

2. *Sitzbad für impotente Männer:*

Dieselbe Zubereitung wie für das Bad von Madame, Dosierung beinahe gleich. Die Pflanzen:

Bärenklauwurzeln, Bärenklaublätter und Bärenklausamen (ein Viertel der für die anderen Pflanzen vorgesehenen Menge)
Butterblumenblüten und Butterblumenblätter

Schöllkrautblätter
zerstoßene Bockshornkleesamen (die Hälfte der für die anderen Pflanzen vorgesehenen Menge)
Minzeblätter
Bohnenkrautblätter

Während ich die Liste all dieser Pflanzen zusammenstelle, befällt mich ein Gefühl tiefster Dankbarkeit. Die Harmonie, die Weisheit und die Großzügigkeit der Natur faszinieren mich. Was für ein geniales und harmonisches Laboratorium! Und dieses Laboratorium steht einem einfachen und alltäglichen Menschen zur Verfügung!

Wenn wir wollen, können wir also Hormone, Vitamine, Enzyme und Antibiotika pflücken gehen und ganze Sträuße von Liebe und Gesundheit von den Feldern nach Hause tragen!

So ist also die hohe, im Winde schaukelnde Zypresse, die ich am Ende der Allee sehe, nicht nur wie eine grüne Flamme, sondern ein Heilmittel für Kreislaufkrankheiten? Ist dieser Ölbaum mit dem runden Schatten also nicht nur ein Baum, sondern ein Freund der Herzkranken? Geben die Lindenblüten, die die Nacht mit ihrem Duft erfüllen, den Franzosen tatsächlich auch jährlich 500 Tonnen Ruhe? Muß ich mich bei jeder Klette, die ich auf einem unbebauten Feld sehe, daran erinnern, daß diese Pflanze nicht nur zu den hohen, wilden Gräsern gehört, sondern auch Kräfte in sich birgt, die der Wirkung von Penicillin gleichkommen? Ich entferne einen Wacholderzweig von meinem Weg: Habe ich damit vielleicht auch die Grippe beseitigt? Wächst also diese Mohnblume hier nicht nur, um uns ein Lied von der Sonne zu singen, sondern um unsere Nerven zu beruhigen?

Eine große Doldenpflanze mit weißen Blüten? Es ist die Pflanze des Glücks: Bärenklau. Und diese duftenden, trockenen Büschel mit den zartlilafarbenen Blüten, die sich kaum über den Boden erheben? Glück, Glück auch hier: es ist das Bohnenkraut.

Manchmal fühle ich, wie leicht wir Menschen mit den Pflanzen kommunizieren könnten. Ihr Duft und ihre Farben verkünden die verschiedensten Botschaften. Hier in Frankreich haben wir bereits tausend solcher Botschaften verstanden (es wurden ungefähr tausend Heilpflanzen registriert).

Nein, die Pflanzen können uns nicht gleichgültig lassen. Ich sehe sie immer und immer wieder an; ich betrachte sie alle, selbst die unscheinbarste, mit den Augen eines Verliebten und eines Kindes.

„Und diese Pflanze da? Großvater, was ist das? Wozu ist sie gut? Und diese hier?“

„Diese hier? Schau gut zu, Kleiner, ich trage sie auf meinem Herzen, zwischen meiner Haut und meinem Hemd. Diese grüne, wohltuende, ewige Pflanze, die bei der leisesten Berührung schon ihren Duft verströmt, ist die Pflanze der *Liebe.*“
